নির্ঝরিণীর স্বপ্ননির্মাণ

ড. রুপা কুন্ডু

আমার অত্যন্ত সাহসীনি সুশিক্ষিতা পিতামহী শ্রীমতী বেচুরাণী কুণ্ডু ,

আমার সমস্ত শৈশব যাঁর সান্নিধ্যে কেটেছে, যিনি আমার শৈশবকে রূপকথায়

সাজিয়ে আনন্দোজ্জ্বল করেছিলেন, আমার লেখা এই "নির্ঝরীর স্বপ্ননির্মাণ" নামক

উপন্যাসটি আমি তাঁর শ্রীচরণে উৎসর্গ করলাম।

বিষয়বস্তু

ভূমিকা   vii

স্বীকার   ix

প্রস্তাবনা   xi

1. পর্ব – ১   1

2. পর্ব – ২   5

3. পর্ব – ৩   11

4. পর্ব – ৪   20

5. পর্ব – ৫   23

6. পর্ব – ৬   26

7. পর্ব – ৭   32

8. পর্ব - ৮   36

9. পর্ব – ৯   42

10. পর্ব - ১০   47

11. পর্ব – ১১   57

12. পর্ব – ১২   63

13. পর্ব – ১৩   71

14. পর্ব – ১৪   85

15. পর্ব – ১৫   92

16. পর্ব – ১৬   98

17. পর্ব – ১৭   102

18. পর্ব -১৮   108

19. পর্ব – ১৯   116

20. পর্ব – ২০   123

পর্ব –উপসংহার   133

ভূমিকা

গ্রামে বসবাস করার ফলে গ্রামের জীবন যাপন, মানুষের জীবন যন্ত্রণাকে উপলব্ধি করেছি। বিশেষতঃ গ্রামের মেয়েরা দুঃখ দুর্দশাকেই নারী জীবনের অঙ্গ বলে মনে করে। গ্রাম্য সমাজ এক গতানুগতিক জীবন যাপন করে। কোনো আদর্শ বা দিশা তাঁদের সামনে নেই। আজকের মেয়েরা পূর্বের মত নেই। তাঁরা স্বাধীন হয়ে বাঁচতে চায়। সঠিক পথ তাঁদের জানা নেই। দিশাহীন ভাবে ভালো থাকার প্রচেষ্টায় সমাজ আজ ক্ষণ ভঙ্গুর হয়ে উঠেছে। তাই বর্তমানে ছেলে এবং মেয়ে উভয়েরই শান্ত ও ধৈর্য্যশীল হয়ে সঠিক ও কল্যাণের পথ খোঁজার ও মনন করার সময় এসেছে। ছেলে ও মেয়ে উভয়েই সমাজের প্রধান অবলম্বন। তাঁরাই আমার লেখার উৎসাহ ও অনুপ্রেরণার মূল উৎস। এই " নির্ঝরীর স্বপ্ননির্মাণ" উপন্যাসটি তাঁদের জন্যই লিখে ফেলা। যদি কোথাও কোনো ভুল হয়ে থাকে, তার জন্য সকলের কাছে আমি ক্ষমাপ্রার্থী। ইতি

বিনীতা ক্ষমাপ্রার্থী

ড. রূপা কুণ্ডু।

স্বীকার

ধন্যবাদ ও কৃতজ্ঞতা জ্ঞাপন

যিনি আমাকে এই লেখার ইচ্ছা, ধৈর্য্য, নিষ্ঠা ও মতি দিয়েছেন, অনুকূল পরিবেশ ও অনুকূল স্থিতি দিয়েছেন, সর্বোপরি আমার এ হাতে কলম ধরে তিনি তাঁরই কথা লিখেছেন। সেই অসীম পরমেশ্বরকে অনন্ত কোটি ধন্যবাদ ও কৃতজ্ঞতা জানাই।

বিশিষ্ট লেখক ও গবেষক ড. সুখেন্দু মণ্ডল মহাশয় , যিনি বাংলা ভাষায় লেখার জন্য অনুপ্রেরণা দিয়েছিলেন, যিনি বই প্রকাশনায় বিশেষভাবে সাহায্য করেছেন, তাঁকে আমি আন্তরিক ভাবে ধন্যবাদ ও কৃতজ্ঞতা জানাই।

আমেরিকা প্রবাসী বিশিষ্ট যোগী ও বিশ্ববিখ্যাত হৃদরোগ বিশেষজ্ঞ ডা. ইন্দ্রনীল বসুরায় মহাশয়, তাঁর পরম শুভেচ্ছায় এই বই প্রকাশিত হয়েছে। তাঁর চরণে প্রণাম, অসংখ্য ধন্যবাদ ও কৃতজ্ঞতা জানাই।

বিশিষ্ট বাস্তুপ্রযুক্তিবিদ, আন্তর্জাতিক গবেষক , অধ্যাপক এবং শিক্ষাবিদ ড. বিষ্ণুপদ বোস (পিএইচডি- আই আই টি) আমার অনুভবকে মেয়েদের মধ্যে পৌঁছে দিতে বলেছিলেন। লেখার মাধ্যমে আমি তা করবার চেষ্টা করেছি। সদুপদেশের দ্বারা মার্গদর্শন করানোর জন্য ড. বিষ্ণুপদ বোস মহাশয়কে আমার আন্তরিক ধন্যবাদ ও কৃতজ্ঞতা জানাই।

পরম কল্যাণীয় শ্রীমান গিরিধারী কুণ্ডু প্রকাশনা ও আনুষঙ্গিক কাজে সর্বদা সর্বতোভাবে সাহায্য করেছেন । তাঁকে ধন্যবাদ ও কৃতজ্ঞতা জানাই ও পরমেশ্বরের কাছে তাঁর সুস্বাস্থ্য এবং সুদীর্ঘ পরমায়ু প্রার্থনা করি।

আমার পিতা শ্রীযুক্ত কিংকর কুমার কুণ্ডু, সর্বদা মানবকল্যাণের কাজে উৎসাহ দিয়েছেন। তাঁর অনুপ্রেরণায়, আমার সামান্য বুদ্ধি অনুসারে আমার অনুভবকে লেখার মাধ্যমে মানুষের কাছে পৌঁছে দিতে চেষ্টা করেছি। আমার বুদ্ধিকে সৎপথে যিনি পরিচালিত করেছেন সেই পিতাকে অনন্ত কোটি প্রণাম, ধন্যবাদ ও কৃতজ্ঞতা জানাই।

অন্যান্য সকল গুরুজনদের আমার কৃতজ্ঞতা, ধন্যবাদ ও জানাই। জন্ম জন্মান্তর থেকে আজ পর্যন্ত যে সকল মানুষের দ্বারায় আমি জ্ঞানপুষ্ট হয়েছি তাঁদের সকলকে আমার আন্তরিক কৃতজ্ঞতা ও ধন্যবাদ জানাই ।

সকলকে জানাই আমার অনন্ত প্রণাম । নিবেদনান্তে –

ড. রূপা কুণ্ডু।

প্রস্তাবনা

দুই সন্তানের জননী মৃন্ময়ী। সত্যপদ ও পরমার দুই সন্তান। কন্যা নির্ঝরী ও পুত্র কল্যাণ। নির্ঝরী সদ্য স্নাতকোত্তর পাঠ শেষ করা তেইশ বছরের যুবতী। কল্যাণের স্নাতকের পাঠ এখনো চলছে। সন্তোষ ও মিতার একটি মাত্র মেয়ে শর্বরী, ষষ্ঠ শ্রেণীতে পড়ে। সবাই তাকে মম নামে ডাকে। অতএব মৃন্ময়ীর দুই নাতনি ও এক নাতি।

অন্যদিকে ধীমান ও বনানীর পুত্র কিংশুক ও কৌশিক। গুরুজনদের আশীর্বাদ মাথায় নিয়ে নির্ঝরী ও কিংশুকের শুভ বিবাহ হয়। সময়ের সঙ্গে সঙ্গে কিংশুক বর্তমান যুগের কঠিন বাস্তবতাকে মানিয়ে নিতে পারলেও, অত্যন্ত আদরে আহ্লাদে পালিত সহজ মনের নির্ঝরী মানিয়ে নিতে অসহায় বোধ করে। তার স্বপ্নের রাজ্য বাস্তবের কঠিন আঘাতে যেন ভেঙে পরার উপক্রম হয়। এমন সময় সে আবিষ্কার করলো এক ঋষিতুল্য ব্যক্তিকে। যাঁর কাছে সে আজন্ম লালিত তাঁকে চিনলো এক নতুন রূপে। নির্ঝরীকে তিনি দেখালেন এক নতুন পথের দিশা। যে পথ মানুষকে নিয়ে যায় মনুষ্যত্ব থেকে দেবত্বে,যে পথ সীমা ছাড়িয়ে অসীমে গিয়ে শেষ হয় নিজের অন্তরে।

শ্রবণে নিত্য নতুন বাণী, মননে নিত্য নতুন ভাবনা নিয়ে নির্ঝরী শুরু করে এক নতুন পথে চলা। সে পথ চলতে চলতে নির্ঝরী কি পেরেছিলো তার স্বপ্ন ও বাস্তব মিলিয়ে দিতে? সে কি পেরেছিলো সে পথের শেষ গন্তব্যে পৌঁছাতে?

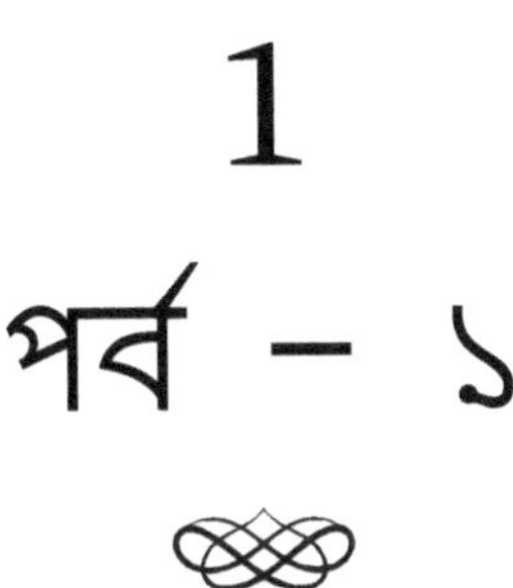

এ বাড়ির বাতাসে এখনও হলুদ, রজনীগন্ধা, অনেক সুস্বাদু খাবারের বাসিগন্ধ মিলেমিশে আছে। তারই মধ্যে আয়োজন চলছে নতুন অতিথিদের আহ্বানের জন্য। আজ নির্ঝরী দ্বিরাগমনে আসবে। তার অনুপস্থিতিতে খালি হয়ে যাওয়া বাড়িটা আবার কয়েকদিনের জন্য মুখর হয়ে উঠবে। কোনোরকম মাঙ্গলিক আচার অনুষ্ঠান যাতে বাদ না পড়ে তার জন্য মৃন্ময়ী সদা তৎপর হয়ে উঠেছে। তাঁর দুই বৌমা হয়তো সব নিয়ম নিষেধ জানে না, কিন্তু তারা শাশুড়িমায়ের সমস্ত নির্দেশ মেনে কাজ করছে , মেয়ের কল্যাণের জন্য । নির্ঝরী এবাড়ির প্রথম কন্যা সন্তান, প্রথম সন্তানও । মৃন্ময়ীর প্রথম সন্তান সত্যপদ । নির্ঝরী সত্যপদর মেয়ে, অর্থাৎ মৃন্ময়ীর নাতনি। মৃন্ময়ীর অনেক আশা ছিলো তার একটা কন্যাসন্তান হোক, পরমেশ্বর তাঁকে দুটি কেবল পুত্রসন্তানই দিলেন। তাই নির্ঝরীর জন্মের পর সেই আশা কিছুটা হলেও পূর্ণ হয়েছে। তবে নিজের কন্যাসন্তান হলে যে অনুশাসনে, আদরে পালন করা যেতো তা হয়নি। বর্তমানে বাবা মায়েরা সন্তান কে অনুশাসনের থেকে আদর আর প্রশ্রয় বেশি দিয়ে ফেলেন, যা পরবর্তীতে তাদের জীবনে ক্ষতিই ডেকে আনে। তাঁরা সন্তানকে কোনো কষ্টই দিতে চায়না। সাধ্যের বাইরেও তাঁরা সন্তানকে স্বাচ্ছন্দ্য দেবার চেষ্টা করেন। ফলে বাইরের জগতে যখন তাদের বাবা মাকে ছেড়ে থাকতে হয়, তখন বাস্তবের অল্প আঘাতেই তারা ব্যতিব্যস্ত হয়ে পড়ে। হয়তো বা একেবারেই ভেঙে পড়ে। এসব বুঝেও মৃন্ময়ী তাঁর আদরের নাতনিকে বাস্তবের কঠিন আঘাতের সঙ্গে মানিয়ে চলার শিক্ষা দিতে পারেননি। বাবা মা আর অন্যান্য আত্মীয় স্বজনদের আদরের আতিশয্য যেন একটু বেশিই বর্ষিত হয়েছিল নির্ঝরীর উপর। মৃন্ময়ী কেবল অপেক্ষা করেছে, পরমেশ্বর নিশ্চয়ই একদিন তাকে সুযোগ দেবেন প্রিয় নাতনিকে তার আদর্শে অনুপ্রাণিত করার। কেবল সময়ের অপেক্ষা। সময়ই সবথেকে বেশি বলবান। দীর্ঘ জীবনের অভিজ্ঞতা থেকে মৃন্ময়ীর দৃঢ় বিশ্বাস জন্মেছে,সময় নিজেই যেন এসে প্রত্যেককে তার কর্তব্য কর্ম করিয়ে নেন। এ তাঁর একান্ত উপলব্ধি।

আজ দুপুরে সুবচনী পূজার অনুষ্ঠান। গ্রামাঞ্চলে বিবাহ অনুষ্ঠানের পরপরই সুবচনী পূজার প্রচলন আছে। নবদম্পতির কল্যাণ কামনায় বাড়ির গুরুজনেরা এই পূজার অনুষ্ঠান করে থাকেন। তার জন্যই যথাযথ আয়োজন চলছে। বর কন্যা একসাথে বিয়ের বস্ত্র পরে নারায়ণ পূজার আসরে বসবে। একুশটি হংস আতপ চালবাটা অথবা খড়ি মাটি দিয়ে আঁকতে হয়। একটি হংস একপায়ে অর্থাৎ খোঁড়া আঁকতে হবে। প্রত্যেকটির উপরে পান, সুপারি ,কাঁঠালী, নাড়ু ,পেতে, কয়েন ইত্যাদি

রাখতে হয়। এয়োস্ত্রীদের পায়ে আলতা সিঁথিতে সিঁদুর দিয়ে প্রত্যেকের আঁচলে হংসের উপরে রাখা দ্রব্য গুলি দিতে হয়। সবশেষে গাড়ু (বিশেষ আকৃতির জলপাত্র) তে রাখা জল তিনবার এয়োদের পায়ে দিয়ে নতুন গামছা এয়োদের পায়ে বুলিয়ে বরকন্যার মাথায় ছোঁয়াতে হয়। এর মধ্যে ব্রাহ্মণ বিধি মেনে নারায়ণ পূজাও সম্পন্ন করেন। সবশেষে সকলকে প্রসাদ বিতরণ করা হয়।

এদিকে বরের বাড়িতেও সকাল থেকে তাড়াহুড়ো, ওদের নতুনবৌমা সহ ছেলেকে নতুন শ্বশুরবাড়ি পাঠাতে হবে। ছোট থেকে কিংশুকের পড়াশোনা নিয়ে কেটেছে। বাস্তব বুদ্ধি কতটা হয়েছে তা ভবিষ্যৎই বলুক। বাড়ি থেকে শ্বশুরবাড়ি রওনার আগে ধীমান ডাকলো,

- কিংশুক একবার শুনে যা, আয় আমার কাছে।

- এই নে, টাকা কটা রাখ। নতুন শ্বশুরবাড়ি যাচ্ছিস, এটা ওখানে খরচ করবি। ওনারা সদ্য মেয়ের বিয়ে দিয়েছেন। অনেক খরচাপাতি হয়েছে। এই কদিন তুই নিজে বাজারে যাবি। মাছ মাংস আনাজপাতি যা লাগে বাজার করবি। শ্বশুরমশাইকে একদম খরচ করতে দিবিনা কদিন, বুঝলি ? যদিও ওনারা তোকে এসব করতে দেবেন না মোটেও। কিন্তু তুই ছাড়বি না জোর করে বাজারে যাবি কেমন? বেলা ন'টা পর্যন্ত বিছানায় পড়ে পড়ে ঘুমাবি না যেন।

কিংশুক শান্ত হয়ে সব শুনে ঘাড় নেড়ে বলল ,

- বাবা, আমার কাছে তো টাকা আছে। তুমি এটা রেখে দাও।

এই বলে কিংশুক ধীমানের দিকে টাকাটা এগিয়ে দেয়।

- থাক্ । যা দিচ্ছি রেখে দে কাছে। যা বলছি শুনে সেই মতো কাজ করলে ধন্য হবো।

নির্ঝরী , বাবা ছেলের মধ্যে এসব কথা জানলোও না। গুরুজনদের প্রণাম করে ওরা বেরিয়ে পড়লো ।

পূজা অর্চনা সব মিটে যাবার পর বিকেলে নির্ঝরী ভাইবোনকে সঙ্গে নিয়ে রাতের জন্য রান্না করলো। সকলে দিদিভাইয়ের রান্না খুব পছন্দ করে। বাড়িতে নারায়ণ পূজা হয়েছে তাই আজকে নিরামিষ আয়োজন।

পরদিন সকালে ঘুম ভাঙ্গার পর কিংশুক দেখলো মোবাইলে আটটা বাজে। মুখ ধুয়ে চায়ের টেবিলে চা খেতে বসে কলতলায় দৃষ্টি গেলো। শান্তিপিসি সেখানে বসে একমনে মাছের আঁশ ছাড়াচ্ছে। সঙ্গে সঙ্গে মাথায় বাবার কথাগুলো যেন আকাশবাণী হলো। তার মানে বাজার, মাছ কেনা সবই হয়ে গেছে? কি হবে এখন? বাবা শ্বশুরমশাইকে খরচা করতে দিতে নিষেধ করেছিলো। বাজারে তাকেই যেতে বলেছিলো । ছিঃছিঃ এতো বেলা পর্যন্ত ঘুমানো একদম ঠিক হয়নি। নিজের প্রতি তার খুব ধিক্কার এলো। বাড়িতে ফিরে বাবাকে কি বলবে ভেবে পেল না সে। নির্ঝরীকে একবার জিজ্ঞেস করতে হবে। এ যাত্রায় বাবার হাত থেকে রক্ষা পাবার জন্য যদি কোনো বুদ্ধি বাতলাতে পারে। মেয়েদের বুদ্ধির প্রতি তার সেরকম আস্থা নেই। ছোট থেকে সে ' স্ত্রী বুদ্ধি প্রলয়ঙ্করী' বলেই শুনেছে। কি আর করা যাবে? জলে ডুবে যাবার সময় মানুষ খড়কুটো কেও আঁকড়ে ধরে ভেসে থাকার চেষ্টা করে। যদিও শেষ পর্যন্ত খড়কুটোটি আর তাকে ধরে থাকা মানুষ উভয়েই জলের তলায় তলিয়ে যায়। যাক্ গে কি আর করা যাবে, অগত্যা বৌ কে স্মরণ করে সে,

- ঝরী ,ঝরী। শোনো একবার এখানে।

দৌড়ে আসে নির্ঝরী।

- কেন,কি হয়েছে? তাড়াতাড়ি বলো, অনেক কাজ আছে, রান্না ঘরে সাহায্য করতে হবে।

- একটু দাঁড়াও প্লীজ ,কথা আছে।

অতঃপর বাবার আদেশ, এবং ঘুম থেকে তার দেরি করে ওঠার কারণে, সে আদেশ অমান্য হওয়া, এসব কথা নিয়ে দুজনের আলোচনা চললো। ফিরে গিয়ে বাবাকে কিভাবে সামলাবে? বাবা যখন তার সদ্য সদ্য জামাই হবার পদমর্যাদাকে ধূলোয় মিশিয়ে দেবে, সেই ধূলোয় মেশানো মর্যাদাকে কুড়িয়ে,ধূলো ঝেড়ে কিভাবে পুনঃ প্রতিষ্ঠা করবে তা নিয়ে কিংশুক ভেবে যেন কূল কিনারা পেলো না।

অগত্যা নববধূ নির্ঝরীর শরণাপন্ন হতেই হলো তাকে। তার সোজাসাপটা সুষুম্নাকাও থেকে মুণ্ডুটা যেন ঝরীর দিকে নিজের অজান্তেই অবনত হলো এটা সে অনুভব করলো স্পষ্ট। আশৈশব বীরপুরুষ হয়ে ওঠার যে সমস্ত নিয়মাবলী রপ্ত করতে চেষ্টা করেছিলো সে সব যেন আজ অকেজো বলে মনে হোলো। যাক্ বন্ধুবান্ধবরা এসব জানতে পারছে না এই রক্ষা, যে বিয়ের অষ্টমঙ্গলা পেরোয়নি এরমধ্যেই তাদের বীরপুরুষ বন্ধু কিংশুককে নতুন বৌয়ের কাছ থেকে বুদ্ধি ধার করতে হচ্ছে। এটা জানলে বন্ধুমহলে যে কি হেনস্থার স্বীকার হতে হোতো কে জানে? যাক্ গে সে কথা। এখন তো এই অথৈ সমুদ্র থেকে ঝরীর হাত ধরে সাঁতরে পার হতে হবে। সব শুনে ঝরী বললো,

- তুমি এতো ভেবোনা গো, বাবামশাইকে আমি ঠিক বুঝিয়ে বলে দেবো। তুমি বাজার করতে কিভাবে? কাকাই তো রোজ রাতে বাড়ি ফেরার সময় যা যা দরকার সে সব কিছু বাজার নিয়ে আসে। গতকালই সমস্ত বাজার হয়ে গেছে। তুমি কিভাবে কিনতে বলো? সব তো আগে থেকেই হয়ে আছে।

- বাবা এসব বুঝবে না ঝরী। তুমি এসব বাবাকে কিভাবে বোঝাবে ঝরী? তিনি তো আমার কোনো কথাই শুনবেন না। ডিকশনারির বাইরে যত উদ্ভট গালিগালাজ আছে সে সব দিয়ে মালা বানিয়ে আমার গলায় পরিয়ে অদ্ভুত এক সম্মানে ভূষিত করবেন তিনি।

একথা শুনে নির্ঝরী জোরে হেসে ফেলে।

- ঝরী তুমি হাসছো? আমার বিপদে তুমি হাসবে ঝরী? এই তোমার আমার প্রতি সহানুভূতি? সদ্য সদ্য তুমি আমার নতুন বৌ হয়েছো , আর এখনই আমার অসম্মানের কথায় যদি তোমার হাসি পায় তাহলে আমার বুকের কোন গভীরে আঘাত লাগে তা যদি বুঝতে পারতে। আমি কিন্তু তোমার কাছ থেকে এটা আশা করিনি। যাও, তোমাকে আর কিছু বলতে হবে না।

রাগে ,দুঃখে , অভিমানে কিংশুকের ভ্রূ কুঁচকে যায়।

- মন খারাপ কোরোনা গো । এসব নিয়ে ভেবোনা । দেখো ঠিক আমি সব সামলে নেবো । বুঝিয়ে বলবো বাবাকে। দেখবে, তিনি ঠিক বুঝবেন। এখন আর মন খারাপ করে থেকোনা, প্লীজ। হাসি হাসি মুখ করে থাকো। তুমি তো নতুন জামাই, মুখ গোমড়া করে থাকলে সকলে ভাববে, তোমার হয়তো শ্বশুরবাড়ি পছন্দ হয়নি। হাসো প্লীজ।

একথা শুনে কিছুটা আশ্বস্ত হয় কিংশুক। বুঝতে পারলো, বীরপুরুষ হবার জন্য পূর্বের রপ্ত করা নিয়মাবলী সব ব্যর্থ হোলো। স্ত্রী বুদ্ধি সবসময় প্রলয়ঙ্করী হয়না। বেশতো কাজেই লাগছে মনে হচ্ছে স্ত্রী বুদ্ধি। ভরসা করতেই হচ্ছে স্ত্রী বুদ্ধিতে।

দ্বিরাগমনের সকল পর্ব পালন করে এদিন বিকেলেই বরকন্যা চলে গেল। প্রায় পনেরো দিন টিউশন পড়ানো বন্ধ রাখতে হয়েছিলো কিংশুককে। বিয়ের কদিন আগে থেকে আজ দ্বিরাগমন পর্যন্ত। এরপর এখন আর ছুটি নয়। দুজন ফিরে আসে তাদের ঠিকানায়।

সন্ধ্যা ঘনিয়ে এলো। এবাড়ি একেবারে নিস্তব্ধ মনে হচ্ছে। হঠাৎ একটি মানুষের অনুপস্থিতি যে একটা বাড়িতে কতটা শূন্যতার সৃষ্টি করতে পারে তা যেনো বাস্তবে না ঘটলে বোঝা যেতো না।

রোজকার মতো গোপালের সান্ধ্যকালীন সেবা ও শয়ন দিয়ে সন্ধ্যাহ্নিক সমাপ্ত করে মৃন্ময়ী নিজের ঘরে যায়। পৃথিবীতে দাঁড়িয়ে দেখলে পূর্ণ চন্দ্রের অতি শুভ্র, উজ্জ্বল শোভার মাঝে অত্যন্ত অস্পষ্ট ধূসর ছায়া দেখা যায়। নিরুর সদ্য বিবাহিত উজ্জ্বল চেহারার মধ্যে যেন তেমনই এক অস্পষ্ট ধূসর ছায়া। একথা ভেবে মনটা ভারাক্রান্ত হয়ে ওঠে মৃন্ময়ীর। মানুষের জীবনে যা কিছু কষ্ট দুঃখ যন্ত্রণা হয়, পরবর্তীতে তা মঙ্গলজনকই হয়। এ উপলব্ধি তার বয়সের অভিজ্ঞতায় পাওয়া। তবুও কি কারণে নিরুর ও বাড়িতে অসুবিধা হচ্ছে সে কথা ভাবতে ভাবতে মৃন্ময়ীর ঘুম আসতে বেশ দেরি হয়ে গেল। কলঘরে গিয়ে হাতে পায়ে জল দিয়ে ঘরে এসে একটু জল খেয়ে পুনরায় ঘুমানোর চেষ্টা করলো সে।

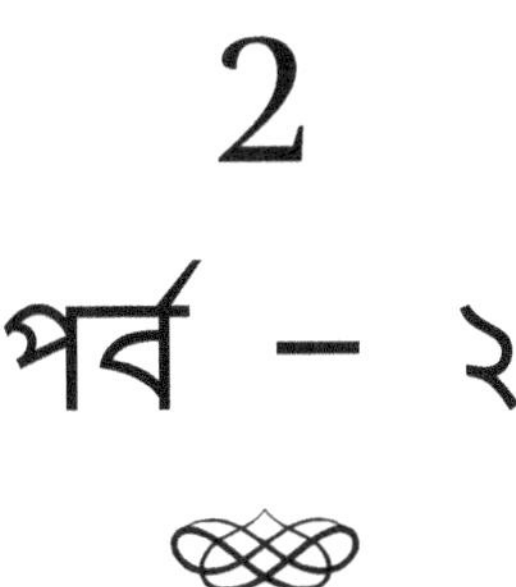

পর্ব – ২

এবাড়িতে কিংশুক আর নির্ঝরী যখন ফিরলো তখন সন্ধ্যা হয় হয়। এ বাড়িতে যে বিয়ে বিয়ে গন্ধটা ছেড়ে গিয়েছিল নির্ঝরী সে গন্ধটা এখন আর পাওয়া যাচ্ছে না। বিয়ের সকল পর্ব সমাপ্ত। ফিরে আসার পরে সকলের সঙ্গে গল্প সল্প হলো বটে কিন্তু মনে মনে নির্ঝরী অনুভব করলো হঠাৎ যেন সে একটা আলাদা জায়গাতে এসে পড়েছে। যে জায়গাটা একই সঙ্গে পরিচিত আবার অনেক বেশি অপরিচিতও বটে। এখানে তার শৈশবের , কৈশোরের কোনো গন্ধই সে পাচ্ছে না। সবই আছে, তবুও কি যেন একটা নেই, যেটা ও বাড়িতে ছিল। সকলে সেদিন তাড়াতাড়ি রাতের খাওয়া সেরে ঘুমোতে গেলো। কতগুলো দিন অনিয়মে আর পরিশ্রমে কেটেছে। আগামীকাল থেকে সকলকে আবার পূর্বের নিয়মে কাজকর্মে জুড়তে হবে। সকাল সকাল উঠতে হবে।

- ঝরী তাড়াতাড়ি ঘুম ভাঙলে ডেকে দিও। এ কদিনে অভ্যাস বদলে গেছে। সকালে পড়ানো আছে।

- তুমি আমাকে বলছো? তুমি জানো না আমি সকালে তাড়াতাড়ি উঠতে পারিনা?

- ঠিক আছে ঘুমাও এখন দেখা যাবে।

কিংশুক মোবাইলে ভোর পাঁচটার এলার্ম দিয়ে রাখলো। দীর্ঘ কদিনের ধকলে আজ নিদ্রাদেবী তাড়াতাড়িই এলেন সকলের চোখে। জীবনের পথ সমতল না। যেন ধাপ কেটে কেটে চলা। মনে হয় এই ধাপটা পেরোলেই নিশ্চিন্ত সমতলভূমি পাবো, খানিক জিরোবো। কিন্তু সে ধাপ পেরোলেই দেখা যায় সামনে উৎরাই আগে থেকেই খাড়া হয়ে দাঁড়িয়ে। আবার ধাপ কেটে এগোনোর প্রস্তুতি শুরু হয়। এভাবে ধাপ কেটে কেটেই এগিয়ে চলতে হয় সকলকে, পরমাত্মাতে নিশ্চিন্ত আশ্রয়ের লক্ষ্যে। এ বিধির বিধান। শুধু মানুষ নয় সকল জীব জগৎ স্থির হবার লক্ষ্যে পৌঁছাতে গিয়ে সদাই অস্থির।

সকালে এলার্ম বাজবার আগেই কিংশুক উঠে পড়লো। এলার্ম বেজে নির্ঝরীর ঘুম নষ্ট হবার আগে এলার্ম বাতিল করে সে। নির্ঝরী ঘুমাচ্ছে ঘুমাক, কদিন ওরও খুব ধকল গেছে, ঘুম হয়নি ভালো করে। এখন চৈত্র মাস শুরু হয়েছে। অনেক ভোর থেকেই কোকিল ডাকছে। এখনও শিশির পড়ছে এখানে। গ্রাম বাংলায় এই চৈত্রের সকালেও হালকা শীতের আমেজ। নির্ঝরীর গায়ে একটা চাদর ঢাকা দিয়ে, নিজের গায়েও একটা পাতলা চাদর জড়িয়ে নিল সে। এসময় গাছে গাছে মুকুল, কচিপাতা, বিভিন্ন ফুলের সমারোহ। শীতের জড়তা কাটিয়ে প্রকৃতি এখন আবার

সুন্দর ভাবে সেজে উঠতে চাইছে , সুবাসিত হতে চাইছে বিবিধ ফুলেল গন্ধ মেখে। সকালের টাটকা বাতাসে তাই অপূর্ব সুবাস। কতগুলো বছর সকালের এই সৌন্দর্য, প্রকৃতির এই আবেশ ভালো করে অনুভব করাই হয়নি তার। নিজের পড়াশোনা, পড়ানো নির্ঝরীকে এবাড়িতে নিয়ে আসার প্রস্তুতি , অপেক্ষা, সময়ে সময়ে তার খোঁজখবর নেওয়া, এসব নিয়ে বড়ো ব্যতিব্যস্ত ছিলো সে। প্রত্যেক পুরুষের মনের সংগোপনে এসব কথা জমানো থাকে। তার কাছের সকল মানুষের রক্ষণাবেক্ষণের অলিখিত দায়িত্ব তারই কাঁধে। এসব কথা কারো সাথে বাটোয়ারা করতে বা কারো কাছে অভিযোগ জানাতেও সে পারবে না। এসব পুরুষের একান্ত নিজস্ব যাপনা। এখনও সকল ব্যস্ততা আছে, তবুও সব কিছুর মাঝে নির্ঝরী তার সঙ্গে একই ঘরে একই ছাদের নিচে ঘুমিয়ে আছে এ এক অপূর্ব প্রশান্তি তার।

স্কুল কলেজের বিশ্ববিদ্যালয়ের ধাপগুলো পেরিয়ে এসে আজ সংসারজীবনের প্রথম ধাপে ওরা দুজন । আজকের সকালটা তাই ওদের কাছে নতুন সকাল নতুন আরম্ভ। ঝরী এখন ঘুমাক, ডাকতে মন চাইলো না তার। তবুও কিংশুকের কলঘরে যাওয়া আসা

নড়াচড়ার তরসে নির্ঝরী চোখ মেললো। কিংশুক প্রস্তুতি নিয়ে বেরিয়ে গেলো। নির্ঝরী আরো একপ্রস্থ বিছানায় গড়িয়ে নিল। তার জানালা দিয়ে লাল রঙা সূর্য কে দেখা যাচ্ছে। সূর্য কে করজোড়ে প্রণাম করে বিছানায় পদ্মাসনে বসে প্রাতঃস্মরণীয় মন্ত্রগুলো মনে মনে আউড়ে নিলো সে। সকল দেবদেবীকে প্রণাম ও সুপ্রভাত জানিয়ে বিছানা থেকে নামার আগে পৃথিবী মাতা কে করজোড়ে প্রণাম জানালো -,

"সমুদ্রমেখলে দেবী পর্বতস্তনমণ্ডলে।

বিষ্ণুপত্নীনমোস্তুভ্যং পাদস্পর্শং ক্ষমস্ব মে"।।

- অর্থাৎ সমুদ্র যাঁর মেখলা, হিমালয় পর্বত যাঁর স্তনযুগল, সেই বিষ্ণুপত্নী ধরিত্রী মাতাকে আমার পাদস্পর্শ জনিত অপরাধের ক্ষমা প্রার্থনা পূর্বক প্রণাম করি।

সারাদিন পৃথিবী মায়ের উপর পা রেখে চলতে হয়। এই মন্ত্রের দ্বারা পাপমুক্ত না হলেও অন্ততপক্ষে ক্ষমা প্রার্থনা তো হয়। ছোটো বেলায় ঠাকুমা এসব মন্ত্র শিখিয়েছেন ভুলতে চাইলেও ভোলা যাবে না। স্মৃতিতে গেঁথে গেছে এসব মন্ত্র । সকাল সকাল সেসব উচ্চারণের অভ্যাসটাও বদলানো যায় নি। ঠাকুমা বিশ্বাস দিয়ে এসব মন্ত্র তার অন্তরে গেঁথে দিয়েছিলেন। তাই এটুকুই বজায় আছে। পরে অনেক প্রকার ঠুনকো আধুনিকতা শিখলেও এই অভ্যাস গুলো বদলাতে পারে নি সে। অভ্যাসযোগ সত্যিই সবচাইতে বড়ো যোগ। হঠাৎ নির্ঝরী শীতের আমেজ অনুভব করলো। তাই একটা ওড়না গায়ে জড়িয়ে কলঘরে গিয়ে রাতের জামাকাপড় কেচে, ঘরে এসে পোশাক বদলে নেয়। বনানী গৃহস্থালি কাজে ব্যস্ত। ধীমান রোজকার অভ্যাস মতো এসময় ক্ষেতে গেছে। নির্ঝরী গ্যাসের উনুনে চায়ের জল চড়ায়। নিজের জন্য বেশি করে চা পাতা চিনি দুধ দিয়ে এককাপ কড়া করে চা করে নেয় সে। বনানী ঠিক ভালো চোখে দেখে না এসব। কিন্তু নতুন বৌমার অভ্যাস কে সরাসরি তিরস্কার করতেও সংকোচ হয় তার। ঘর গুছিয়ে স্নানে যেতে বেলা হয়ে গেল একটু। কিংশুক একটা স্কুলে কয়েক ঘন্টা ক্লাস নিতে যায় সেই স্কুলেরই প্রধান শিক্ষক মশাইয়ের বিশেষ অনুরোধে। তাই তাড়াতাড়ি ভাত করতে হয়। বনানী ডাকে,

- বৌমা, বৌমা তাড়াতাড়ি এসো। ভাত বসিয়েছি, তরকারী করতে হবে। কিংশুক খেয়ে বেরোবে। তুমি উনুনে জ্বাল দেবে এসো।

নির্ঝরী আসে। অবাক হয় সে। মাটির উনুনে সে কখনো জ্বালানি দেয়নি। কিভাবে কি হবে? মনে মনে ভয় পায়, গায়ে আগুন লেগে যাবে না তো? বনানী বোধহয় বৌমার মনের কথা বুঝতে পেরে বললো,

- কিছুই না এইভাবে একটু একটু করে উনুনের ভিতরে জ্বালানি ঠেলে দিতে হবে। তাহলে উনুন নিভে গিয়ে ধোঁয়া হবে না।

বনানী শিখিয়ে দিয়ে রান্না ঘরে যায় কুটনো কুটতে। বাটনা বাটতে। উনুনে ডাল ফুটছে। নির্ঝরী অপ্রস্তুত হয়ে যায়। ওর বাপের বাড়ি জমজমাট শহরে না হলেও মফস্বল এলাকায়। স্বাভাবিক ভাবেই সেখানে মাটির উনুনের প্রচলন নেই। গ্যাসের উনুনেই সবকিছু রান্না, তাছাড়া বর্তমানে ইনডাকশনও ব্যবহার হয়। নির্ঝরীর কাজটা করতে খারাপ লাগছে না। তবে পূর্বের অনভ্যাসের জন্য নিজের দক্ষতার

অভাব অনুভব করছে সে। তবে কাজটা শিখে নিতে আগ্রহী হয়ে উনুনের সামনে বসলো। প্রত্যেকবার বেশি জ্বালানি ঠেলে দেওয়ার ফলে উনুন দাউদাউ করে জ্বলে উঠছিল। বনানী রান্নাঘর থেকে দেখতে পাচ্ছিলো সব কিছু। মুখে কিছু না বললেও মনে মনে খুব অসহিষ্ণু হচ্ছিলো। ভেবে পাচ্ছিলো না, এতো সহজ কাজটা বৌমার না করতে পারার কারণ কি হতে পারে। দেখতে দেখতে ভ্রূ জোড়া তার কুঁচকে ওঠে। নির্ঝরী তা দেখে বেশ অপ্রস্তুত হয়। সংকুচিত হয় মনে মনে, তার একাজে অপটুতার জন্য। কদিনের মধ্যেই তাকে একাজটি রপ্ত করে নিতে হবে, মনে মনে এরকম সংকল্প করে নিলো সে। আবার মনোযোগ সহকারে জ্বালানি দেয় উনুনে, পরিমাণ ঠিক করতেই হবে। তাহলে আর বেশি দাউদাউ জ্বলে উঠবে না। পাশের পেয়ারা গাছে অনেক গুলো ছাতারে পাখি একসাথে কিচিরমিচির করে যাচ্ছে। এই পাখিগুলো একসাথে থাকলেই ঝগড়া করে। অনেক দূরে কোনো একটি পাখি অনেকক্ষণ ধরে অনবরত বলে চলেছে 'গৃহস্থের থোকা হোক', গৃহস্থের থোকা হোক'। হঠাৎ নির্ঝরী খেয়াল করে সেই ডাকে। তার মনে হলো পাখিটা কোন্ গৃহস্থের উদ্দেশ্যে একথা বলছে? এ বাড়িতে সদ্য বিবাহিতা সে। হঠাৎ তার মুখটা রাঙা হয়ে উঠলো। অনভ্যাসের জন্য উনুনের তাপটাও তার মুখে তীব্র মনে হচ্ছে। মফস্বল থেকে এই গ্রাম্য পরিবেশে এক অজানা নিস্তব্ধতায় পাখিদের কলতানে তার মন এক অজানা ভালোলাগায় আবিষ্ট হতে থাকলো। ভাতের ফ্যান গড়িয়ে উনুনে পড়ছে। বনানী দৌড়ে আসে।

- একী ? ফ্যান গড়ছে তো। জ্বালানি দেওয়া বন্ধ করো। হাঁড়ির ঢাকা খুন্তি দিয়ে অর্ধেক খুলে দাও। আগুনের আঁচ কমিয়ে দাও। পাঁচ মিনিট পরে আর জ্বালানি না, খুন্তি সরিয়ে হাঁড়ির মুখ বন্ধ করে দেবে।

নির্ঝরী খুশি হয়ে ওঠে, বাহ্ বাহ্ বেশ শেখা হয়ে গেল মাটির উনানে ভাত রান্না। এভাবে কদিন করলেই রপ্ত হয়ে যাবে। বনানী সমস্ত ব্যঞ্জন রান্না করে ফেলেছে। পাছে ফ্যান গড়াতে গিয়ে হাতে পড়ে যায় তাই বললো,

- তুমি পারবে না, আমি আসছি। বরং একটা বাটিতে জল আর হাঁড়ি মোছার কাপড়ের টুকরো টা নিয়ে এসো।

বনানী মাথাটা ঘোমটা দিলো। আঁচল গলায় ঘুরিয়ে নিলো। ভেজানো কাপড়ের টুকরো টা দিয়ে হাঁড়ির গা ভালো করে মুছে পরিষ্কার করলো। আবার ধুয়ে নিয়ে হাঁড়ির মুখের কানা ভালো করে মুছে নিলো। এরপর হাঁড়ির মুখ ঢাকা দিয়ে ঐ টুকরো কাপড়টা দিয়ে ধরে একটা ডেকচিতে কাত করে সুন্দর করে বসিয়ে দিল। ফ্যান আপনিই ঝরতে থাকলো। একমুঠো ভাত ক্ষেত থেকে মানুষের

মুখে আসতে কত মানুষের নিষ্ঠা শ্রম মিশে থাকে, এ কথা নির্ঝরী আজ নিজের মর্মে উপলব্ধি করলো যেন। বাপের বাড়িতে ভাত রান্না এ ভাবে হয়না। বেশ তড়িঘড়ি হয়। ভাত ফুটে উঠলে ডেকচিতে একটা শতছিদ্র পাত্র রেখে তার উপরে ভাতটা ঢেলে দেওয়া হয়। ফ্যান আপনিই ঝরে পড়ে। এই এলাকায় ধানই প্রধান শস্য, তাই এখানকার মানুষ বড়ো যত্নে তাকে লালন করে। সকলে রান্নাঘরে আসে খেতে। বনানী ভাত বেড়ে দিলে, নির্ঝরী সকলের সামনে এগিয়ে দিলো।

দুপুরে খানিক বিশ্রাম নিয়ে রোদ্দুর কমে এল ছাদে গেল নির্ঝরী। অনেক জামাকাপড় শুকোতে দেওয়া আছে। এবাড়ির চারপাশে অনেক ফাঁকা জায়গা। কিছু গাছপালা অগোছালো ভাবে এদিকে ওদিকে বেড়ে উঠেছে। অনেকটা জায়গা ছেড়ে প্রতিবেশীদের বসবাস আছে। এ সময় পাখিরা বাসায় ফিরছে দল বেঁধে। ছোটোবেলায় তারাও এসময় বাড়ি ফিরতো দল বেঁধে। হাত পা ধুয়ে পড়তে বসতো। বেশি দূরে না, পাড়ার মধ্যেই এক্কা দোক্কা, বৌ বসন্ত এসব খেলা ছিল। পাখিদের কলতান বেশ লাগছে। সন্ধ্যায় বাড়ি ঢোকার সময় তারাও বেশ চিৎকার করে কথা বলতে বলতে ফিরতো। শিশুরা ঠিক যেন পাখিদের মতো। হঠাৎ মনে হলো মোবাইলটা বেজে উঠলো। সন্ধ্যা ঘনিয়ে আসছে। প্রদীপ জ্বালাতে হবে। এখন ফোন এলো। দেরি হয়ে যাবে, বেশি কথা হলে। মাসতুতো বৌদি সুরভীর ফোন।

- কিরে নিরু ভুলেই গেলি যে আমাদের? কেমন আছিস? জানিস আমরা রাজস্থান যাচ্ছি বেড়াতে। তোরা হনিমুনে কবে যাবি?

- যাবো বৌদি। আসলে বিয়ের প্রস্তুতি উপলক্ষে ওঁর অনেক টিউশন পড়ানো বাকি আছে। সেই গুলো সব পড়িয়ে পূরণ করতে হবে। তাই এক্ষুনি যাওয়া হবে না গো।

মুখ ভেঙচে গলার স্বর বদলে সুরভী বললো,

- এ আবার কি? হনিমুনে কি বছর পরে যাবি নাকি, ছেলে কোলে নিয়ে? আমরা তো অষ্টমঙ্গলার দুদিন পরেই গিয়েছিলাম। ওরা গ্রামের লোকজন, এসবের মর্ম বুঝবে না। দেখিস আবার যাচ্ছি যাচ্ছি করে দিন কাটিয়ে না দেয়।

- না না, ও যাবে বলেছে যখন নিশ্চয়ই যাবে। একটু সময় পেলেই যাবে।

- গেলেই ভালো। তোকে এখন কাজকর্ম কিছু করতে হচ্ছে নাকি?

একথা শুনে নির্ঝরী হঠাৎ উচ্ছ্বাসিত হয়ে বললো,

- জানো আজকে কি করেছি? আজকে আমি মাটির উনানে ভাত রান্না করা শিখেছি। ফ্যান ঝারতে ও শিখেছি। এবার আমি পারবো।

বেশ আতঙ্কিত হয়ে সুরভী বলে,

- সে কি রে? তোকে দিয়ে আগুন জ্বালিয়ে ভাত করালো? সত্যি নিরু তুইও পারিস। এ কাজে আবার এতো আনন্দ পাওয়ার কি আছে কে জানে? প্রথম করলি তাই এতো উচ্ছ্বাস। রোজ রোজ যখন করতে হবে তখন সামান্য উচ্ছ্বাসও জানালা দিয়ে পালিয়ে যাবে। ওই ধ্যাদ্ধেরে গ্রামে কেন যে বিয়ে করলি কে জানে?

- নাগো বৌদি, আমার খুব ভালো লেগেছে। এভাবে তো জানতাম না। উনানে কিভাবে রান্না হয় দেখিনি আগে। শাশুড়ি মা আমাকে খুব সুন্দর করে শেখালেন।

- এখন বুঝতে পারছিস না। এসব তোকে তাড়াতাড়ি শেখাচ্ছেন কেন? তোকে দিয়েই এসব করাবেন বলে। এই তো সবে বিয়ে হোলো রে তোর। এখনও গা থেকে হলুদের গন্ধ যায়নি। আর এর মধ্যেই কিনা তোকে উনুনে ঠেলে দিলো? আমার শাশুড়ি তো বিয়ের পরে একমাস রান্না

ঘরেই যেতে দেননি। প্রথম প্রথম তো নিজের হাতে খাইয়েও দিয়েছেন। তোর শাশুড়ি খুব চালাক। সাবধান নিরু। আস্তে আস্তে তোর উপর জোয়াল চাপাচ্ছেন উনি।

নতুন কিছু শেখার আনন্দে মনটা উচ্ছ্বাসে পূর্ণ ছিল এতক্ষন। যে আগুনের আঁচ সে উনুনে জ্বালানি দেবার সময় অনুভব করেনি সেই আঁচ যেন এখন নতুন করে অনুভব করলো। মনে পড়লো সত্যিই তো উনুনশাল থেকে ওঠার পরে মুখে হাতে জ্বালা বোধ হচ্ছিলো,জল দিতে হয়েছিলো, সত্যিই তো তার বেশ কষ্টকর লেগেছে তার। অথচ এতক্ষণ সে সেটা খেয়ালই করেনি। এখন যেন নিজের জন্য তার কষ্ট হলো। যে আকাশ পড়ন্ত সূর্যের লালিমায় রাঙা হয়ে উঠেছিলো তা তার চোখের সামনে ধীরে ধীরে কালো হয়ে গেল। যে বাতাস এতক্ষণ তার শরীরে স্নিগ্ধতা এনে দিচ্ছিল তা যেন ভারী হয়ে উঠলো। সব পাখিদের কূজন সে আর শুনতে পেলো না। কানে সুরভীর সাবধান বাণীর অনুরণন হচ্ছে। কেন সে ছাদে এসেছিল ভুলে গেল।

বাথরুম থেকে বেরিয়ে হিরণের চীৎকার,

- সারাদিনে যখনি দেখবে কেবল ফোন ফোন আর ফোন। কথা শেষ আর হয়না। কাকেই বা এতো জ্ঞান দিচ্ছে? নিজের কাজ শেষ করে অন্যকে জ্ঞান দাও যতো খুশি। সারা বাথরুম ভর্তি ভেজানো জামাকাপড়। এখনি বেরোবো,অথচ এখনও চা হলো না।

ফোনের ভিতর থেকে নির্ঝরী এসবই শুনতে পেলো । কিংশুক খুব শান্ত স্বভাবের। পরে কিংশুকও কি এভাবে কথা বলবে? কে জানে?

- নিরু এখন রাখছি রে। তোর দাদা কে চা দিতে হবে। ঘুম থেকে উঠে আমার হাতের এককাপ চা না খেলে ওর হয়না। তোর সাথে কথা বলতে গিয়ে আমি খেয়ালই করিনি তোর দাদা উঠে পড়েছে।

এইভাবে কোনোরকমে জোড়াতালি দিয়ে কথা শেষ করে সুরভী তাড়াতাড়ি ফোনটা কেটে দিলো। নিজের বানানো সুখের কাহিনী নিরুর কাছে ফাঁস হয়ে যাবে না হলে।

- বৌমা বৌমা জামাকাপড় গুলো এনেছো?

বনানীর ডাকে সম্বিত ফেরে। সারাদিনের নতুন শেখার আনন্দ এখন যেন দাসত্বের শিকল পড়িয়ে দিচ্ছে তাকে। অন্যমনস্কের মতো জামাকাপড় গুলো গুছিয়ে সকলের ঘরে রেখে আসে। শাশুড়ি মায়ের উপস্থিতি, তাঁর কণ্ঠস্বর ভালো লাগছেনা এই মূহর্তে। বনানী চারিদিকে প্রদীপ দেখিয়ে তুলসী তলায় রাখলো। নির্ঝরী এর মধ্যে কলঘরে জামাকাপড় কেচে পোশাক বদলে নেয়। শাঁখটা বাজিয়ে দিলো। হাত ধুয়ে নির্ঝরী গ্যাসের উনুনে চায়ের জল বসালো। শাশুড়ি শ্বশুর আর তার নিজের জন্য, মোট তিন কাপ।

এদিকে হিরণের ধমক খেয়ে তাড়াতাড়ি ফোন রেখে সুরভী তাড়াতাড়ি রান্না ঘরে গিয়ে সকলের চা বসায়। হিরণ তাড়াহুড়ো করে চা খেয়ে বাড়ির সামনে তার নিজের দোকানে চলে গেল। সুরভী শ্বশুর শাশুড়িকে চা খেতে দিয়ে নিজের চা ঢাকা দিয়ে রেখে আসে। বাথরুমে অনেক জামাকাপড় কেচে জল ঝরতে দেওয়া আছে। সন্ধ্যা হয়ে এলো। তাড়াতাড়ি গা হাত ধুয়ে শাড়ি বদলে প্রদীপ জ্বালিয়ে শাঁখ বাজায়।

ভেজা জামাকাপড় ছাদের বারান্দায় মেলে নেমে আসে। বাচ্চা টা ঘুমোচ্ছে এই রক্ষা।বাচ্চার খাবার, বড়োদের জলখাবার বানিয়ে সবাই কে খেতে দিয়ে বাচ্চাকে ঘুম থেকে তুলে খাওয়ালো । এরপর রাতের রান্না করতে হবে। শ্বশুর মশাই ভীষণ অসুস্থ। শাশুড়ি মা সেভাবে সংসারের কাজ কিছু করতে পারেন না। ঢাকা দেওয়া চা একটু গরম করে একটু মুড়ি নিয়ে বসে।নিরুর কথা মনে

পড়ে। মনে মনে বলে ,

নিজের দুঃখ নাড়ি চাড়ি ।

পরের দুঃখ সইতে নারি।।

পরের দিন মাটির উনানে ভাত রাঁধতে তার বেশ আত্মসম্মানবোধ এ ঘা লাগছিল। আগের দিন মাথায় ঘোমটা দেওয়া শাশুড়ি মায়ের ভাতের হাঁড়ি মার্জনা সে অত্যন্ত আগ্রহ নিয়ে দেখেছিলো। শ্রদ্ধাবনত হচ্ছিলো ভারতীয় ঐতিহ্য ও পরম্পরায়। সে জানতে ও শিখতে আগ্রহী হচ্ছিল যে পরম্পরা গুলো সে আগে জানতো না। আজ উনানের সামনে বসতেই তার মুখটা বিষণ্ণ হলো, নিজেকে দাসী মনে হোলো তার। চেহারাটা যেন দুঃখী মানুষের মতো হয়ে গেল তার।

দুপুরে মায়ের ফোন এলো,কিছু সামান্য কথা বার্তা চলার পরমা জিজ্ঞেস করলো,

- তোর শরীর ঠিক আছে তো? গলার আওয়াজ টা এরকম শোনাচ্ছে কেনরে ? মন খারাপ লাগছে এবাড়ির জন্য? সময় পেলেই জামাই নিশ্চয়ই নিয়ে আসবে, চিন্তা করিসনা।

নির্ঝরী সামান্য চুপ থেকে বলে,

- না না মা ভালোই আছি। তোমরা ভালো আছো তো?

- হ্যাঁ হ্যাঁ সবাই ভালো আছি। রাখছি এখন।

3

পর্ব – ৩

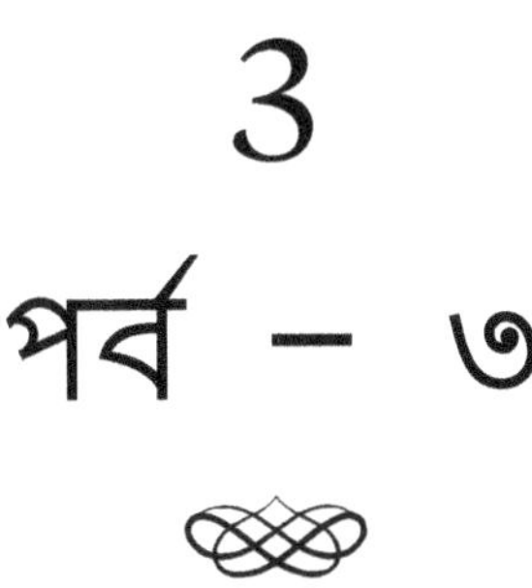

সামনে কিংশুকের পরের পর পরীক্ষা আছে। ভীষণভাবে ব্যস্ত সে। সকালে বিকেলে টিউশন পড়ানো , স্কুলে আংশিক সময় পড়ানো, নিজের আনুষঙ্গিক কাজকর্ম সেরে পরীক্ষার জন্য প্রস্তুতি নেওয়া।তাই আগে যেভাবে সাংসারিক কাজে সময় দিতে পারতো এখন তা পারছেনা। নির্ঝরীর কোনো কাজে সাহায্যের দরকার হলে কিংশুক কে বলার অবকাশ নেই এ সময়।আগে নির্ঝরী ঘুমালেও সকালে উঠে কিংশুক মশারী ভাঁজ করে রেখে দিয়েছে, ঘর মোছার লাঠি দিয়ে তাড়াহুড়ো করে ঘরগুলো মুছে দিয়ে একটু ছাতুর সরবৎ খেয়ে পড়াতে গেছে। এখন খুব ভোরে উঠে পড়তে বসে যায়। পরীক্ষার প্রস্তুতি। তারপর দৌড়ে পড়াতে যাওয়া। এখন আর যাবার সময় ঘর মোছার সময় হয়না। যেদিন ফিরে এসে দেখে এখনও নির্ঝরী সেরে উঠতে পারে নি সব কাজ, তখন তাড়াতাড়ি ঘর মুছে স্নানে যায়। যেদিন পারে না কোনো রকম কাজে সাহায্য করতে সেদিন নির্ঝরী বেশ চাপে পড়ে যায়। কয়েকদিন পরে নির্ঝরীর বাপের বাড়ির কাছে বারোয়ারী মহোৎসব। না গেলে নির্ঝরীর খুব মন খারাপ হবে। কিংশুক তাই টিউশন গুলো একটু বেশি করে পড়িয়ে রাখছে। যেহেতু ওখানে দুদিন থাকতে হবে,তখন পড়াতে যাওয়া হবে না। তাই আগে থেকেই পড়িয়ে রাখা।

বনানীর শরীরটা আজ দুপুর থেকে ভালো নেই। কেমন যেন জ্বর জ্বর লাগছে। বড্ড দুর্বল লাগছে। খাওয়ার পর বাসনগুলো নিয়ে কলতলায় রাখতেই মাথায় চক্কর দিলো। তবুও নিজেকে সামলে নিয়ে বাসনগুলো মাজতে শুরু করে সে। নির্ঝরী গ্যাসের উনুন পরিস্কার করে কলতলায় এসে শাশুড়ি মা কে দেখে তাঁর শারীরিক পরিস্থিতি আন্দাজ করতে পারলো। সঙ্গে সঙ্গে হাত থেকে বাসনগুলো নিয়ে ধুয়ে মুছে রান্না ঘরে রেখে নিজের ঘরে যায় সে। কিংশুক শোয়নি । পড়ার টেবিলে বসে ভীষণভাবে লেখাপড়ায় মগ্ন। নির্ঝরী বিশ্রাম নেয়। দুজনের মোবাইল এখন শান্ত করে রাখা আছে। মোবাইলের শব্দে কিংশুকের পড়ার বিঘ্ন ঘটবে তার জন্য। বিকেলের রোদ্দুর পড়ন্ত হলে নির্ঝরী ছাদে শুকোতে দেওয়া জামাকাপড় গুছিয়ে তুলে আনে। কিংশুক পড়াতে চলে গেছে অনেক আগেই। জামাকাপড় গুলো প্রত্যেকের ঘরে রাখতে গিয়ে দেখে শাশুড়ি মা এখনও এই অবেলায় শুয়ে। তার মানে শরীর ঠিক নেই এখনও। কিছু না বলে বেরিয়ে আসে ঘর থেকে। শান্ত হয়ে কিছুক্ষন শুয়ে থাকলে ধীরে ধীরে ঠিক হয়ে যাবেন। তার নিজের যখন শরীর বা মন খারাপ লাগে তখন নিজের ঘরের বিছানায় শুয়ে পড়ে। সে সময় কেবল নিজের মধ্যে বুঁদ হয়ে থাকতে ভালো লাগে। বাইরে কোথায় কি হচ্ছে সেদিকে মন দিতে ইচ্ছে হয় না। এভাবে চুপ করে নিজেতে

মগ্ন হয়ে থাকতে থাকতে মন কখন যেন ভালো লাগায় পৌঁছে যায়। ব্যস আবার আনন্দ, আবার নতুন শুরু। শাশুড়ি মাও নিশ্চয়ই এভাবে ভালো হয়ে যাবেন। গা হাত পা ও জামাকাপড় ধুয়ে তাড়াতাড়ি চৌকাঠে জল দিয়ে তুলসী তলায় প্রদীপ জ্বেলে শাঁখ বাজায়। শব্দ শুনে আঁচল গায়ে জড়াতে জড়াতে বেরিয়ে আসে বনানী।

- বৌমা সন্ধ্যের শাঁখ বেজে গেল আমায় ডাকলে না?

- ডাকলে কি হতো মা?

- ওমা একি কথা? তুমি জানো না,সন্ধ্যেবেলায় বিছানায় শুয়ে থাকতে নেই ?

- তা না থাক, সন্ধ্যেবেলায় কেউ শখ করে বিছানায় শুয়ে থাকে না মা। শরীর ঠিক নেই তাই শুয়ে আছেন। যান আবার শুয়ে পড়ুন। আজকে আর গা হাত ধোয়ার দরকার নেই। ঠাণ্ডা শরীর আরও খারাপ হয়ে যাবে।

- না বৌমা আহ্নিকে বসতে হবে যে।

-তা হোক , খানিক পরে বসবেন। এখন বিশ্রাম নিন। খানিক পরে আলগোছে কাপড় বদলে আহ্নিক করে নেবেন। আজকে আর গা হাত পা ধুতে হবে না মা।

বনানীর মন চাইছে না শুতে। কিন্তু শরীরটাও ভীষণ এলিয়ে পড়ছে। এই ভর সন্ধ্যায় বাড়ির গিন্নি কোন বুদ্ধিতে শোয়? বসে থাকতে দেখে নির্ঝরী বলে,

- মা আপনি এভাবে বসে থাকবেন না, আবার মাথা ঘুরবে।

অগত্যা নিমরাজি হয়েও বনানী চোখ বন্ধ করে চুপচাপ শুয়ে থাকে খানিক। নির্ঝরী ঘরে গিয়ে শাড়ি বদলে মোবাইল দেখে নেয়। অনেক গুলো মিসড় কল। থাকুক, এখন কারো সঙ্গে কথা বলার সময় হবে না। তাড়াতাড়ি রান্না ঘরে এসে চা বসায়। ধীমান গরুকে গোয়ালে তুলে জাবনা দিয়ে গোয়াল ঘর বন্ধ করে, হাত পা ধুয়ে এসে দাওয়ায় বসলো। মনে মনে ভাবলো সে বাড়ি ফাঁকা কেন? বনানী কোথায়?

- বাবা আপনার চা, এই নিন। মা আপনার চা ঘরেই দেবো? পারবেন মা বাইরে আসতে?

একথা শুনে ধীমান চমকে ওঠে

- কি হলো বৌমা? তোমার মায়ের কি হয়েছে? বাইরে আসতে পারবে না কেন?

বনানী আশ্বস্ত করে বলে ,

- না গো না । আমার কিচ্ছুটি হয়নি। মাথাটা একটু চক্কর দিচ্ছিল, তাই বৌমা বিশ্রাম নিতে বললো। তাই শুয়ে আছি একটু। আমি বাইরে আসছি বৌমা, তুমি চা দাও।

- মা, আপনার লিকার চা তে একটু লবণ দিলাম। মনে হচ্ছে ব্লাড প্রেসার একটু কমে গেছে। খেতে সামান্য বিস্বাদ লাগতে পারে। একটু পরে সামান্য নুন চিনি গুলে স্যালাইন জল খেয়ে নিলে হয়তো আর চক্কর দেবে না মাথায়।

মনে মনে ভাবলো নির্ঝরী, আজ আর সময় নষ্ট করলে হবে না। একা হাতে রাতের রান্না , খাওয়ার সমস্ত কাজকর্ম সারতে হবে। নিজের জন্য একটু চা আর মুড়ি নিয়ে বসলো সে। দুপুরের ডাল আছে। ভাত বসিয়ে তাতে আলু সিদ্ধ দিয়ে দিতে হবে। আর ডিমের কষা বানিয়ে নিলেই হবে। চা খাওয়া হলে পাঁচটা ডিম সিদ্ধ বসিয়ে দেয়। বনানী উঠে আসে আহ্নিক সেরে। বৌমা একা এভাবে রান্না ঘরে যায়নি এখনও। একটু সাহায্য করতে হবে, এই ভেবে রান্না শালে আসে। সেদ্ধ ডিম গুলো ছাড়িয়ে দেয়। পেঁয়াজ কুচি করে দেয়। এভাবে রান্না শেষ হলে সকলে খেয়ে নিলো। সকলকে খেতে দিয়ে নির্ঝরী সকলের শেষে খেতে বসেছে। হঠাৎ অনুভব করলো, সে একা নির্জন

নিস্তব্ধ রান্নাঘরে। সকলে খেয়ে চলে গেছে যে যার ঘরে। ঘর ভর্তি রান্না করা বাসন, এঁটো বাসন। গ্যাসের টেবিল , বসে খাওয়া এঁটো জায়গা, এই ঘর, এঁটো বাসন ধুয়ে মুছে পরিষ্কার করে রাখতে হবে। না হলে সকালে ঘুম থেকে উঠেই তাকে এসব পরিষ্কার করতে হবে। বড্ড অসহায় লাগছে এখন। কেবল এখানে এই ঘরটুকুতেই আলো জ্বলছে, বাকি চারিদিকে অন্ধকার। কিছুক্ষণ চুপচাপ দাঁড়িয়ে থেকে দৌড়ে যায় নিজের ঘরে।কিংশুক পড়ায় মগ্ন। তার ঝরীর আসা খেয়াল করেনি সে। এ বাড়িতে যখন বিয়ের পর প্রথম এলো তখন এঁটো বাসনকোসন সকলে মিলে ধুয়ে নিতো। আর আজকে সে উপায় নেই। মা অসুস্থ, কিংশুকের পরীক্ষার পড়াশোনা। বাপেরবাড়িতে এসব দায়িত্ব তার কোনো কালেই ছিলো না। খেয়ে দেয়ে এঁটো বাসন টেবিলেই ফেলে রেখেছে সে সবসময়। মা কাকিমা এঁটো বাসন গুছিয়ে রেখেছে,আর সকালে বিকেলে শান্তি পিসি সব পরিষ্কার করেছে। হঠাৎ বুকের ভিতরটা যেন মোচড় দিলো । চোখে জল আসছে তার । অগত্যা সব কাজ সেরে ঘরের আলো , সিঁড়ির আলো নিভিয়ে ধীরে ধীরে দোতলার বারান্দায় দাঁড়ায় সে। আশেপাশের সব বাড়িতে এখন নিস্তব্ধ ঘুমের অন্ধকার। কেবল কিংশুকের পড়ার টেবিলে আলো জ্বলছে । বারান্দায় দাঁড়িয়ে বাইরের ঘন অন্ধকারের দিকে তাকায় সে। নিজেকে আজ যেন অচেনা লাগছে তার । এই তো মাত্র কয়েক দিন আগের নির্ঝরী,আর আজকের এই নির্ঝরীর মধ্যে কত তফাৎ, স্বপ্নের তফাৎ, ভাবনার তফাৎ , কল্পনার তফাৎ। আচ্ছা সব মানুষেরই কি এরকম বিয়ের আগে আর পরে এতটা তফাৎ হয়ে যায়? তাহলে সব মানুষেরা যেভাবে নিজের সামনের পথটা দেখে সে দেখা কি সত্যি হয়না কখনো? তার মানে সামনের পথ আমরা কখনো দেখতেই পাইনা? যা দেখি তা আমাদের অলীক কল্পনা মাত্র?মাথার ভিতর টা তালগোল পাকিয়ে যায় তার । একভাবে তাকিয়ে থাকতে থাকতে রাতের ঘন অন্ধকারে চোখ সয়ে যায়। আবছায়াতে বাগানের গাছপালা ঝোপঝাড় দেখতে পায়। দেখতে পায় তাদের অস্পষ্ট অবয়ব।

 - ঝরী ঝরী, শোবেনা তুমি? এতক্ষণ ধরে কি করছিলে তুমি রান্নাঘরে?

চাপা অভিমানে নির্ঝরীর দুচোখের জল বাঁধভাঙা বন্যার মতো বেরিয়ে আসতে চায়। কেন যেন সে নিজেকে বোঝাতে পারছে না, যে আজকে যা হয়েছে তা রোজ রোজ হবে না। শাশুড়ি মায়ের শরীর খারাপ বলেই এসব হয়েছে। কেন বোঝাতে পারছে না সে নিজেকে? এসব তার অভ্যাস ছিল না । তাই কি সে নিজেকে বোঝাতে পারছে না? কিংশুকের জিজ্ঞাসার কোনো জবাব না দিয়ে নির্ঝরী ঘরে আসে। দরজা বন্ধ করে শুয়ে পড়লো সে। কিংশুক মশারী বিছানায় চারিদিকে ঠিক করে দেয়। খুব তাড়াতাড়ি সকলে গভীর ঘুমে আচ্ছন্ন হয়। নিদ্রাদেবী সকলের চোখের সামনের সুখ দুঃখের সকল রঙ মুছে দিলেন সে রাতের জন্য।

সকালে কিংশুক ভাইয়ের আর তার নিজের জন্য দু'গ্লাস ছাতুর সরবৎ বানিয়ে খেয়ে পড়াতে চলে যায়। বনানী বারকয়েক ওঠার চেষ্টা করেছিল, পারেনি। আবার শুয়ে পড়ে। ধীমান হাত মুখ ধুয়ে গোয়ালে যায়,গরু বের করে ডাবাতে জাবনা দিয়ে, চা হয়নি দেখে ক্ষেতে চলে যায়। মানুষটা চা না খেয়ে বেরিয়ে গেল দেখে বনানীর মনটা বিষিয়ে ওঠে নির্ঝরীর প্রতি। গ্রামের দিকে সকালে ঘরের চৌকাঠে জল, উঠানে গোবর জলের ছড়িয়ে দেবার নিয়ম আছে । নির্ঝরী এসব জানে না। খুব সকালে উঠে বনানী এসব করে। আজ সে উঠতে পারেনি তাই একাজও হয়নি। নির্ঝরীর মফস্বলের বাপের বাড়িতে এসবের প্রচলন নেই । প্রায় সাতটায় উঠে বুঝতে পারে শাশুড়ি মা উঠতে পারেননি। তাড়াতাড়ি এসে চায়ের জল উনুনে বসিয়ে তাঁর কাছে যায়। কপালে হাত দিয়ে দেখে জ্বর আছে।বনানী চুপ থাকে, ক্ষুব্ধ সে।এতখানি বেলা হলো গৃহস্থের ঘরে জলের ছড়া

পড়লো না এখনো। তবুও জিজ্ঞাসা করতে হোলো,

-ছড়া দিয়েছো?

-ছড়া কি?

-ওমা সেকি, তুমি ছড়া দিতে জানো না? একটা ছোট বালতিতে জল আর সামান্য গোবর দিয়ে উঠোনে ছড়িয়ে দিতে হয়।

একথা শুনে নির্ঝরী চমকে ওঠে। কান্না মুখে বলে,

-মা আমি গোবরে হাত দিতে পারবোনা মা। আগে আমি এসব কখনো করিনি।

বনানী বেশ অসন্তুষ্ট হয়ে বলে,

-তাহলে আর কি, শুধু জলই দাও।

এরপর চা বিস্কুট বনানীকে দিতে গেলে বেশ রাগত স্বরে বলে,

-তোমার শ্বশুর সকালবেলা কিচ্ছুটি মুখে না দিয়ে মাঠে চলে গেল, আর আমি কোন আক্কেলে চা টা মুখে তুলবো শুনি ? রেখে দাও বরং তোমার চা।

- আপনি এখন খালি পেটে থাকলে পিত্তি পড়বে মা। আপনি খেয়ে নিন, বাবা এখুনি এসে পড়বেন,আমি চা দেবো বাবা কে।

- এখন পিত্তি আমার জ্বলে যাচ্ছে, পিত্তি পড়লেই বা কি?

নির্ঝরী আর কিছু বলে না। এখন অনেক কাজ। মা কিছু পারবেননা। মাঠে জলখাবার পাঠাতে হবে। আলুর তরকারি কুকারে বসিয়ে, চা নিয়ে বসে। এমন সময় বিনীতা পিসি আসে। উনি পাশের কটা বাড়ি পরেই থাকেন। এ বাড়ির সুখ দুঃখের সাথী। ধীমানকে বড়ো দাদার মতো শ্রদ্ধা করে সে। বনানীকে দেখতে না পেয়ে জিজ্ঞেস করে,

- নতুন বৌমা, তোমার মা কোথায়?

- মায়ের শরীরটা খারাপ পিসিমা । ঘরে আছেন।

- শুয়ে থাকো বৌদি। একটু বিশ্রাম করো। আমি নতুন বৌমাকে আনাজ পত্র কেটে দিচ্ছি।

নির্ঝরী নিজের ঘরটুকু মুছে নিয়ে স্নানে যায়। সবঘর মুছতে গেলে সময়ে রান্না হবে না। এমন সময় ধীমান আসে মাঠ থেকে ।

- বৌমা চা দাও। সকালে চা খাইনি, তোমার মা করতে পারে নি।

- হ্যাঁ বাবা বসুন, দিচ্ছি এখুনি।

পিসিমা আর বাবাকে চা দিয়ে তাড়াতাড়ি রান্না বসায়। চা খেয়ে দুজনেই বেরিয়ে যায়।

- বাবা মুড়ি খেয়ে যাবেন, একটু অপেক্ষা করে যান।

- মাঠে খেয়ে নেবো। মজুর এসে নিয়ে যাবে। ভেবোনা, খেয়ে নেবো।

- পিসিমা চলে যাচ্ছেন কেন , খেয়ে যান।

- না মা দেরি হয়ে যাবে। মাঠে গরু টা বাঁধা আছে,জল খাওয়াতে হবে।

সকলে একে একে চলে গেল মাঠের মুড়ি তরকারি গুছিয়ে গামছা দিয়ে বেঁধে রাখে। মজুর সময়মতো এসে নিয়ে যাবে। মাটির উনুনে ভাত বসালে একা সামলাতে পারবে না ভেবে গ্যাসের উনুনে ভাত বসিয়ে দিলো। বনানীকে জলখাবার দিয়ে নিজেও খেতে বসে। বনানী ঘর থেকে বেরিয়ে এসে জিজ্ঞেস করে,

- বেলা হলো ভাত বসাবে না বৌমা? কিংশুক খেয়ে বেরোবে, আরো দেরি করলে ছেলেটা ভাত পাবে না।

- মা আমি ভাত বসিয়ে দিয়েছি গ্যাসের উনুনে।

- ওমা সেকি? এতগুলো লোকের ভাত, অতো বড়ো হাঁড়ি অনেক গ্যাস খরচ হয়ে যাবে যে বৌমা। একি তোমার বুদ্ধি?

- আপনি অসুস্থ। আমি একা সামলাতে পারবো না মা মাটির উনুনে। অনেক সময় ও লাগবে। তরকারিগুলো কখন করব? আপনার ছেলের যে ভাত খেতে দেরি হয়ে যাবে।

- যাও তুমি হাঁড়ি এনে উনুনে বসাও আমি উনুনে জ্বালানি দিয়ে দিচ্ছি।

- মা আগুনের তাপ লাগবে, আপনার কষ্ট হবে।

- ওসব তোমাকে ভাবতে হবে না। যাও নিয়ে এসো ভাতের হাঁড়ি।

কোনোরকমে মুড়ি কটা খেয়ে হাত ধুয়ে হাঁড়ি বসায় উনুনে। বনানী টলোমলো হয়ে বসে জ্বালানি দেয় উনুনে।

- মা আপনার কষ্ট হবে।

- তোমাকে অতো ভাবতে হবে না, আমি ঠিক পারবো।

কথাগুলোর ক্লেশ অনুভব করে নির্ঝরী চুপচাপ রান্নাঘরে চলে যায়। অন্যান্য তরকারী করতে। ডাল আর বেগুন ভাজা হয়েছিল। মাছের ঝাল হলেই হয়ে যাবে। ভাতের মধ্যে আলু সিদ্ধ দেওয়া আছে। মাছ ভাজতে ভাজতে প্রায়ই শাশুড়ি কে লক্ষ্য রাখছে সে। মাছের ঝালের কড়া নামাতে যাবে এমন সময় হঠাৎ কিংশুকের আওয়াজ শুনতে পেল,

- কি হলো, কি হলো মা ? ঝ—রী- কোথায় তুমি? তাড়াতাড়ি জল নিয়ে এসো। মায়ের শরীর খারাপ কেন মাকে কাজ করাচ্ছো? আর কবে বুদ্ধি হবে তোমার?

নির্ঝরী হতভম্ব হয়ে যায়। কি করবে বুঝে উঠতে পারেনা। স্থবির হয়ে থাকে।

- যাও জল আনো, দাঁড়িয়ে আছো কেন?

নির্ঝরী জল আনে, ফ্রীজ থেকে বরফ আনে, সামান্য নুন চিনি গুলিয়ে আনে। কিংশুক কোলে করে মাকে ঘরে এনে পাখার নিচে শুইয়ে দেয়। চোখে মুখে বরফ জলের ছিটা দিয়ে, গামছা ভিজিয়ে গা হাত মুছে দেয়। নুন চিনি মেশানো স্যালাইন জল মুখে দেয়। ধীরে ধীরে বনানী চোখ মেলে তাকায়। আগুনের তাপে মাথাটা চক্কর দিতেই উনুনের পাশে শুয়ে পড়েছিলো সে। এ সময় কিংশুক কঠিন স্বরে বলল,

-এটা তুমি ঠিক করোনি ঝর্রী। অনেক বড়ো বিপদ হতে পারতো। একটুর জন্য অনেক বড়ো বিপদ থেকে বাঁচা গেলো। কেনো মাকে তুমি আগুনের তাপে বসালে?

নির্ঝরী নিঃশব্দে রান্নাঘরে চলে যায়। কি বলবে সে? কে শুনবে তার কথা? কে বুঝবে? বারবার নিষেধ সত্ত্বেও শাশুড়ি মা শোনেননি তার কথা। একদিন সামান্য গ্যাস বাঁচানোর জন্য এটা তাঁরই সিদ্ধান্ত। কিন্তু এসব বললে বাড়িতে শান্তি বিনষ্ট হবে। চুপচাপ ভাতের হাঁড়ি নামায়। মনটা বিরক্তিতে ভারাক্রান্ত। ভাতের ফ্যান গড়ানো, উনুন নিকানো, হাঁড়ি মার্জনা, কতগুলো অতিরিক্ত কাজ বাড়লো। সকলকে খেতে দিয়ে নিজেও খায়। কিংশুক অনেক আগেই স্কুলে গেছে। রান্নাঘর পরিষ্কার করে কলঘরে জামাকাপড় ধুয়ে পরিষ্কার হয় সে। ছাদে জামাকাপড় মেলে বারান্দায় যায়। কিংশুক ফিরে আসে স্কুল থেকে। পড়তে বসে। মোবাইলে অনেক মিসড্ কল। কিংশুক পড়াতে গেলে কথা বলে নিতে হবে। এখন পড়ার বিঘ্ন হবে। ঘুমের অতলে চলে যায় সে। হঠাৎ পরিশ্রম বেড়ে যাওয়ায় এতো ক্লান্তি বেড়েছে। ঘুম মানুষের মনের মলিনতা সেদিনের মতো পরিষ্কার করে দেয়।

পড়াতে যাবার আগে কিংশুক ভাগ্যিস ওকে ডেকে দিলো না হলে বিকেলের কাজগুলো সেরে ওঠা মুশকিল হতো। তাড়াতাড়ি ছাদে গিয়ে শুকনো জামাকাপড় গুলো গুছিয়ে আনে। গা হাত ধুয়ে সন্ধ্যা প্রদীপ জ্বেলে শাঁখ বাজায়। চায়ের জল উনুনে বসিয়ে ভাত বসানোর পরিকল্পনা করে। আজকে কারো কথা শুনলে হবে না। প্রেসার কুকারে ভাত বসিয়ে দিতে হবে। সকলকে চা দিয়ে, নিজে চায়ে চুমুক দেয়। দুপুরের ডাল তরকারি আছে। হঠাৎ মনে পড়লো গত দুদিন ধরে ফোন দেখেনি সে। হয়তো অনেক মিসড্ কল আছে। একটা গ্লাসে নুন চিনি গুলে বনানীর ঘরে রেখে আসে। শরীর খারাপ থাকলে মানুষের সব কিছুই বিরক্ত লাগে। বনানীর ক্ষেত্রে ও তাই। তাছাড়া দুপুরের পর থেকে নির্ঝরীর প্রতি তার বিরক্তি বেড়েছে। তাই নির্ঝরীকে যেন একটু উপেক্ষাই করলো।

- মা আপনার জল, খেয়ে নিন এখুনি।

- হুঁ

নির্ঝরী বুঝতে পারে মা তার প্রতি অসন্তুষ্ট। কিছু না বলে নিজের ঘরে যায়। মোবাইল খুলে দেখে মামাতো বোন কুট্টু ফোন করেছে অনেক বার। প্রথমে নিজের বাবাকে ফোন করে। মা ধরলো ফোন টা। দুদিনের নীরবতার কারণ ও সামান্য কিছু কথা হয়। কুট্টুকে ফোন করতেই,

- বাব্বা দিভাই তুমি বিয়ের পর আমাদের একেবারে ভুলে গেলে। ফোন করলেও ধরোনা। এভাবে কি ভুলতে আছে বলো?

- না রে না। ভুলবো কেন। আসলে তোর জামাইবাবুর সামনে অনেক পরীক্ষা। মোবাইলের রিংটোন বন্ধ আছে। তাই কোনো ফোন বাজলে বোঝা যাচ্ছে না। তাই ফোন ধরতেও পারছি না। কদিন হলো শাশুড়ি মায়ের শরীর খারাপ তাই সময়ও পাচ্ছি না।

- তার মানে দিভাই তোমাকে সব কাজ করতে হচ্ছে এখন? আর কোথাও বেড়াতে যেতেও পারছো না? বিয়ে হবার সঙ্গে সঙ্গেই এরকম ঝঞ্ঝাটে পড়ে গেলে তুমি? বিয়ের আগে তোমাকে কিছু করতে হতো না। এখন কিভাবে সামলাচ্ছো তুমি? তার ওপর ঐ গ্রাম , তুমি যে কিভাবে পারছো দিভাই,কে জানে। আমি হলে পারতাম না। কেন যে তুমি ওরকম ধ্যাদ্ধেরে গ্রামেগঞ্জে বিয়ে করলে? সারা জীবন তুমি ওখানে কিভাবে থাকবে বলা ? তুমি দেখতে সুন্দর, কত পড়াশোনা শিখেছ, এছাড়াও কত গুণ আছে তোমার । শহরের কোনো ডাক্তার বা ইঞ্জিনিয়ারের সাথে তোমার বিয়ে হতে পারতো। কি যে ভুল করলে দিভাই । ক্রমশঃ তোমার কাজ বাড়বে। কিভাবে সামলাবে তুমি ? জীবনে শখ আহ্লাদ বলে তোমার কিছুই থাকবে না। তুমিও গেঁয়ো হয়ে যাবে।

এসব শুনতে নির্ঝরীর ভালো লাগছে না। কিন্তু তার জীবন নিয়ে এদের ভাবী আশঙ্কা গুলো সে উড়িয়ে দিতেও পারছে না। এরা তাকে কতটা ভালোবাসে তাই তাকে নিয়ে এত ভাবছে, তার জন্য ভালো ভাবছে। আদরে আহ্লাদে বেড়ে ওঠা নির্ঝরী বুঝতে পারেনা যাদের সে শুভাকাঙ্ক্ষী ভাবছে তারা তার প্রতি কতটা ঈর্ষালু। শুধুমাত্র কিংশুক এখনো চাকরিতে যোগদান করেনি, আর তার বাড়ি প্রত্যন্ত গ্রামে। নির্ঝরীর তথাকথিত শুভাকাঙ্ক্ষীরা এই দুর্বল জায়গাগুলো দেখিয়ে তার কাছে সমব্যাথী সাজে। কিন্তু তারা জানে না সময়ের সঙ্গে তাদের এই সমব্যাথীর মুখোশ কখন খসে পড়বে। সময় বড়ো বলবান। কুট্টুর ফোন তাকে আরও বিষণ্ণ করলো। চুপ করে থাকায় কুট্টু বললো,

- দিভাই কিছু বলছো না কেন? তুমি কি দুঃখ পেলে?

- না না দুঃখ পাবো কেন। তুই আমাকে ভালোবাসিস তাই তো বলছিস।

- হ্যাঁ গো দিভাই তোমাকে আমি খুব ভালোবাসি। সত্যি বলতে কি তোমার ওখানে বিয়ে হওয়া ঠিক হয়নি। ঐ পরিবেশ টা ঠিক তোমার জন্য না। জানো আমাকে ও (কুটুর হবু বর) বলেছে তোমাকে আমি কিছু করতেই দেবো না, তুমি তোমার মতো থাকবে। আমিও বলেছি, বেশি কাজ করালে সোজা বাপের বাড়ীতে চলে যাবো।

নির্ঝরী এই কথাগুলো চুপচাপ শুনলেও ভিতরে অস্থির হয়ে ওঠে। কথাগুলো কোথায় যেন আঘাত করছে, যন্ত্রণা হচ্ছে তার। ও তো সত্যি কথাই বলছে, তবুও কেনো কষ্ট হচ্ছে তার এসব শুনতে? সেটা বুঝে উঠতে পারছেনা সে। তার প্রতি, কিংশুকের প্রতি অথবা তার এই শ্বশুরবাড়ির প্রতি অসম্মান লুকিয়ে আছে ঐ কথাগুলোর মধ্যে? তাই কি যন্ত্রণা হচ্ছে ভিতরে?

- যাই বলো দিভাই আমি হলে ওখানে থাকতে পারতাম না।

- আমি রাখি রে, তোর জামাইবাবু এসে পড়বে এখুনি, খেতে দিতে হবে ওকে। এখনো তরকারি গরম করা বাকি আছে।

- সাত্য দিভাই তুমি একেবারে ' কোনো এক গাঁয়ের বধূ হয়ে গেলে'।

হিহিহিহি করে হেসে ফোন রেখে দিলো কুটু।

আরো একজন অলক্ষ্যে হাসলেন। তিনি নিখিল জগতের পরম নিয়ন্তা, পরমেশ্বর। যিনি এই সমগ্র জগতের স্রষ্টা, পালক, পরিচালক। সেই অসীমের কাজের ঠিক ভুলের বিচার করছে তাঁরই সৃষ্ট এক সামান্য মানবী (জীব)? এ হলো ক্ষুদ্র বুদ্ধির মূঢ়তা। এ হলো তাঁরই সৃষ্ট মহামায়ার খেলা। মানুষেরা ক্ষুদ্র বুদ্ধি দিয়ে তাদের পরমপিতার সুমহান কর্মের ঠিক ভুল ভালো মন্দ বিচার করে।

কুটুর বিয়ের পাকাকথা হয়ে আছে। সামনের মাসে বিয়ে। নির্ঝরীও ফোন রেখে দিল। শ্বাস ফেলে ভাবে, কুটুর বিয়ের কল্পনা যেন বাস্তবে হয়। সকলেই ভাবে যে বিয়ের পর রাণী সেজে থাকবে। সংসারে কোনো কিছুই করবেনা। বাস্তব সম্পূর্ণ আলাদা। কুটুর মতো ভাবনা তো অমানবিক স্বার্থপরতার ভাবনা। ভাবনায় ছেদ টানলো নির্ঝরী। তাড়াতাড়ি নিচে নামে। বনানী এখনও স্যালাইন জল খায়নি।

- মা জলটা খেয়ে নিন।

বনানী বিরক্ত হলেও খেয়ে নিল। রান্নাঘরে গিয়ে সব তরকারি একটু গরম করে নিলো। আবার কতগুলো বাসন তাকে মাজতে হবে ভেবে ভিতরে ভিতরে সঙ্কুচিত হয়। মফস্বলে কাজের মেয়ে, আয়া সেন্টার থেকে আয়া, এসব কিছু পাওয়া যায়। এই প্রত্যন্ত কৃষি নির্ভর গ্রামে এসব পাওয়া যায় না। সব কিছু নিজেদের করে নিতে হয়। নির্ঝরীর খেয়াল পড়লো অষ্টমঙ্গলার পর যেদিন এবাড়িতে এসেছে সেদিন থেকে আজ পর্যন্ত একদিনও হাসেনি। চেষ্টা করে দেখতে ইচ্ছে করছে না হাসি আসে কিনা। সকাল গড়িয়ে কখন সন্ধ্যা হয়ে যায় টের পায় না। তার মনটা বিষণ্ণ হয়ে আছে কেন, জানে না সে।

আজকেও রান্নাঘরের সব কাজ গুছিয়ে যখন শুতে এলো তখন সমস্ত পাড়া নিস্তব্ধ ঘুমে। আজকেও নিজের ঘরের বারান্দায় দাঁড়িয়ে অন্ধকার দেখতে ভালো লাগছিলো। যেনো একান্ত হয়ে নিজেকে দেখা। নির্ঝরীর মনে হোলো আমাদের ভিতরটা যেন অন্ধকারই। বাহ্য কোনো আলো নেই যা দিয়ে আমরা নিজেদের ভিতরটা দেখতে পারি। আমাদের ভিতরে ভিতরে যে সব ইচ্ছে জাগ্রত হয় সেই ইচ্ছেগুলো যেনো এককটা টর্চ বাতির মতো। আমাদের ইচ্ছেগুলো আমাদের যে পথ দেখায় আমরা সেপথে চলি। শুভ ইচ্ছা আমাদের শুভ পথ দেখায়। অশুভ ইচ্ছে অশুভ পথ দেখায়। অন্তরে শুভ ইচ্ছাগুলোকে জাগিয়ে দেবার জন্যও শুভাকাঙ্ক্ষী প্রয়োজন। অথবা সময় হলে পরমেশ্বরই

জাগিয়ে দেবেন, কোনো এক শুভাকাঙ্ক্ষীর ছদ্মবেশে আসবেন তিনি। একথা মনে হতেই হঠাৎ মনটা ভালো হয়ে গেলো। মা বাবা এঁরা সবাই প্রত্যেকের জীবনে আছেন। তবুও আমরা প্রত্যেকে মর্মে মর্মে একজন শুভ শিক্ষক, শুভ পথপ্রদর্শক, শুভাকাঙ্ক্ষীর জন্য অপেক্ষা করি। অন্ধকারের আবছায়াতে সম্মুখের গাছপালার অস্পষ্ট অবয়ব দেখতে দেখতে নিজেকেও কেবল একটা অবয়ব বলেই মনে হলো, কেবলমাত্র একটা অস্তিত্ব যেন। এর বেশি আর কিছুই নয়। এই জগৎ সংসারে অধিকারের দাবী নিয়ে আমরা যে আমার মা ,আমার বাবা, আমার স্বামী, আমার ছেলে এসব বলি তা যেনো সব অনর্থক শব্দ। হঠাৎ মনে হলো অন্তরের বিষণ্নতা তাকে এতো সব ভাবাচ্ছে। তবে ভাবনাগুলো সত্যি বৈ মিথ্যা নয় ।

- ঝরী, ঝরী, দাঁড়িয়ে কেন ? ঘরে এসো। সকালে উঠতে দেরি হবে তো । শুয়ে পড়ো।

মগ্নতা ভেঙে নির্ঝরী ঘরে আসে বারান্দা থেকে। মশারী টাঙায়।

- কি হয়েছে ঝরী,মন খারাপ? দুপুরে বকলাম বলে?

দুজনেই খানিক চুপচাপ থাকে। নীরবতা ভাঙে কিংশুক,

- আমি জানি ঝরী, তুমি উনুনের কাছে বসতে বলনি মাকে, তুমি কখনোই বলতে পারো না । মা নিজেই জিদ করে উনুন শালে বসেছে, সামান্য গ্যাস বাঁচানোর জন্য। এ মায়ের অভ্যাস। যেহেতু গ্যাস পয়সা দিয়ে কেনা, তাই। আসলে হঠাৎ এসে মাকে ওরকম অবস্থায় দেখে মাথা ঠিক রাখতে পারিনি। আমি যে তাঁর সন্তান ঝরী, ব্যাকুলতা তো থাকবেই, তাই না বলো? আর তোমাকে কঠিন ভাবে কথা গুলো বলে ফেললাম , আমার উচিত হয়নি। তুমি কিছু মনে কোরো না, আমাকে ক্ষমা করে দাও প্লীজ।

- আরে না না, ঠিক আছে, আমি কিছুই মনে করিনি, বুঝেছি আমি।

মুখে বুঝেছি বললেও, বুঝতে অনেক বাকি এটা বুঝে শুয়ে পড়লো। এই সংসার যাপনা যেমন একটা ক্ষুরধার বস্তুর উপর দিয়ে নিরন্তর চলার অভ্যাস। একটু অসাবধান হলেই রক্তাক্ত হতে হয়। সংসার যে একটা অদৃশ্য ক্ষুরধার জায়গা, এটা বোঝানোর জন্যই হয়তো চৈত্রমাসে গাজনের সময় সন্ন্যাসীদের ধারালো খড়্গের উপরে শোয়ানো হয়। জিভ দিয়ে উচ্চারণ করা অহেতুক শব্দ সংসারে অনর্থক জটিলতার সৃষ্টি করে, তাই জিভের সংযম বা জিভে লাগাম দেওয়া দরকার। গাজনের সময় সন্ন্যাসীদের জিভে তাই বাণ ফোরা হয়। বাহ এসব তো আগে মনে হয়নি। শিশু বয়স থেকেই তো গাজন দেখা, কিন্তু অর্থ জানা ছিল না। বিয়ের পর কদিন মাত্র সংসারে এসে এমন উপলব্ধি হচ্ছে। সংসারের মানে খুঁজে পাওয়া যাচ্ছে ক্রমশ। এসব অনুভব স্কুলের সিলেবাসে নেই। সংসার অনলে (আগুনে) দগ্ধ না হলে মানুষ পরিণত হয় না,পরমেশ্বরের পরম পদ প্রাপ্তির যোগ্যতা অর্জন হয় না। তাই বোধহয় গাজনের সময় সন্ন্যাসীদের জ্বলন্ত আগুনের উপর উল্টো করে ঝুলিয়ে দেওয়া হয়। এ জগৎ সংসার শিক্ষার আসর। সকলকে এখানে এসে শিক্ষা সম্পূর্ণ করে পরিণত হতে হয়। তবেই পূর্ণতা, তবেই মুক্তি। মুক্তি মানে জন্ম মরণ চক্র থেকে মুক্তি। ঐ যে গাজনের সময় একটা বাঁশের ডগায় দড়ি বেঁধে সন্ন্যাসীরা বাঁশটিকে প্রদক্ষিণ করে এ যেন ঐ জন্ম মরণ চক্রে বদ্ধ জীব। যতদিন না জগতের শিক্ষার পাঠ সম্পূর্ণ হয় ততদিন জন্ম মরণ চক্রের ফাঁদে পড়ে ঘুরতে হয় । সমগ্র জীব জগৎ এই জন্মমরণ চক্রের অধীন। এই চক্র দ্বারাই জীব সংসারকে প্রদক্ষিণ করে। অভিজ্ঞতা সম্পূর্ণ হলেই এই চক্র থেকে মুক্তি।

- ঝরী, এই ঝরী , কি বলছো "চক্র", "চক্র"? চক্র কি? সুদর্শন চক্র? সুদর্শন চক্র পেলে নাকি ? স্বয়ং বিষ্ণু এলেন নাকি তোমার স্বপ্নে, সুদর্শন চক্র নিয়ে? তুমি যে কি স্বপ্ন দেখছো কে জানে?

বাঁদিকে পাশ ফিরে শোও। ভুল ভাল স্বপ্ন দেখতে হবে না আর। ঘুমাও দেখি।

এভাবে বেশ কয়েকদিন কেটে গেল। বনানী এখন সুস্থ। শারীরিক দুর্বলতা কেটে গেছে তার। কাটেনি শুধু বৌমার প্রতি অসহিষ্ণু ভাব। মানুষের প্রতি মানুষের মনের কোণে একবার যে মেঘ জমে সেই মেঘ কোনো বড়ো ঝড় ঝঞ্ঝা ছাড়া কাটতেই চায় না। সচেতন না হলে এ মেঘ বেড়েই চলে। নির্ঝরী তাই কোনোরকমে প্রতিদিন সংসারে নিজের কাজ টুকু সেরে নিয়ে নিজের ঘরে চলে যায়। কখনো একা একা, কখনো বান্ধবীদের সঙ্গে মোবাইলে তার অবসর কাটে। যে মেয়ে সংসারে এসেছিলো গুছিয়ে সংসার করবে ভেবে, সে ইচ্ছেটা এখন আর তেমন অনুভব করে না। দৈনন্দিন কাজ কর্ম ছাড়া সংসারের বিরুদ্ধ দিক, খুঁটিনাটি খুঁত, বিবাহিত জীবনের মন্দ দিকগুলোই এখন কুটু, সুরভী দের সঙ্গে আলোচনার বিষয়। আর তারাও তাদের ইর্ষাগুলোকে সমব্যাথীর মোড়কে মুড়ে পরিবেশন করে। নির্ঝরী আবেগে আপ্লুত হয়ে যায় তাদের প্রতি। দৈনন্দিন সমস্ত খুঁটিনাটি তাদের বলতে থাকে। অবসর যাপনের এক সরল রাস্তা পেয়ে, মনটা ভালো করে নেয় প্রতিদিন। পরিবেশ যে ক্রমাগত বিরুদ্ধ হয়ে যাচ্ছে এ তার খেয়াল হয় না। সংসারের নির্দিষ্ট কাজকর্ম ছাড়া অনর্থক কথায় কথায় দিন যায়। তারা খুশি হয়। খুশি হয় কারণ কিংশুক তাদের স্বামীদের থেকে অনেক বেশি জ্ঞানী গুণী, শিক্ষায় রুচিতে অনেক উচ্চাঙ্গের। তারা স্বস্তি পায় নির্ঝরীর অসুখী হবার খবর পেয়ে। নির্ঝরীর দূরত্ব ক্রমশঃ বাড়তে থাকে সংসার আর সংসারের মানুষগুলোর থেকে। কুটু বুদ্ধি দেয়,

- সব কিছুতে অত মাথা দিবি না দিভাই। নিজের মতো আনন্দে থাকবি। সংসারে সবেতেই চোখ কান দিলে সব দায়িত্ব তোর ঘাড়ে এসে পড়বে। তুই তোর মতো থাকবি।

কিংশুক অত্যন্ত ব্যস্ত এখন। সাংসারিক ব্যাপারে মাথা দেবার সময় নেই। সংসারের প্রতি নির্ঝরীর উদাসীনতা দেখে বনানী খুব অসহিষ্ণু হয়ে যায়। মাঝে মধ্যেই তার কথাবার্তা খুব রুক্ষ হয়ে যায় সেজন্য। এর ফলে নির্ঝরী আরও দূরত্ব বাড়িয়ে নেয় সংসার থেকে, বনানীর থেকেও। হয় ফোনে কথা, নয়তো গান বাজিয়ে নাচের মহড়া চলে তার। বনানী শুনতে পায়,বোঝেও সবই, ক্ষোভও বাড়ে ক্রমশ। কিংশুক অনুভব করে মা আর নির্ঝরীর মধ্যে যেন দূরত্ব বাড়ছে। এ সমস্যা সমাধানের সময় তার হাতে একেবারেই নেই। মনে মনে সিদ্ধান্ত নেয়, কটাদিন ঝরীকে বাপের বাড়ি রেখে আসবে। এখানে বড়ো একঘেয়েমি হয়ে গেছে ওর। কিংশুক নিজেও সময় দিতে পারছে না।ওর হাসি হীন মুখটা দেখতে কিংশুকের ভালো লাগছে না, কষ্ট হচ্ছে। পরীক্ষা গুলো হয়ে গেল আবার নিয়ে আসবে।

নির্ঝরী বিয়ের আগে নাচের ক্লাসে যেত। প্রতিদিনের কাজকর্ম করেই ও ইদানিং নিজের ঘরে এসে রবীন্দ্রসঙ্গীতের সাথে নাচের অভ্যাস করে। আর একদিন বাদেই ওবাড়ি নিয়ে যাবে কিংশুক।মনটা বেশ খুশি খুশি।আজ তাই খুব আনন্দে নাচের অভ্যাস করছে সে।

নিচের বারান্দা থেকে বনানী ডেকে চলেছে ,

- বৌমা, বৌমা ।

অনেক ডাকাডাকি করলেও নির্ঝরী শুনতে পেলো না। ঘরে তার গান বাজছে, সিলিংয়ে ফ্যান চলছে। শুনতে পাবার কথাও নয়।

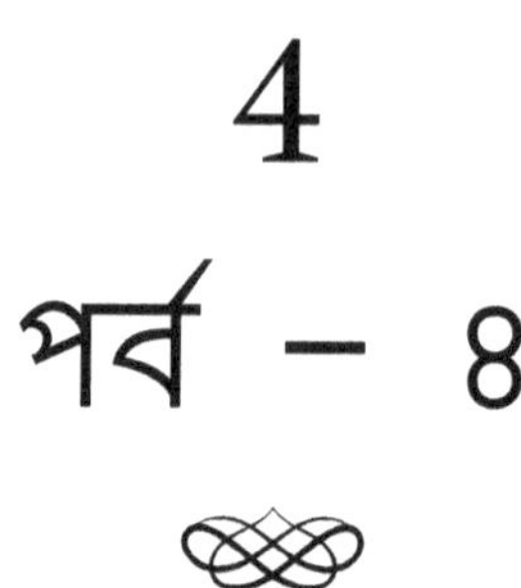

পর্ব – ৪

মা, মা, ঐ দ্যাখো দিভাই আসছে। মম দোতলার বারান্দা থেকে নির্ঝরী কে দেখতে পেয়েই চীৎকার করতে করতে নিচে নেমে এলো। ওহ্ কতদিন বাড়িটা রেস্তোরাঁ মনে হয়নি। যে থেকে দিভাইয়ের বিয়ে হয়ে গেল সেই এক ঢোল কাঁসি রান্না। বলেছিলাম বেশি দূরে বিয়ে করিস না দিভাই। এই ধর দেবীপুর বাসস্টপের কাছে বিয়ে করলি, আর রোজ একবার করে এসে আমাকে ভালো ভালো রান্না করে দিয়ে চলে গেলি। টোটোয় চড়ে যেতে আসতে তো কেবল পাঁচ পাঁচ দশ মিনিট লাগবে। তা না করে কতদূরে চলে গেলি। যেতে একঘন্টা আসতে একঘন্টা। এমন সময় মমের মা মিতার ডাকে সম্বিত ফেরে,

- কিরে অজ্ঞান হয়ে গেলি নাকি? যা দরজা খুলে দিয়ে আয়। দিভাই কি দরজার সামনে দাঁড়িয়ে থাকবে?

দরজা খুলতেই দিভাই জড়িয়ে ধরে মমকে।

- এবার কিন্তু অনেক দিন থাকতে হবে। বল আগে তাড়াতাড়ি চলে যাবি না! কি রে যাবি নাতো?

খিলখিলিয়ে হেসে ফেলে নির্ঝরী ছোট বোনের কথা শুনে। সবাই হাতের কাজ ছেড়ে বেরিয়ে আসে। বাড়ির মেয়েকে নীরব আহ্বান জানায়। মম নির্ঝরীর কাকা, সন্তোষের মেয়ে। ওর ভালো নাম শর্বরী। কেউ বা আদর করে ওকে হড়বড়ী বলে ডাকে। নির্ঝরীর একটি সহোদর আছে। নাম কল্যাণ। সকলকে প্রণাম সেরে ওরা জলযোগ করে। এরপর নির্ঝরী শাড়ি বদলে বান্ধবীদের ফোনে জানায় তার এবাড়িতে আসার খবর। ব্যস্ আরম্ভ হলো রাজ্যের গল্প। এসব দেখে কিংশুক কিছুটা আশ্বস্ত হয়। এবাড়িতে এল ও কেমন প্রাণবন্ত হয়ে ওঠে। ওর সমস্ত মনখারাপ ঠিক হয়ে যায়। পাহাড়ী ঝর্ণার কলকল করে বয়ে যাওয়ার মতো শিশু বয়স থেকেই ও ভীষণ প্রাণচঞ্চল। এইজন্যই ঠাকুরদা ওর নাম রেখেছেন 'নির্ঝরী'। একমাত্র নাতনি ঠাকুরদার অত্যন্ত প্রিয় ছিল। তিনি ছিলেন অত্যন্ত সৌখীন মানুষ। উচ্চশিক্ষা তাঁর ছিল না বটে, সাহিত্যের প্রতি খুব অনুরাগ ছিল তাঁর।

কিংশুক ভাবে আজ সকালেও তার মা নির্ঝরীর উপর ক্ষোভ প্রকাশ করেছেন পরোক্ষে। ঝরীর মন তাই খুব বিষণ্ণ ছিল। এখন দেখলে কে বলবে, কি অদ্ভুত আনন্দে মেতেছে বাড়ির সকলের সঙ্গে, বান্ধবীদের সঙ্গে। ভুল তার নিজের। চাকরি না পেয়ে বিয়ে করা তার উচিত হয়নি। আসলে ঝরী আর অপেক্ষা করতে চাইছিল না। ওর একান্ত ইচ্ছাতেই বিয়ে করতে রাজী হতে হোলো। এ

বাড়ির মতো স্বাচ্ছন্দ্য তার গ্রামের বাড়িতে কোথায়? এটা মফস্বল। সব সময় সব কিছু হাতের কাছে পাওয়া যায়। ওখানে সবই হাতের বাইরে। তবে তা নিয়ে ঝরীর আক্ষেপ ছিল না। কেন যে মায়ের ব্যবহার বদলে গেল বুঝতে পারে না কিংশুক। সর্বদা ঝরীর দোষ দেখা, যেন ঝরীর সঙ্গে প্রতিদ্বন্দ্বিতা। ঝরী খুব সুন্দরী, সমস্ত কিছুই খুব পরিপাটি। তবুও বর্তমানে মা ওকে সহ্য করতে পারে না। সম্পর্কে তালমেল হচ্ছে না। এসব অনুভব করে তার নিজেরও সব কাজে ব্যাঘাত ঘটছে। ঝরীর পরিবার এসব জানলে কি ধারণা হবে তাদের প্রতি? যে ভাবেই হোক খুব তাড়াতাড়ি তাকে চাকরি পেতেই হবে। খুব ইচ্ছা ছিল গবেষণা করার। এ যাত্রায় হয়তো তা আর হোলো না। চাকরি পেয়ে গেল মা আর ওকে এতো অবজ্ঞা করতে পারবে না। ভাবতে ভাবতে দুচোখের পাতা কখন যেন জুড়ে গেছে। হঠাৎ ভীষণ জোরে হাঁচি এলো। এক ঝটকায় তন্দ্রা ছুটে গেল। চোখ মেলতেই দেখলো মম সামনে লম্বা পালক হাতে দাঁড়িয়ে খিলখিল করে হাসছে। নাকের ভিতর পালকের সুড়সুড়িতেই তাহলে হাঁচি এলো । বুঝতে অসুবিধা হয় না এটা মমের কাজ। নির্ঝরী সেজেগুজে প্রস্তুত হয়ে কিংশুকের জন্য চা নিয়ে আসে। বাসস্ট্যান্ডে ফুচকা খেতে যাবে। সঙ্গে ভাইবোনকেও নিয়ে যাবে। আকাশ কালো মেঘে ঢাকা। বিকেল থেকে অনবরত বৃষ্টি পড়ছে। এখন একটু কমলেও ঝিরঝির বৃষ্টি পড়ছেই। চার পাঁচ কদম ছাতা ছাড়া এগোলেই পুরোপুরি ভিজে যাবে জামাকাপড়। কিংশুকের বেরোতে ইচ্ছে করছে না। এমনিতে বিশ্রাম হয় না তার। এই বৃষ্টি বাদল দিনে মনে হচ্ছে বিছানায় শুয়ে থাকা ভালো। ঝরীর অদম্য ইচ্ছে বেরোনোর। ও বাড়িতে বেরোনোই হয় না। যাবেই বা কোথায়, গ্রামের মধ্যে? মৃন্ময়ী কিংশুককে উদ্দেশ্য করে বললো,

- ভাই, এই তো সময় অ্যাডভেঞ্চারের। একটা বড়ো ছাতা নিয়ে বেরিয়ে পড়ো।

সত্যি সত্যিই একটা বড়ো ছাতা বেরোলো,যার ভিতরে অনায়াসে চার পাঁচ জন দাঁড়াতে পারে। তবে চলতে গেলে পায়ে পায়ে জড়িয়ে যেতে পারে। বৃষ্টির মধ্যে চারজন বেরোলো ফুচকা এবং অ্যাডভেঞ্চারের নেশায়।

রাতে শুয়ে কিংশুক ভাবে কিভাবে ঝরীকে তার বাড়ীতে একটু স্বস্তি দিতে পারবে। কৌশিক, মা বাবা সকলে একদিকে ঝরী আর একদিকে। সংসার সময়ের সঙ্গে কেমন জটিল হয়ে যায়, বিয়ে না হলে বোঝা যেতো না। দোষ গুণের বিচার নয় , সকলেরই নিজের নিজের কথা আছে।সময়ের খেলা, পরমেশ্বরের লীলা ছাড়া আর কিছু বলা যাবে না। কিংশুকের কোলের কাছে ঝরী গভীর ঘুমে আচ্ছন্ন অথচ তার ঘুম আসছে না কিছুতেই। সকালে বাড়ি যেতে হবে। ঝরীর আর মায়ের মানসিক দ্বন্দ্বের জেরে পড়াশোনায় মনোযোগ দিতে পারছিলো না। তাই ঝরীকে কদিন এবাড়িতে রেখে যাওয়ার সিদ্ধান্ত।

পরদিন সকালে কিংশুক চলে গেল। সারাদিন সকলের সঙ্গে হৈচে করে কাটিয়ে সন্ধ্যায় সকলকে চা দিয়ে নিজেও চা নিয়ে বসলো নির্ঝরী। মৃন্ময়ী সামান্য তফাতে বসে আসন বুনছে উল দিয়ে। এ বয়সে এখনও সে আসন বোনায় বেশ দক্ষ। নির্ঝরী শ্বশুরবাড়ির গল্প বলছে মা, কাকিমার সঙ্গে বসে বসে। মাঝে মাঝে অদৃশ্য শাশুড়িকে দাঁতের ফাঁকে রেখে চিবোচ্ছে। দূর থেকে এসব দেখে মৃন্ময়ী মিটিমিটি হাসছে। ওর বাবা সত্যপদ খানিক বোঝালো। কিভাবে নতুন পরিবেশে খাপ খাওয়াতে হয়, পরিবেশ বিরুদ্ধ হলে কিভাবে নিজের অনুকূলে আনতে হয় এসব শান্ত ভাবে বোঝালো। বাইরের জগৎ বাইরের মানুষ নির্ঝরীর কাছে নতুন। সমস্ত পড়াশোনা সে বাড়ি থেকেই করবার সুযোগ পেয়েছে। খুব নিকটাত্মীয়ের বাড়ি ছাড়া কখনো অন্য পরিবেশে থাকেও নি। আত্মীয়দের বিয়ে জন্মদিন এসব অনুষ্ঠানে আনন্দ করেই কেটেছে। বিয়ের আগে ভালোবাসা যখন

হোলো তখন এই বাড়িটাও ওর খারাপ লাগতো। শ্বশুরবাড়ি সম্পর্কে অদ্ভুত কল্পনা নিয়ে থাকতো। ভাবতো শ্বশুরবাড়ি যেন একটা স্বর্গের মতো সুন্দর জায়গা, কতো তাড়াতাড়ি সেখানে যাওয়া যায়। সেখানে সে রাজকন্যার মতো থাকতে পারবে। এরকম অলীক কল্পনা নিয়ে সেখানে যাওয়ার অপেক্ষায় দিন গুনতো। এমন ভাবনা কোনো দোষের না। নির্ঝরীর মতো সকল মেয়েই এমনটা ভাবে হয়তো। কল্পনা আর বাস্তব এক করে দেন না পরমেশ্বর। তাহলে সকলেই যে কর্ম বিমুখ হবে। ভালো কর্ম দ্বারাই জীবনে স্বর্গলাভ হয়। এই সংসারই আমাদের শুভ কর্মের দ্বারা স্বর্গ, আর অশুভ কর্মের দ্বারা নরক হয়। এই পৃথিবীর বাইরে আলাদা করে কোথাও স্বর্গ নরক নেই।

এ বাড়িতে নির্ঝরী বিয়ের আগে ঠাকুমার সঙ্গেই ঘুমাতো। এখন এসে সে ঠাকুমার সঙ্গেই ঘুমাচ্ছে। দুপুরে খাওয়া শেষে মোবাইলে বান্ধবীদের সঙ্গে কাটালো। ঘরে এসে দেখলো ঠাকুমা ঘুমিয়ে গেছে। নির্জন দুপুরে তার পূর্বের কথা মনে পড়লো। কত কত কল্পনা ছিল তার বিয়ে, সংসার নিয়ে। শ্বশুর বাড়ি যাবার জন্য কত উৎসাহ উদ্দীপনা ছিল তার। পূজা অর্চনা নিয়ে কত ব্যঙ্গ বিদ্রুপ করেছে। ভাবতো শ্বশুরবাড়িকে সে একদম রেস্তোরাঁ বানিয়ে ফেলবে। সবসময় দারুণ সব রেসিপি রান্না করবে। শ্বশুরবাড়ির সকলে খুব প্রশংসা করবে। অথচ সব যেন কেমন অন্যরকম হলো। সবই ঠিক আছে অথচ তার কল্পনার সঙ্গে মিলছে না। সব ওষুধের একটা পার্শ্ব প্রতিক্রিয়া আছে। একটা অসুখ সারালো তো পার্শ্ব প্রতিক্রিয়ার জন্য পরবর্তী একটা অসুখ হলো। বিয়ের আগে ভাবতো কবে এবাড়ি থেকে যেতে পারবে।

আর এখন ভাবে কবে বাপের বাড়ি এসে কদিন থাকতে পারবে। যাক কিংশুকের পরীক্ষা এখন দেরি আছে, তাই এখানে কদিন থাকতে পারবে। কখন যেন তন্দ্রা এলো। মোবাইলটা কখন থেকে বাজছে। মৃন্ময়ী পাশের বাড়ির জায়ের সঙ্গে কথা বলছে।

- নিরু নিরু। ফোন বাজছে। দিদিভাই ফোনটা ধর।

নির্ঝরীর তন্দ্রা ছোটে। তন্দ্রা জড়ানো গলায় বলে,

- হ্যালো। বলো।

- ঘুমিয়ে পড়েছিলেন? কাঁচা ঘুম ভেঙ্গে গেল আমার জন্য তো?

- না না ঠিক আছে। তুমি বলো.....

5

পর্ব – ৫

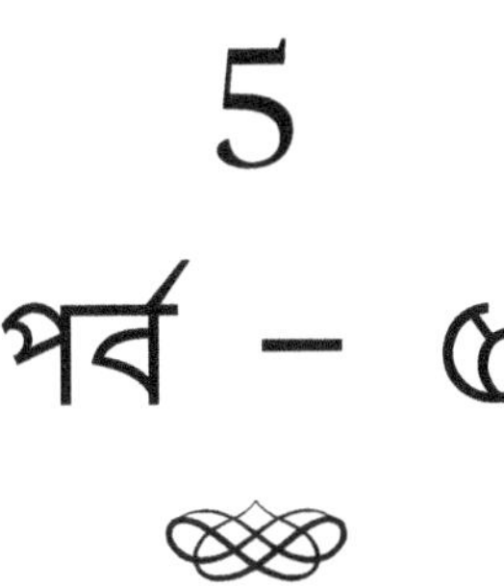

আজ দুদিন হলো বৌমা বাড়িতে নেই। বড্ড ফাঁকা মনে হচ্ছে বাড়িটা। বাপের বাড়ি গেছে। মেয়েটা থাকলে ঘরটা যেন সেজে থাকে। বড্ড ছেলেমানুষী বুদ্ধি। কত আদরে আহ্লাদে মানুষ হয়েছে। কিংশুককে ভালোবাসে তাই এ বাড়িতে এসেছে। এ বাড়ি একেবারে গ্রামে। গ্রাম্য চালচলন গ্রাম্য আদব কায়দা মানিয়ে নিতে অসুবিধা হচ্ছে তার । মানিয়ে নিতে পারছে না বলে আমিও বড্ড বকাবকি করে ফেলি। জানি দুঃখ পায়। হয়তো বা ছেলের কাছে অভিযোগ অভিমান করে।। কি আর করা যাবে। নিজেকে সামাল দিতে পারি না যে। মাথা গরম হলে কিছুতে চুপ থাকতে পারিনা। বিয়ের পর যখন এ বাড়িতে এসেছিলাম তখন বাড়িতে ছয় ননদ আর শাশুড়ির রাজত্ব। সারাক্ষণ তাদের মন জোগাতে জোগাতে অস্থির। সব আশা আকাঙ্ক্ষা বিলিয়ে সংসারের হাঁড়িকাঠে মাথা গলানো ছাড়া কোনো উপায় ছিলো না। একে একে দুই ছেলের জন্ম হলো। তাদের লেখাপড়া শেখানো, ভালো করে মানুষ করা, এটাই জীবনের লক্ষ্য হলো। তাই সংসারের সকল অশান্তি অগ্রাহ্য করে, সকলের সঙ্গে মানিয়ে নিয়ে, নিজের সব আকাঙ্ক্ষা ভুলে ছেলেদের মানুষ করার কাজে লাগলাম। একসময় কত ইচ্ছা ছিল গান শেখার। স্কুলের ফাংশানে সমবেত সঙ্গীত গাইতাম। গানের প্রতি বড্ড ভালোবাসা ছিল। আমাদের সময়ে গ্রামের মেয়েদের লেখাপড়া শেখা একটা অতিরিক্ত খরচের মধ্যে পড়ে। এর উপর গান শেখা বাতুলতা। তাও কলেজের ডিগ্রি সম্পূর্ণ করতে পেরেছিলাম। ইচ্ছা ছিল মাস্টার্স সম্পূর্ণ করি। তা আর হোলো কোথায়, বিয়ে হয়ে গেল। সেই থেকে সংসার আর সংসার। একটা যদি ভগবান মেয়ে দিতেন, আমাকে সুবিধা

অসুবিধায় একটু সাহায্য করতো। অথবা মা মেয়েতে একটু কোথাও ঘুরতে যেতাম। মেয়ে আমার জিনিসপত্র গুছিয়ে রাখতো। ছেলেরা আমার খুব ভালো। কাজে কর্মে সাহায্যও করে। তবে মেয়ের সঙ্গে যেভাবে কথা বলা যায়, মনের সুখ দুঃখ ভাগ করে নেওয়া যায় তেমনটা ছেলেদের সঙ্গে হয় না। সকালে মেয়ের হাতে তৈরি চা, অথবা কাজ করতে বেলা হলে একটু সরবৎ? সেসব মেয়ে থাকলে নিজের থেকেই হয়তো করে দিতো। ছেলেরা বাড়ি থাকলে, যদি বলা হয় তাহলে করে দেয়। কোথাও আত্মীয় বাড়িতে গেলে শাড়ীটা ঠিকমতো পড়লাম কিনা, বা যেটা পড়লাম সেটা পড়ে আমাকে কেমন লাগছে মেয়ে ছাড়া আর কাকেই বা জিজ্ঞাসা করা যায়? কোথাও যাবার সময় ব্যাগটাও ঠিকমতো গোছানো হয় না। কতকিছু নিতে ভুল হয়ে যায়। সংসারের সব কাজ সামলে বেরোনোর সময় সবকিছু গুছিয়ে নেবার কথা মনেও থাকে না। একটা মেয়ে থাকলে নিজের

দুটো কথা বলতে, দুটো আদেশ উপদেশ করতে পারতাম। নিজের গান না শিখতে পারার আশাটা হয়তো তাকে শিখিয়ে পূর্ণ করতে পারতাম। সব ননদদের বিয়ে হয়ে যাবার পর, যতদিন শাশুড়ি মা ছিলেন মাঝে মধ্যে কদিন বেড়াতে যাওয়া হতো। শাশুড়ি মা গত হলেন, আর বেড়াতে যাওয়া বন্ধ হলো। তারপর শুধু সংসার নিয়ে থাকা। ভেবেছিলাম ছেলের বিয়ে হলে আমার মেয়ে আসবে ঘরে। ছেলের বিয়ে হোলো, মিষ্টি মেয়ে, সব কিছু সুন্দর কিন্তু এথনকার ছেলেমেয়েরা সকাল সকাল ঘুম থেকে উঠতে জানে না। রোজই সাড়ে সাতটা আটটা বেজে যায় ঘুম ভাঙতে। সকালে মেয়ের হাতে তৈরি চায়ের আশা ত্যাগ করতে হোলো। তবে ঘুম থেকে উঠে কুঁড়েমি করে না। দৌড়ে গিয়ে চা করে। সকলকে দেয়। রোজই চায় রান্না করতে। রান্নাও বড়ো ভালো। খুবই মুখরোচক রান্না। কিন্তু রোজকার রান্না যদি মুখরোচক করে করা হয় তাতে সংসারের খরচও যে থানিক বেড়ে যায়। সারাজীবন হিসেব করে সংসার চালাতে গিয়ে মুখরোচক রান্না করার ইচ্ছেটা আর হয়না। মনে হয় বড্ড বেশি খরচ করে ফেললাম। ছেলেরা এখনও প্রতিষ্ঠিত নয়। বৌমা ছেলেমানুষ সে এসব জানবে কেমন করে, যে সংসারে কতো ঘাত প্রতিঘাত আছে? সে জানে না সংসার গুছিয়ে চলতে হয়, হাত লম্বা করা উচিত না। একটু হিসাব করে চললে সময়ে অসময়ে দুর্বিপাক থেকে রক্ষা পাওয়া যায়। নাহ্ সন্ধ্যা হয়ে এলো। প্রদীপ জ্বালাতে হবে। ধীমান কে চা করে দিতে হবে।

চা খেয়ে ধীমান বাইরের দিকে গেল। ঐখানে আড়তে কিছু সমবয়সী বন্ধুবান্ধবের সঙ্গে ব্যবসায়িক আলাপ আলোচনা চলে কিছুক্ষণ। ধীমান খুব খুশি। তার একটা ঘর সাজানো বৌমা হয়েছে। তার সবকিছুই ধীমানের খুব পছন্দের। নিজের একটা মেয়ে থাকুক এটা চাইতো মনে মনে। ভগবান তা দেননি বটে। তবে এতদিন বাদে একটা লক্ষ্মীপ্রতিমার মতো মেয়ে তার সারা বাড়ি জুড়ে রয়েছে। এ তার কাছে ভারী আনন্দের। খুব খুশি সে। তবে বনানী কেন যেন খুশি হতেই পারছে না। মাঝে মাঝেই তার বেজার মুখ। আরে বাবা এথনকার ছেলেমেয়েদের কাছে খুব বেশি কিছু আশা করা উচিৎ না। প্রত্যেক মানুষের এখন একটি কি দুটি সন্তান।। কত আদরে আহ্লাদে স্বাধীনতায় বড়ো হচ্ছে তারা। তাছাড়া আমাদের এই গ্রাম্য পরিবেশ তার কাছে নতুন। মানিয়ে নিতে অসুবিধা তো হবেই। সময় দিতে হবে তাকে। ধীরে ধীরে সব ঠিক হয়ে যাবে। তার ওপর বেশি অসহিষ্ণু হওয়া ঠিক না। দিন কাল থারাপ এখন। যদি সহ্য করতে না পেরে চলে যায়, সেটা কি খুব ভালো হবে? ভাবতে ভাবতে গন্তব্যে পৌঁছে যায় ধীমান।

নিজের জন্য একটু মুড়ি আর চা নিয়ে বনানী বারান্দায় বসলো। এই ভর সন্ধ্যাতেই সারা বাড়ি নিশুতি লাগছে। দু'ছেলেই পড়াশোনায় ব্যস্ত এখন। বৌমাই কেবল বাড়িতে নেই। থাকলে বাড়িটা কেমন যেন পূর্ণ থাকে। মাঝে মাঝে মন ভালো থাকলে এ সময় তার সঙ্গে একটু গল্পগুজবও করে। এবারে যাবার আগে বড্ড থারাপ ব্যবহার হয়ে গেল। কতগুলো কথা শোনানো হয়ে গেল। শনিবার বিকেলে অনেক ডাকলাম। সাড়া পেলাম না। অনেক ডাকাডাকি করে সাড়া না পেয়ে বৌমার ঘরের দিকে গিয়ে দেখি কি অপূর্ব ভঙ্গিমায় রবীন্দ্রসঙ্গীতের তালে নাচছে। আঙুলের মুদ্রায় স্বর্গীয় ভাব সৃষ্টি হচ্ছে যেন। কিন্তু তখন অনেক ডাকাডাকির পর মাথা গরম ছিল। দোতলায় এসে ওকে নৃত্য করতে দেখা মাত্রই মাথা জ্বলে উঠলো। বলেই ফেললাম 'নাচ নিয়েই তো থাকতে পারতে, বিয়ে করে সংসারী হতে গেলে কেন, আমার সংসারটাকে নাচাবে বলে? আমার ছেলেটাকে তো অনেক নাচালে। এদিকে ডেকে ডেকে গলা ছিঁড়ে গেল, আর ও দরজা বন্ধ করে নাচছে। বাড়িতে যে আর কোনো মানুষ আছে তার ধারও ধারো না। কোনো কাজেই পাওয়া যায় না। এবাড়িতে বৌ হয়ে এসে আমার কোন উপকারটা করেছো শুনি'? তারপর থেকে কথা বন্ধ হোলো। রাতে ছেলেকে

হয়তো অভিযোগ করেছে। সকালে কিংশুক ওকে রেখে এলো বাপের বাড়িতে। এখন মনটা বড় খারাপ লাগছে। কত গুণ ওর ,এ সংসারে কোনো কাজেই লাগবে না। একটা ভালো গাইড পেলে মেয়েটা অনেক কিছুই করতে পারতো। বৌমাকে রেখে আসার পর থেকে কিংশুকও কেমন যেন চুপচাপ হয়ে আছে। যদিও সে কম কথা বলে তবুও মনে হচ্ছে এখন যেন একটু বেশিই চুপচাপ।

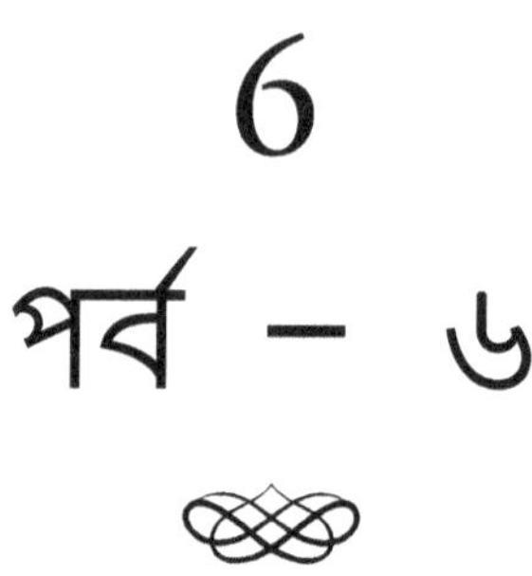

দুপুরে নির্ঝরী ঠাকুমার কাছে শুয়ে ছোট্টো মেয়ের মতো জড়িয়ে ধরলো।

- কি রে দিদিভাই ওবাড়ির জন্য মন খারাপ লাগছে?

- না না। মনখারাপ লাগবে কেন?

- দিদিভাই আমরা যা কিছু পাই সেটা সৌভাগ্য বলে মানতে হয়। সবই ঈশ্বরের দেওয়া। সবসময় একটা অতৃপ্তি মানুষের ভিতরে ভিতরে। তাই আমরা যা পাই তা ইশ্বরের দেওয়া এটা ভাবতেই পারি না। তাই ঈশ্বর কে ধন্যবাদ জানাতে ভুলে যাই। আমাদের সবসময় ঈশ্বরকে কেবল ধন্যবাদ জানানো উচিত। তোমার স্বামী যার কোনো বাহুল্যতা নেই। বর্তমান অধিকাংশ ছেলেরা বাহুল্যতার জন্য কত উৎশৃঙ্খল জীবন যাপন করে। কিংশুক কত সাবধানী, কত সামান্য ভাবে জীবন যাপন করে। পড়াশোনায় অত্যন্ত মনোযোগী ও মেধাবী। তুমি জানো না, তুমি কতটা সৌভাগ্যবতী। সর্বদা এই সৌভাগ্যের জন্য ঈশ্বরকে ধন্যবাদ জানাবে। ধন্যবাদ ছাড়া ঈশ্বরকে দেবার মতো আমাদের আর কিছুই নাই।

কিছুক্ষণ নীরব থাকে মৃন্ময়ী। এই নাতনিকে আজ কাছে পেয়েছে। কোনো এক অজানা কারণে ঠাকুমার কথা শুনতে সে আগ্রহী হয়েছে। তাই এই সুযোগটা ব্যবহার করতে চাইলো মৃন্ময়ী।

- জানো নিরু সময়ের সঙ্গে সঙ্গে মানুষের আচরণের পরিবর্তন দরকার। তুমি এখনও বুঝতে পারছো না কেন, যে তোমাকে এখন সমস্ত পদক্ষেপ বুঝেশুনে নিতে হবে। এখনও পর্যন্ত তুমি বান্ধবীদের নিয়ে আনন্দে মেতে আছো। তাদের সঙ্গে অমূল্য সময়ের অপব্যয় করছো। পোলাও কোর্মা বিরিয়ানি ইত্যাদি নানা অনাসৃষ্টির খাদ্য পরিবেশন করছো। যখনই তোমার কাছ থেকে প্রাপ্তি কমে যাবে বা বন্ধ হবে তখন তোমার আজকের প্রিয় বান্ধবীরা তোমার সম্পর্কে মনগড়া মুখরোচক গল্প বানাবে আর বিকৃত সব গল্পগুলো তাদের নিকটজনের কাছে পৌঁছে দেবে। তাদের থেকে আবার অন্যদের কাছে পৌঁছাবে। সকলে বিশ্বাসও করবে যেহেতু সকলে তোমার কাছাকাছি মিশতে দেখছে। ভগবান তোমাকে অনেক কিছু গুণ দিয়েছেন, সেগুলো আরও কিভাবে উৎকৃষ্ট হতে পারে তার জন্য যত্ন করো নিরু। প্রকৃতিমাতা আমাদের সবথেকে বড় শিক্ষক। সকালে পূর্বাকাশে সূর্যটা লাল, ওটা তার বাল্যকাল। তারপর কৈশোর, যৌবনের মধ্যগগন পেরিয়ে পশ্চিমাকাশে তার প্রৌঢ়াবস্থা। তখনও সূর্য গাঢ় রঙের হয়, ঐ রঙ তার জ্ঞানের গাঢ়ত্বের রঙ, পরিপক্ক অভিজ্ঞতর রঙ। সূর্যকে একটি ছোট্ট মেয়ের মতো মনে করো। একটি মেয়ে তার পিতার

ঘরে শৈশব কৈশোর পেরিয়ে যৌবনে পা রাখলো। শুভ লগ্নে কপালে সিঁদুরের টিপ এঁকে বিয়ের পিঁড়িতে বসলো, আর তার স্বামী কাঠায় সিঁদুর ভরে তার সিঁথি রাঙিয়ে দিলো। সেই সিঁদুর তার কপাল জুড়ে ছড়িয়ে পড়লো। আর লজ্জাবস্ত্রের ঘোমটা দিয়ে মাথাটা তৎক্ষণাৎ ঢেকে দেওয়া হোলো। ঠিক এই অবস্থার সঙ্গে সন্ধ্যাকালীন অবস্থার তুলনা করো। পশ্চিমের আকাশে লাল সূর্যটা যেন স্থির হোলো ক্ষণকাল, হঠাৎ পশ্চিমাকাশের লাল সূর্যের চারপাশে লাল রং ছড়িয়ে পড়লো, সদ্য সিঁদুরে রাঙা কনের কপালের মতো। তারপর অন্ধকার নেমে আসে। মাথায় অন্ধকারের ঘোমটা পড়ে একটি মেয়ে যেন সংসারে প্রবেশ করলো। রাতের অন্ধকার যেমন গভীর থেকে গভীরতর হয়, একটি সদ্য বিবাহিত মেয়ের সংসার শিক্ষার পাঠও তেমন গভীর থেকে গভীরতর হতে থাকে। এই সংসারই সর্বশ্রেষ্ঠ শিক্ষার জায়গা, সর্বশ্রেষ্ঠ পাঠশালা। সংসাররূপী পাঠশালার পাঠ নেওয়া শেষ হলেই এই জন্মমরণচক্রের বন্ধন থেকে মুক্তিলাভ হয়ে যায়।

- তারপর। আর জন্ম মৃত্যু হবে না?

- তখন জন্ম মৃত্যুর বাঁধনে থাকতে হবে না। জন্ম মৃত্যু তখন তোমার বাঁধনে থাকবে, তোমার ইচ্ছাশক্তির উপর জন্ম সৃত্যু।

- এখনকার ছেলেমেয়ে তোমরা এসব কথা মানবে কেন? আর সময় ব্যয় কোরোনা নিরু। তুমিও এবার সংসারের পাঠশালায়, পাঠে মনোযোগী হও। মুনি ঋষিরাও এই সংসার পাঠশালায় পাঠ করেই ব্রহ্মজ্ঞানী হয়েছিলেন। আর মেয়েরা তো স্বয়ং প্রকৃতির মাতার মূর্ত রূপ। পরমেশ্বর তাঁদের দ্বারাই সৃষ্টি কার্য পরিচালনা করছেন। তাঁরা ব্রহ্মস্বরূপিণী, চৈতন্যময়ী। আমাদের সময়ে মেয়েদের চুল কেটে ফেলা নিষিদ্ধ ছিল। মেয়েরা যে চৈতন্যময়ী জগৎকে তা বোঝাতেই মেয়েদের চুল কেটে ফেলা নিষিদ্ধ ছিল। সেসময় স্নানের পরে মেয়েদের শিখাবন্ধন করতে হতো। আমরা গ্রামের মেয়েরা ছোটো বেলায় স্নানের পর চুলে গিঁট বেঁধছি। তবে ওটা যে শিখা (চৈতন্য) বন্ধন তখন জানতাম না। মেয়েদের লম্বা চুল ছিল চৈতন্যের প্রতীক। তোমার নিশ্চই খুব হাসি পাচ্ছে নিরু?

- না ঠাকুমা হাসি পাচ্ছে না। আগে তো তোমার কাছ থেকে এরকম কথা শুনিনি, তাই মন দিয়ে শুনছি। আমার কাছে এগুলো নতুন কথা। কখনো এমন শুনিনি। তবে আমার খুব ভালো লাগছে শুনতে।

- চুল কেটে ফেলাই এখন স্টাইলের ব্যাপার। নারীজন্মের মাহাত্ম্য আজকের মেয়েরা, এবং সমাজ ভুলে গেছে বলেই পৃথিবীতে এতো সংকট। নিজেতে মগ্ন হও নিরু। দেখবে সব আপনিই বদলে যাচ্ছে। নিজেকে সময় দাও। ভাবতে থাকো, কি কি কাজ তুমি জানো, তার মধ্যে কোন কাজ করতে তোমার বেশী ভালো লাগে। সেই কাজে তুমি মন ও সময় দাও। সে কাজের উৎকর্ষ বাড়াও। কি করলে সংসারে সর্বাঙ্গীন উন্নতি হয় সেটাও তোমাকে ভাবতে হবে। একটা প্রবাদ আছে জানো নিশ্চই, 'সংসার সুথের হয় রমণীর গুণে'।

- পড়াশোনা ছাড়া যে আমি কিছুই জানি না ঠাকুমা।

- জানো, জানো, অনেক কিছুই তুমি জানো। মন দিয়ে ভাবতে হবে। ছোট ছোট সময় বের করে এমন কিছু করো যাতে তোমার কিছু হাতখরচ বেরিয়ে আসে। এতে তোমার ছোট খাটো প্রয়োজন তুমি নিজেই মেটাতে পারবে, তাতে তোমার আত্মবিশ্বাস বাড়বে। বর্তমান পৃথিবীতে মেয়েদের অর্থনৈতিক প্রতিষ্ঠার বিশেষ প্রয়োজন।

- হ্যাঁ ঠাকুমা একথা আমারও খুব মনে হয়। কিন্তু কিভাবে যে কি করবো বুঝতে পারি না। মাঝে মাঝে মনে হচ্ছে বিয়েটা করা ঠিক হয়নি।

মৃন্ময়ী হেসে ফেলে নাতনির কথা শুনে।

- ঠিক ভুল বিচার করার মালিক আমরা নই। পরমেশ্বর সকলকে ঠিক সময়ে ঠিক কাজই করাচ্ছেন। আমরা তাঁর হাতের খেলনা মাত্র। দিদিভাই ক্লান্ত লাগছে আমার বকবকানি?

- না তো ঠাকুমা তুমি বলো, আমার ভালো লাগছে শুনতে।

- নিজের লক্ষ্যে পৌঁছাতে হবে। তার জন্য মন দিয়ে পরিশ্রম করতেই হবে। সংসারের কল্যাণের জন্য শ্রম দিলে তোমার সংসারই আশ্রম হয়ে উঠবে। শ্রম দিয়েই আশ্রম তৈরি হয়। সন্ধ্যা হয়ে এলো ছুটে গিয়ে আমার জন্য একটু চা করে এনে দে আর্ত্তিকে বসতে হবে, গোপালের সেবা আছে।

নির্ঝরী দৌড়ে গেল চা করে আনতে। সত্যি ঠাকুমা কত কিছু জানেন। মাথায় ধবধবে সাদা চুল পড়নে সাদা থান শাড়ি, গায়ের রঙও তেমনি, বয়সের ভারে সে রঙে একটু ভাটা পড়লেও, দেখে বোঝাই যায় একসময় তিনি অপূর্ব সুন্দরী ছিলেন।

লোকে যেমন শুতে না শুতেই ঘুমিয়ে পরে। ঠাকুমা তেমন ঘুমোতে ঘুমোতে শোয়। তবে মাঝে মধ্যে এর ব্যতিক্রম ও হয়। যেমন আজকে হয়েছে। তাই জিজ্ঞেস করলো,

- কিরে দিদিভাই তোরও কি ঘুম আসছে না? কি ভাবছিস?

নির্ঝরী অবাক হয়, ঠাকুমা কখনো তাকে তুমি সম্বোধন করছে আবার কখনো তুই, কখনো নিক্ষু বলে কখনো দিদিভাই। যখন যে মেজাজে থাকেন। বিষণ্ণ ভাবে বললো,

- কি ভেবেছিলাম কি হোলো। কত স্বপ্ন দেখেছিলাম, কিছুই হলো না।

- স্বপ্ন বাস্তবে হয়নি বলে মনে হচ্ছে? দুঃখ করিস না, বিয়ের আগে সব মেয়েরাই উন্মাদের মতো ওরকম ভুল ভাল স্বপ্ন দেখে। সেগুলো কি বাস্তবে হয়, না কি হওয়া উচিত?

- উন্মাদের মতো স্বপ্ন বলছো কেন? নিজের সুখ, আনন্দ এসব কি উন্মাদের ভাবনা?

- না তা হয়তো নয়। কিন্তু বিয়ের আগে মানুষের ভাবনার মধ্যে অতিরিক্ত উন্মাদনা থাকে। বাস্তবে তা হওয়া কঠিন, হওয়া অনুচিতও বটে। তা তুই কি স্বপ্ন দেখেছিলি দিদিভাই?

- ও কিছু না। তোমাকে শুনতে হবে না। শুনলেই তুমি তো আমাকে উন্মাদ বলবে আর হাসবে।

- হাসব না। অন্তত এটুকু বল, ঐ স্বপ্নগুলো তুই জেগে দেখেছিলি না ঘুমিয়ে? আমরা জেগে জেগে যা করি, ভাবি সেগুলোই আমরা ঘুমন্ত অবস্থায় স্বপ্নে দেখি। জাগ্রত অবস্থায় আমরা যদি ঠিক করে স্বপ্ন দেখি, আর সেই স্বপ্ন যদি আমাকে ঘুমাতে না দেয় তাহলে সেই স্বপ্ন সত্যি হতে পারে। তবে নিরন্তর সেই স্বপ্নকে মাথায় রেখে তাকে সাকার করার প্রচেষ্টা করতে হয়। ঐ যে বললাম শ্রম দিতে হয়। শ্রম ছাড়া কিছু হয়না। তুমি এখন যে স্বপ্নগুলো দেখছো এ অতি ক্ষুদ্র স্বপ্ন। চেষ্টা করলে ওগুলো পূরণ করা এমন কিছু কঠিন নয়। আমি চাই তোমার স্বপ্নগুলো আরো বড় হোক।

- কিভাবে পারবো ঠাকুমা? আমি তো কিছুই ভাবতে পারছি না।

- পারবে পারবে। আগে সব কিছু শোনার অভ্যাস করো। সেই মতো কাজে লাগতে হবে।

- ঐ গ্রাম্য পরিবেশে কিভাবে সম্ভব হবে ঠাকুমা?

- কোন গ্রাম্য পরিবেশে সম্ভব নয় বলে মনে করছো? ইচ্ছাশক্তি দিয়ে মানুষ সব পারে। তুমি জানো নিশ্চয়ই আগে চারিদিকে জঙ্গলে পরিপূর্ণ ছিল। মানুষ সেই জঙ্গল পরিষ্কার করে গ্রাম, নগর গড়েছে। আর মানুষ জনের কথা বলছো? নিজের বাবামাও কি সকলের পছন্দ মতো হয়? ছোট বেলায় বাবা মা বকাবকি করলে বাবা মায়ের প্রতি বাচ্চাদের বিরূপ মনোভাবের সৃষ্টি হয়। যাদের

একবারে শিশু বয়সে বাবা মা মারা গেছে তারাই অন্যের বাবা-মা কে দেখলে ভাবে ভাবে, আমার যদি বাবা মা থাকতো কত ভালবাসতো আমাকে। এই আমার কথাই বলি। খুবই দূরন্ত ছিলাম ছোট বেলায়। ফলে মারধোরও খুব খেতেই হোতো। মা যখন মারা গেল, ভাবলাম খুব ভালো হয়েছে মরেছে, বড্ড মারতো। পৃথিবী এরকমই নিষ্ঠুর। কোনো কিছুই একবারে ঠিক পছন্দমতো হবে না। তাহলে তো নতুন কিছু সৃষ্টি হবে না। থেমে যাবে সৃষ্টি। অনেক রাত হলো ঘুমিয়ে পড়ো। সঙ্কল্প নাও আগামীকাল থেকে তোমার নতুন দিনের শুরু। নির্ঝরী পাশ ফিরে শুয়ে পড়লো। মোবাইলটা খুব আস্তে বাজতে তৎক্ষণাৎ হাতে নিয়ে বাইরে বেরিয়ে এলো।

- হ্যালো।

- কি ব্যাপার ঝরী, ফোন ধরতে এতো দেরি যে?

- ঠাকুমা শুয়ে পড়েছে। তাই বাইরে এসে ধরতে দেরি হলো

- ও, অনেক রাত হয়েছে বুঝি?

- হ্যাঁ, বারোটা বেজে গেছে অনেক আগেই। তুমিও শুয়ে পড়ো।

- হ্যাঁ, বারোটা বেজে যাবে নাহলে আগামীকাল সব কাজেরও। তুমি ঠিক আছো তো?

- হ্যাঁ হ্যাঁ ঠিক আছি। তুমি সময় মতো খাওয়া দাওয়া করবে। তাড়াতাড়ি শুয়ে পড়ো।

ও মা কি অপূর্ব জায়গা। কোথায় এ জায়গা? চারিদিক হলুদ হলুদ আর হলুদ। কেবল হলুদ ফুলের ক্ষেত। হঠাৎ মনটা খুব ভালো হয়ে গেলো নিষ্ঠুর। খুব আনন্দ হচ্ছে। যতদূর দুচোখ যায় দিগন্ত বিস্তৃত হলুদ ফুলের ক্ষেত। কোথাও হালকা হলুদ, কোথাও গাঢ় হলুদ। ঝলমলে সোনালী রোদে আরও স্বর্গীয় মনে হচ্ছে পরিবেশ। নির্ঝরী সেই হলুদ ফুলের বনে যেন নিজেকে হারিয়ে ফেললো। হারিয়ে ফেললো তার বয়স। ছোট্ট বালিকার মতো সেই ফুলের বনে একপ্রান্ত থেকে অন্য প্রান্ত পর্যন্ত দৌড়তে লাগলো। কখনো হলুদ গাঁদার ক্ষেতে কখনো হলুদ সর্ষে ক্ষেতে। হঠাৎ একটা খুব চেনা কন্ঠস্বর শুনতে পেলো। খুব চেনা কন্ঠস্বর, কিন্তু দেখা যাচ্ছে না কাউকেই। চেনা কন্ঠস্বর বললো,

- বলোতো নির্ঝরী হলুদ কিসের রঙ?

নির্ঝরী থমকে দাঁড়ালো, মনে মনে ভাবলো খানিক,

- উঁহু জানিনাতো।

সেই চেনা কন্ঠস্বর আবার বললো,

- তুমি তাও জানোনা? হলুদ হলো প্রেমের রঙ। এই বিশ্ব ব্রহ্মাণ্ডও প্রেম দিয়েই তৈরি। এই বিশ্ব প্রেমময়। বাহ্যিক রূপের আড়ালে সেই প্রেম আর প্রেমময়ই আছেন। 'প্রেম'ই সকল বস্তুর প্রকৃত স্বরূপ। 'প্রেম'ই যে জগৎ ও জাগতিক সকল কিছুর উৎস। একথা যেদিন তুমি উপলব্ধি করতে পারবে, সেইদিন সমগ্র জগৎ-সংসারই তোমার কাছে প্রেমের হলুদ রঙে রঙিন হয়ে উঠবে। আর সেইখানে তুমি এরকমই আনন্দে হেসে, খেলে, দৌড়ে বেড়াবে। হৃদয়ে প্রেমের ভাব কমে গেলেই মানুষের মনে হিংসার, বিদ্বেষের জন্ম নেয়। ফলে মানুষ নিজের থেকে জগৎ থেকে বিচ্ছিন্ন হয়ে যায়। ব্যক্তিস্বও ক্ষীণ হতে হতে শুকিয়ে যায়। তাই জগতের সকল কিছুর বাহ্য রূপের আড়ালে তার প্রকৃত স্বরূপ 'প্রেম'কে দেখো, তার প্রেমময় সত্তাকে উপলব্ধি করো। তুমি পারবে, তুমি পারবে, আমি জানি তুমি পারবে। হঠাৎ দরজা খোলার শব্দে কন্ঠস্বর থেমে গেল। সকালের আলো ফুটছে। মৃন্ময়ী উঠে দরজা খুলে চাবির গোছা নিয়ে বেরোলো। সদর দরজা খুলতে হবে। শান্তি আসবে। ঘুম ভাঙলেও নির্ঝরীর চোখ জ্বালা করছে। কিংশুকের সঙ্গে কথা বলতে গিয়ে রাত হয়েছে ঘুমোতে।

স্বপ্নটা বড্ড সুন্দর ছিল। স্বপ্নের আবেশে বিভোর হয়ে সে আবার ঘুমানোর চেষ্টা করলো, যদি অমন মিষ্টি স্বপ্নটা আরো একটু দেখা যায়। দুচোখের পাতা জুড়ে ঘুম ঘুম ভাব থাকলেও এলো না ঘুম। রেশ কাটিয়ে উঠে পড়লো। আলো ফুটেছে। ঠাকুমা শান্তিপিসিকে চা দিয়ে নিজে চা নিয়ে বসেছে। সকালের ঠাণ্ডা বাতাসে কেমন যেন শীত শীত লাগছে। পাতলা বেডসীটটা গায়ে জড়িয়ে দালানে এসে ঠাকুমার গা ঘেঁষে গায়ে গায়ে লাগিয়ে বসলো সে।

- চা দেবো নিরু?

নিরু ঠাকুমাকে জড়িয়ে ধরে মাথাটা ঠাকুমার গায়ে ঠেস দিয়ে হেলে পড়লো।

- একটু গরম গরম লিকার চা খেলে, আর এরকম ঘুম ঘুম ভাব থাকবে না।

- উম্ না।

মৃন্ময়ীর চা খাওয়া শেষ হলে বললো,

- নিরু ছাড়, স্নানে যেতে হবে। যা দেখি বিছানাটা গুছিয়ে ফ্যাল্ টানটান করে, যা ওঠ।

ইচ্ছে না থাকলেও উঠতে হয় নিরুকে। মৃন্ময়ী স্নান সেরে তুলসী তলায় যায়। মিতা স্নান সেরে একটা বড়ো সাজিতে অনেক ফুল তুলে, এখন দূর্বা, তুলসী তুলছে। ভোরের স্বপ্নটায় নির্ঝরীর মন এক অজানা আনন্দে আবিষ্ট হয়ে আছে যেন। স্বপ্নের মতোই সোনালী রোদ সারা উঠোন জুড়ে। সত্যিই কি সমস্ত জগৎ প্রেম দিয়ে তৈরি? তাহলে সে এখনো বুঝতে পারছেনা কেন? এখনো অনুভব করতে পারছে না কেন? স্নান করে নেওয়া ভালো। একথা মনে হতেই দৌড়ে স্নানে যায়।

মৃন্ময়ী ঘটিগুলোয় একে একে জল ভরে। মিতা সাজি থেকে কিছু ফুল মৃন্ময়ীকে দেয়। মৃন্ময়ী সেগুলো জলপূর্ণ ঘটিগুলোর মুখে মুখে রাখে। একটা তামার কুওতে কিছুটা জল রাখে। একটি লাল জবা, পাঁচটি দূর্বা লাল চন্দনে মাখিয়ে সূর্যকে অর্ঘ্য নিবেদনের মন্ত্র পাঠ করে। নিরু স্নান সেরে মায়ের একটি লালপেড়ে শাড়ি পরে মৃন্ময়ীর পাশে এসে করজোড়ে দাঁড়ালো। মৃন্ময়ীর সঙ্গে সঙ্গে মন্ত্র উচ্চারণ করছে,

"ওঁ জবাকুসুমসঙ্কাশং কাশ্যপেয়ং মহাদ্যুতিম্।

ধ্বান্তারিং সর্বপাপঘ্নং প্রণতোস্মি দিবাকরম্"।।

মৃন্ময়ী একবার আড়চোখে মিটিমিটি দেখে মনে মনে বললো, 'প্রভু তুমি অসীম করুণাময়, অসীম ধন্যবাদ তোমাকে'। মৃন্ময়ী একটা ছোট্ট রেকাবিতে কিছু নকুল দানা রেখে একটা ছোট্ট গ্লাসে জল দিয়ে বাস্তুদেবতাকে নিবেদন করলো। সারাদিন দেখা না গেলেও এ সময় বেশ কয়েকটি ছাতারে পাখি বাস্তু মন্দির লাগোয়া পাঁচিলে এসে রোজ তক্কে তক্কে থাকে। বাস্তু দেবতাকে নকুলদানার নৈবেদ্য নিবেদন করা মাত্রই সবকটা ছাতারে একসাথে রেকাবির উপরে হামলে পড়ে। নিজেদের মধ্যে ঝগড়াঝাটি করে কাড়াকাড়ি করে সবকটি নকুল দানা নিয়ে নিমেষে ধাঁ। তুলকালাম ঝগড়া করে এই ছাতারে গুলো নিজেদের মধ্যে। সবার বেশ মজা লাগে রোজ। নির্ঝরী ওদের কিচিরমিচির ঝগড়া শুনে নিমেষে নকুল দানার সদ্গতি দেখে খিলখিলিয়ে হেসে ফেললো। আগে তো এসবের দিকে ধ্যান ছিল না। এখন কেন যে ভালো লাগছে বুঝতে পারছে না। মৃন্ময়ী ঘটিতে রাখা ফুল জল মন্ত্র বলতে বলতে তুলসী গাছের গোড়ায় ধীরে ধীরে ঢেলে দিল। তুলসীতে জলদানের মন্ত্রটা নির্ঝরীরও জানা। শিশু বয়সে ও পুণ্যিপুকুর ব্রত করেছিল। তখন মৃন্ময়ী অনেক মন্ত্রের সঙ্গে তুলসীতে জলদানের মন্ত্রটাও শিখিয়েছিল। আদুরে সুরে বললো,

-ঠাকুমা আমিও তুলসীতে জল দেবো?

-এ আবার বলার কি আছে। নিশ্চই দেবে।

এরপর মৃন্ময়ী অশ্বথ গাছের কাছে গেল জলদানের জন্য। নির্ঝরীও পিছু নিলো।

- জানো নিরু, তুলসীর হাজারো গুণ। তুলসীর চারপাশে অনেক জায়গা জুড়ে মাটির বৈদ্যুতিক শক্তি অনেক বেড়ে যায়। তাই অনেক ব্যথা বেদনার রোগী তুলসী তলার মাটি ঐ জায়গায় লাগায়। এতে ব্যথার উপশম হয়। তাই তুলসী কে মানুষ এত যত্নে রাখে। ভক্তি করে।

গাছে জল দেওয়া পর্ব শেষ হলো। এমন সময় মম ঘুম থেকে উঠে এলো। পিটপিটিয়ে দিভাইকে একবার ভালো করে দেখে নিলো। তারপর বললো,

-কেন রে দিভাই তুই এতো সকালে স্নান করেছিস? তুই কি আজ বিরিয়ানী বানাবি রে ?

নির্ঝরী সঙ্গে সঙ্গে ঝাঁঝিয়ে উঠলো,

- তোর আর কিছু চর্চা নেই না রে ? যা শিগগির হাত মুখ ধুয়ে পড়তে বস।

মৃন্ময়ী গোপালকে সেবা দিয়ে, স্বামীর চন্দন মাখানো পায়ের, বাঁধানো ছবিতে ফুল দিয়ে ধূপ জ্বেলে দিয়ে বসলো খানিক। নির্ঝরী চা জলখাবার খেতে গেছে।

- দিদিভাই আমাকে একটু বাসস্ট্যান্ডে নিয়ে যাবি? আমাকে একবার ব্যাঙ্কে যেতে হবে। তুই গেলে একটু সুবিধা হয়। টোটো বলে দিই তাহলে?

খাবার টেবিল থেকে নির্ঝরী সানন্দে বললো,

- যাবো।

- তাহলে আমিও যাবো।

বলে মম বায়না করলো। মৃন্ময়ী বললো,

- আমরা কাজে যাচ্ছি। বেড়াতে তো যাচ্ছি না সোনা। যেদিন বেড়াতে যাবো নিয়ে যাবো। আজকে না।

মম, সোনা মেয়ে হয়ে কথা শুনলো। আর বায়না করলো না।

মৃন্ময়ী আগে কতবার চেয়েছে আদরের নিরুকে তার আদর্শে গড়ে তোলার। সে সুযোগ আসেনি। বিয়ের আগের দিন পর্যন্ত মেয়েটা অলীক স্বপ্নে ভেসে বেড়াতো। বাস্তবটা যে কতো আলাদা হতে পারে সে ধারণাই ছিল না । আজ বাড়ির বাইরে গিয়ে রক্তের সম্পর্কের মানুষদের থেকে দূরে গিয়ে তার ধারণা পাল্টাচ্ছে হয়তো। তাই ঠাকুমার এতো কাছাকাছি আসছে, ঠাকুমার কথাগুলো শুনতে চাইছে। মৃন্ময়ী তাকে কাছাকাছি রাখার জন্য একসাথে যেতে চাইলো। বন্ধুত্বটা গাঢ় করতে চাইলো। মৃন্ময়ীর কোনো কন্যা সন্তান ছিল না। অনেক দিন পরে নাতনি নিরু এলো ছোট্ট পায়ে আর আধো আধো বুলিতে সারা বাড়ি আনন্দে ভরিয়ে তুলেছিলো। আত্মীয় জ্ঞাতি প্রতিবেশী এমনকি মৃন্ময়ীর বাপের বাড়ী থেকে দাদারাও এসে ওকে নিয়ে খুব আনন্দ করতো। ঠাকুরদা প্রাণ খুলে অন্নপ্রাশন করেছিলো। যেখানে যত আত্মীয় স্বজন আছে তাদের সকলকে নিমন্ত্রণ করে ভরিয়েছিল বাড়ি। আদরে আদরে ভাবলো সমগ্র পৃথিবী সবসময় এরকমই থাকবে। রান্না করতে ভালোবাসে, তার জন্য বড়দের থেকে যে কিছু শিক্ষার প্রয়োজন আছে তা ওর কখনো মনে হয়নি। এখন যে মৃন্ময়ীর কথা শুনতে ওর ভালো লাগছে এ যেন পরমেশ্বরের কৃপা। এর অপেক্ষায় ছিলো মৃন্ময়ী এতদিন। টোটো ব্যাঙ্কের সামনে নামিয়ে অপেক্ষায় থাকলো। এটাতেই ওরা বাড়ি ফিরবে। মৃন্ময়ী নাতনির হাত ধরে ব্যাঙ্কের দিকে এগোলো।

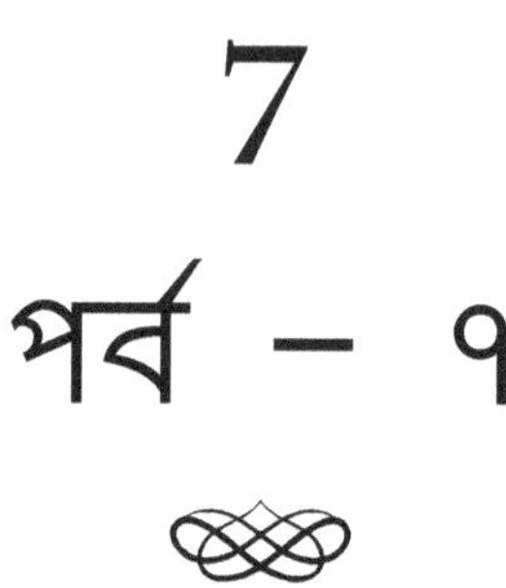

পর্ব – ৭

প্রায় সাড়ে এগারোটা নাগাদ পড়িয়ে বাড়ি ফিরলো কিংশুক। আজ স্কুলে পড়ানো নেই। অবসর। সপ্তাহে রোজ থাকে না। কয়েকটা নির্দিষ্ট দিনে ওকে যেতে হয়। এসময় ফিরলেই ঝরী দৌড়ে সরবৎ নিয়ে আসে। আজ প্রায় পাঁচদিন ও বাপের বাড়িতে। বাইরে কাজের মধ্যে থাকলে কিছু মনে হয় না। তবে বাড়ি ফেরার পর বড্ড ফাঁকা লাগে। নিজের ঘরে ঢুকলে আরো একা লাগে। বনানী এসে বললো,

- কিরে সরবৎ করে দেবো?

- না মা সরবৎ খাবো না। এই তো, বোতলে জল ভরা আছে খেয়ে নিচ্ছি। তুমি জলখাবার খেয়েছো মা? তোমার রান্না হয়ে গেছে?

- হ্যাঁ তরকারি সব হয়ে গেছে। ভাত ফুটছে উনুনে।

জল খেয়ে কিংশুক নিজের ঘরে যায়। ঘড়ি মোবাইল সব রেখে স্নানের জন্য বাথরুমে যায়। স্নান করতে করতে ভাবলো রবিবার পরীক্ষা (চাকরির পরীক্ষা রবিবার হয়) শেষে নির্ঝরীর কাছেই ফিরবে। পরদিন বাড়ি ফিরে আসবে। পরের রবিবারও পরীক্ষা আছে।

দুপুরে খাওয়া সেরে নির্ঝরী আর মৃন্ময়ী বিশ্রাম নিতে ঘরে এলো। এ সময় নীরবতা খুব বেশি। সেই নীরবতা ভেঙে নির্ঝরীর মোবাইল বেজে ওঠে। দৌড়ে ফোন ধরে,

- কি ব্যাপার, ভুলে গেছো মনে হচ্ছে? কি করছো? ঠাকুমার কাছে আছো?

- কবে আসবে তুমি?

- উঁহু বলবোনা, সারপ্রাইজ।

কিছুক্ষণ কথা বলে ফোন রেখে ঠাকুমার পাশে শুয়ে বলে,

- জানো ঠাকুমা, মনে হয় ও রবিবার আসবে।

মৃন্ময়ী রহস্যমাখা সুরে বলল,

- তাহলে আর কি মেনু ঠিক করে ফ্যালো, বরকে কি কি রান্না করে খাওয়াবে।

- এরকম বলছো কেন?

- তুই আমার দিদিভাই তাই রহস্য করলাম একটু।

খানিক চুপ থেকে মৃন্ময়ী বলে ,

- দেখো কত দায়িত্ববান ছেলে কিংশুক । নিজের সকল দায়িত্ব সে ঠিকভাবে পালন করার চেষ্টা করছে। নিজের পড়াশোনা, পড়ানো, সংসারের দায়িত্ব, তোমাকে কিভাবে ভালো রাখবে সেই ভাবনা সবই সে করছে।

- আমিও তো সবকিছু ঠিক ভাবে করার চেষ্টা করি । ওর ঠিকমতো যত্ন করি ।

হঠাৎ দৃঢ়কণ্ঠে মৃন্ময়ী যেন ঘোষণা করলো,

- না। না তুমি তা করো না। তুমি বোঝই না কিভাবে ওর ঠিকমতো যত্ন করতে হয়।

বেশ অবাক হয়ে যায় নিরু ঠাকুমার এরকম দৃঢ় কথায়। খুব মিহি সুরে বললো ,

- আমি জানি না ? কেন,জানবো না কেন? আমি ওর সবসময় খেয়াল রাখি।

- না জানো না। যদি জানতে, তাহলে সকলকে খুশি করতে পারতে,তার সঙ্গে নিজেও খুশি হতে পারতে।

এসব কথা যেন নির্ঝরী প্রথম শুনছে। কৌতূহলী হয় জানতে।

- তাহলে আর কিভাবে যত্ন করতে পারি? বলো না ঠাকুমা কিভাবে ঠিকমতো যত্ন করতে হয়।

- একবার চোখ বন্ধ করে ভাবো বিয়ের আগে কিংশুক যেরকম খুশি ছিল এখনও সেরকমই আছে কিনা। নেই তো সেরকম খুশি? এর কারণ জানো তুমি? জানো না। তুমি ওর সমস্যা তৈরি করছো নিরু।

টানটান হয়ে বসে নিরু। যেন আকাশ থেকে পড়ে। সে সবসময় কিংশুককে ভালো রাখতে চেষ্টা করে। কোনো অসুবিধাই হতে দেয় না। কোনো অতিরিক্ত চাওয়া পাওয়া নেই তার। তাহলে কোথায় ভুল হচ্ছে তার ? ঠাকুমা নিশ্চিত জানে। নাহলে তার উপরে এতো বড়ো দোষের বোঝা চাপিয়ে দিতো না নিশ্চই।

এদিকে মৃন্ময়ী ভাবে এই সময়ে অপ্রিয় হলেও কথাগুলো নিরুকে বোঝানো উচিত। এখন অল্প বয়স অনুভব করার ক্ষমতা কম। অনুভব করতে পারে না বলেই মানুষের মধ্যে এতো বিভ্রান্তি ।

- বুঝতে পারছো নিশ্চয়ই যে কিংশুক আগের মতো খুশি থাকতে পারছে না। কারণ তুমি ওর মায়ের সঙ্গে, ওর পরিবারের সঙ্গে খাপ খাওয়াতে পারছো না। তাই সে মনে মনে সঙ্কুচিত হচ্ছে। মা এবং বৌ দুইজনেই ওর একান্ত নিজস্ব মানুষ। দুইজনই ওর প্রিয়জন। ও দুইজন কেই চায়। একথা দুজনের কাউকেই ও বোঝাতে পারছে না। বোঝানোর রাস্তাও পাচ্ছে না। ঐ চিন্তা করতে গিয়ে ওর পড়াশোনায়, ওর কাজে বিঘ্ন হচ্ছে। ফলে সমস্যা ক্রমশঃ বেড়ে যাচ্ছে। তুমি কোনো সমাধানের চেষ্টা না করে অভিযোগের পরিমাণ বাড়িয়েই চলেছো। সমস্যার পাহাড় তৈরী করে ফেলছো। অথচ কেবল তুমিই পারো এই সমস্যার সমাধান করতে।

বেশ বিমর্ষ হয়ে যায় নিরু। এসব কখনো তার মনে হয়নি। সে তো কারো সঙ্গে লড়াই ঝগড়া করে না। অথচ তারই কারণে নিভৃতে এতো বড় সমস্যা তৈরি হচ্ছে? তার হাতেই এর সমাধান আছে? বেশ কাতর কণ্ঠে নির্ঝরী বললো,

- বলো ঠাকুমা কিভাবে? কিভাবে আমি পারবো সমাধান করতে? আমি তো বুঝতেই পারছি না কিছু।

- খুব সহজেই পারো। তোমার সঙ্গে যদি ওর মায়ের সম্পর্ক স্বাভাবিক সুন্দর হয়ে যায় তাহলেই ও মনে মনে নিশ্চিন্ত হতে পারবে। আর তাহলে ও নিশ্চিন্ত মনে সমস্ত কাজ, সমস্ত পড়াশোনা, নিজের ভবিষ্যৎ চিন্তা করতে পারবে। তুমি নিশ্চিত জানো ও কতটা মেধাবী। ওর মতো মেধাবী ছাত্র যদি ঠিকমতো পড়াশোনা করে তাহলে কোন উচ্চতায় পৌঁছাবে তা ভাবো। কিংশুক জীবনে প্রতিষ্ঠিত

হলেই ব্যস্ ,তোমারও লক্ষ্য পূরণ হয়ে যাবে।

- কোন লক্ষ্য ঠাকুমা?

- ঐ যে অনেক শাড়ি, অনেক সোনার গয়না, এখানে ওখানে ঘুরে বেড়ানো, বড়ো বড়ো রেস্তোরাঁতে খাওয়া দাওয়া, এসব।

- দূর তুমিও না ভুল ভাল বকতে পারো। এসব কি লক্ষ্য না কি ? লক্ষ্য অনেক বড়ো হওয়া উচিত তাই না ?

- ঠিক তাই।

- কিভাবে হবে ওর মায়ের সঙ্গে ভালো সম্পর্ক? খুব কঠিন কাজ জানো? প্রথম দিকে মোটামুটি ঠিকই ছিল সম্পর্ক। তারপর ধীরে ধীরে কি যে হোলো বুঝতে পারলাম না। আমার সঙ্গে ভালো করে কথা বলতে ওনার অসুবিধা হয়। আমার প্রতি সবসময় যেন বিরক্তির ভাব। কেমন করে যে আমার প্রতি ওনার ভাবনার পরিবর্তন হবে বুঝতে পারি না। এরকম তো দীর্ঘদিন চলতে পারে না, তাই না?

- ভাবো নিরু তোমাকেই ভাবতে হবে। ভাবো তোমার শাশুড়ি মা কি পছন্দ করেন। কি ভালোবাসেন। এসব ভাবতে শুরু করো। তুমি ওনার ভালোবাসা, পছন্দ গুলোকে সম্মান করো। সেইমতো কাজ করো। ব্যস্ সমাধান তৈরি। মনে মনে শাশুড়ি মায়ের জায়গায় তোমার নিজের মাকে বসালেই তোমার সমস্যা তুমি সহজেই বুঝতে পারবে। সমস্যা বুঝলেই সমাধানের পথও দেখতে পাবে। জোর করে মানিয়ে নেওয়ার চেষ্টা একটা ভুল পথ। এতে তিক্ততা ক্রমশ বেড়ে যায়। তুমি ভালোবাসা দিয়েই সকল সমস্যাকে জয় করতে পারো। তুমি কিংশুককে ভালোবাসো বলেই তার সমস্ত কাজকর্ম তোমার পছন্দের। ওর কোনো কাজ অপছন্দের হলেও খুশি মনে মেনে নাও, তাই না? তোমার শাশুড়ি মা-ই তোমার স্বামীকে শিক্ষা দিয়ে শুভ সংস্কার দিয়ে পালন করেছেন। সেই মায়ের কি তোমার কাছ থেকে শ্রদ্ধা, সম্মান, ভালোবাসা এগুলো প্রাপ্য নয়? তাঁর সুশিক্ষার জন্যই কিংশুক আজ এতো শান্ত, ভদ্র, নম্র। ভাবো নিরু ভাবো। মনন করো।

সদর দরজা খুলল কেউ। শান্তি এলো। এক লহমায় উঠানে ঝাঁট দিয়ে, দুপুরের এঁটো বাসন মেজে দিয়ে চলেও গেল। কখনও কখনও সন্ধ্যায় আসে একটু চা খেতে। পরমা এলো মৃন্ময়ীকে চা দিতে। নিরু শুয়ে পড়লো একটু। মৃন্ময়ী বললো,

- ওঠ নিরু, এসময় আর শুতে হবে না। কাকিমার শরীরটা ভালো নেই। যা তুলসী তলায় প্রদীপটা জ্বেলে দিয়ে আয়। তোর মা ঠাকুর ঘরে সন্ধ্যা দিয়ে শাঁখ বাজিয়ে দেবে।

নিরু উপুড় হয়ে বালিশে মুখ গুঁজে চোখ বন্ধ করে ভাবছে, কোথায় যেন ঠাকুমার কথার সঙ্গে স্বপ্নে দেখা অদৃশ্য মানবের কথা মিলে যাচ্ছে। ঠাকুমা বলছে সব কিছু ভালোবাসা দিয়ে জয় করতে। আর স্বপ্নেও সেই অদৃশ্য মানব বললেন 'জগৎ সংসার প্রেম দিয়ে তৈরি । সেই প্রেমময় সত্তাকেই দেখতে হবে জগতের সকল কিছুর মধ্যে'। আর শুয়ে থাকতে পারলো না নিরু কলঘরে গিয়ে গা হাত ধুয়ে, শাড়ি বদলে তুলসী তলায় প্রদীপ জ্বেলে দিলো। মন্দিরেও প্রদীপ জ্বললো, শাঁখ বাজলো। শীতলী দেবার পরে মন্দিরের দরজা বন্ধ হলো। মৃন্ময়ী শাড়ি বদলে গোপালের ঘরে গোপালকে সেবা দিয়ে আহ্নিকে বসে। ভাই বোন খুব আনন্দ পায় দিভাই এলে নতুন নতুন খাবার হয় বাড়িতে । তাই নির্ঝরী রান্নাঘরে যায় সকলের জন্য নতুন কিছু জলখাবার বানাতে।

রবিবার পরীক্ষা শেষে সন্ধ্যা আটটা নাগাদ কিংশুক শ্বশুরবাড়ি এলো। নির্ঝরীর অত্যন্ত অপেক্ষার অবসান হলো। সকলকে প্রণাম করে কুশল বিনিময় করলো কিংশুক ।

কল্যাণ আর কিংশুক রাতে একসাথে খেতে বসলো। মম কোথায়? তাকে তো দেখা যাচ্ছে না। হঠাৎ কিংশুক অনুভব করলো কে যেন কানের ভিতর পালক ঘোরাচ্ছে। মম ছাড়া আর কেউ না। কিংশুক ঘাড় না ঘুরিয়ে বাঁহাত দিয়ে থপ্ করে ধরে ফেলে। মম খিলখিল করে হেসে উঠলো। কিংশুক বললো,

- খেতে বসো। পড়াশোনা ঠিক হচ্ছে তো?

- ইঁম্ হচ্ছে।

কিংশুক ভোজন রসিক নয়। খুব ক্লান্ত লাগছে। খাওয়া শেষ করে তাড়াতাড়ি শুয়ে পড়লো। সকালেই বেরোতে হবে। পড়ানো আছে।

- ঝরী ভোরে ঘুম ভাঙ্গলে ডেকে দিও।

- নিশ্চিন্তে ঘুমাও। ঠাকুমা রোজ ভোরে ওঠে। আমি বলে দিয়েছি। আমি ঘুমিয়ে পড়লেও ঠাকুমা তোমাকে সময়মতো ডেকে দেবেন।

খুব ভোরে মৃন্ময়ীর ঘুম ভাঙে মৃন্ময়ীর। কলঘরে গিয়ে মুখ হাত ধুয়ে চায়ের জল চড়ায়। ধীর পায়ে পাশের ঘরের সামনে গিয়ে ডাকে,

- দিদিভাই, দিদিভাই।

কিংশুক সাড়া দেয়,

- হ্যাঁ ঠাকুমা উঠছি।

- এসো ভাই। চা হয়ে গেছে।

কিংশুক হাত মুখ ধুয়ে নেয়। নির্ঝরী ঘুমাচ্ছে। মৃন্ময়ী কিংশুক কে প্লেটে কিছু বিস্কুট দিয়ে চা দেয়।

- এতোগুলা বিস্কুট কেন ঠাকুমা?

- খেয়ে নাও। এতো সকালে আর কি দেবো?

কিংশুক চা খেয়ে প্রস্তুত হয় বেরোনোর। মৃন্ময়ী ছোটো ছোটো দুটো টিফিন বক্স পলিথিনে মুড়ে কিংশুককে দিলো।

- এগুলো কিজন্য ঠাকুমা?

- এতো সকালে তো তোমাকে কিছু খেতে দিতে পারলাম না। তাই কিছু শুকনো খাবার, একটু ফল, একটু সন্দেশ দিলাম। বাড়ি গিয়ে খেয়ে তবে পড়াতে যেও।

কিংশুক মনে মনে খুশি হলো। সকলের জন্য কতো ভাবনা ঠাকুমার। হাসিমুখে ঠাকুমার হাত থেকে টিফিন বক্স গুলো নিয়ে ব্যাগে ভরে নিল। সবাই এলো কিংশুকের সঙ্গে দেখা করতে। ঝরীর কপালে হাত রাখতেই জেগে উঠলো সে। কিংশুককে প্রস্তুত দেখে দৌড়ে গেল চোখেমুখে জল দিতে।

নির্ঝরীর মনটা খারাপ হোলো কিংশুক বাড়ি চলে যাওয়ার জন্য। তবুও বাস্তব তো মানতেই হবে।

৪

পর্ব - ৮

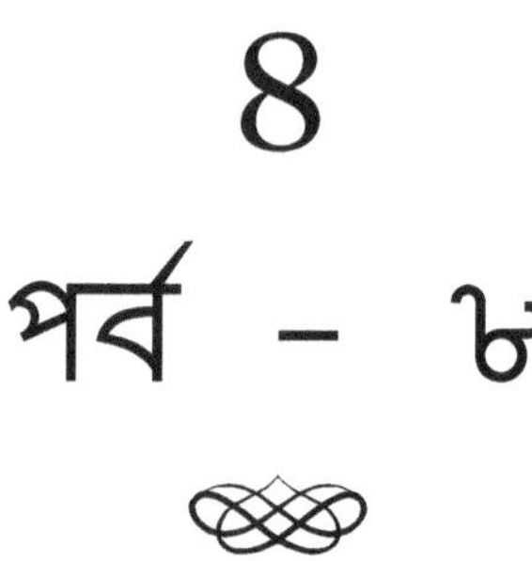

আজ রবিবার। এখানে আসার পর থেকেই মম বিরিয়ানীর বায়না করছে। বিয়ের পর থেকে কিংশুক কাছে না থাকলে ওর বিরিয়ানী বানাতে ভালো লাগে না। মমের বায়নার জন্য বিভিন্ন সবজি দিয়ে পশ্চিমী খিচুড়ি (তেহেরী) বানিয়ে দিয়েছে। দুপুরে ঠাকুমার কাছে শুয়ে কিছুক্ষণ মোবাইলে আঙুল চালালো। তারপর মোবাইল পাশে রেখে চুপচাপ শুয়ে থাকলো। মৃন্ময়ী বুঝলো নিরুর মৌনতার কারণ। আজ রবিবার। কিংশুকের ফোনের অপেক্ষায় আছে।

শান্তি ঝড়ের বেগে এসে সব কাজ সেরে চলে গেল। নিরু ঘুমাচ্ছে। পরমা মৃন্ময়ীকে চা দিয়ে কলঘরে গেল। সন্ধ্যা দেবে সে। নিরু ঘুম ভাঙতেই মোবাইল দেখে নিলো। নীরব করে রাখা মোবাইলে কোনো মিসড্ কল আছে কিনা। চা খেতে খেতে মৃন্ময়ী বললো

- নিরু, আজ ভাই বোনকে নিয়ে একটু ঘুরে আয়।

- চলো ঠাকুমা তুমিও আমাদের সঙ্গে।

- যেতে ইচ্ছে হয়। পায়ের ব্যাথার জন্য বেরোতে ভালো লাগে না। তোরা তিনজনে বাইকে চলে যেতে পারবি। আমি সঙ্গে গেলে টোটো ভাড়া করতে হবে। আজকে তোরা যা। আমি যাব অন্য আরেকদিন।

কল্যাণ, দিদি আর বোনকে নিয়ে বেরোলো। ফুচকা খেলো দুই বোনে। কল্যাণ খুব স্বাস্থ্য সচেতন। রাস্তায় দাঁড়িয়ে রাস্তার খাবার ওর ঠিক পছন্দের না। ওরা তিনজনে নদীর ব্রীজে দাঁড়ালো। নদীর উপর দিয়ে বয়ে আসা টাটকা বাতাসে মনটা বেশ তরতাজা হয়ে গেল। মৃন্ময়ী সন্ধ্যাহ্নিক সেরে আসন বোনার সরঞ্জাম নিয়ে বসলো। মম দিভাইকে নিয়ে নিজের ঘরে গেল নাচের মহড়া চলবে এখন ওদের। কল্যাণ একটু চা জলখাবার খেয়ে নিজের ঘর বন্ধ করে পড়তে বসলো। সামনে ফাইনাল পরীক্ষা তার।

রাতে খাওয়া শেষে দৌড়ে এসে খাটে উঠেই মৃন্ময়ীকে জড়িয়ে ধরে শুয়ে পড়লো নির্ঝরী। মৃন্ময়ী অবাক হয় না। ছোটবেলা থেকে ও ওইরকমই। সামান্য আনন্দে উচ্ছ্বল হয়ে ওঠে। সামান্য দুঃখে বিচলিত, আবার পান থেকে চুন খসলেই রেগে আগুন। সবে বাস্তবের মুখোমুখি হতে আরম্ভ করেছে। এরপর রোজই বদলাবে নিজেকে একটু একটু করে।

কিংশুকের বাবার সঙ্গে নির্ঝরীর বাবার পূর্ব পরিচিত ছিল। সেই সূত্রে এদের দুজনের আলাপ, প্রেম। দুবছর পর ওদের বিয়েও হলো। এর মধ্যে অনেক ভালো ভালো সম্বন্ধ এসেছিল। সত্যপদ

মেয়ের মন ভাঙতে চায়নি। অনেকে বলেছিলো এতো সুন্দর মেয়ের কতো বড়ো সরকারী চাকুরের সঙ্গে বিয়ে হতে পারতো। সত্যপদ সেসব কথায় কান দেয়নি। কিংশুক এখনো চাকরি করেনা এটাই ওর ঘাটতি। সময় তো পেরিয়ে যায় নি। সবে তো ছাব্বিশ বছর বয়স তার। ক্রমাগত চেষ্টা করে যাচ্ছে সে। খুব শীঘ্রই সে চাকরি পাবে বলেই সত্যপদ মনে মনে বিশ্বাস করে।

ঘড়িতে এখন বারোটা। এর পর জাগলে সকালে উঠতে দেরি হবে। বই বন্ধ করলো। মশারী টাঙাতে হবে, মশার কামড় খেতে হবে না হলে। একটা দীর্ঘশ্বাস ফেলে মশারী টাঙালো কিংশুক। বড্ড ফাঁকা লাগছে। আজ রবিবার। পরীক্ষার জন্য যাওয়া হোলো না নির্ঝরীর কাছে। মন খারাপ সরিয়ে এখন চাকরির প্রচেষ্টা করতে হবে। তবে ঝরীকে ভালো রাখা যাবে। মুখে কিছু না বললেও বোঝা যায় এ বাড়িতে সে কত অসুবিধার মধ্যে থাকে।

খুব ভোরে নির্ঝরীর ঘুম ভাঙলো। বৃষ্টি হয়েছে তাই সকালে শীত শীত লাগছে। পাতলা বেডশিট গায়ে জড়িয়ে মশারী থেকে বেরোলো। ঠাণ্ডা ঠাণ্ডা আবহাওয়ায় মৃন্ময়ী আজ ঘুমিয়ে পড়েছে। ঠাকুমা ঘুমোক একটু। নির্ঝরী ছাদে গেলো। পূবাকাশে রক্তিম সূর্য চারপাশে সেই রক্তিম আভা ছড়িয়ে পড়ছে। অপূর্ব ফুলের গন্ধ সকালের নির্মল বাতাসে। সেই রক্তিম সূর্যকে খানিকক্ষণ অপলক দেখে চোখ বন্ধ করে নিজের হৃদয়ে অনুভব করলো। সমস্ত অন্তর যেন পবিত্র হোলো। সদর দরজায় তালা খোলার আওয়াজ। ঠাকুমা উঠে পড়েছে। নির্ঝরী ধীরে ধীরে নেমে এলো। মৃন্ময়ী চায়ের জল চড়ালো। আদা গোলমরিচ থেঁতলে চায়ের জলে দিল। কয়েকটা তুলসী পাতা দিলো। আর খানিকটা অর্জুন ছাল থেঁতলে দিলো জলের মধ্যে। অর্জুন ছাল হৃৎপিণ্ডকে শক্তিশালী করে। এছাড়াও অনেক ভেষজগুণ রয়েছে এর মধ্যে। হাত মুখ ধুয়ে ঠাকুমার গায়ে ঘেঁষে বসলো নিরু। ঠাকুমার নরম শরীরের ওম খুব ভালো লাগছে। মৃন্ময়ী একটু মেথি গুঁড়ো গরম জল সহযোগে খেয়ে নিলো। কর্তা চলে যাবার পর কিছুটা মধুমেহের (ডায়াবেটিস) প্রবণতা হয়েছে তার। শান্তি এলো ঝড়ের গতিতে। ঘরদোর পরিষ্কার করে, বাসনকোসন ধুয়ে, উঠানে ঝাঁট দিয়ে চা খেয়ে কাপটা ধুয়ে আবার ঝড়ের গতিতেই বেরিয়ে গেল। নিজের গরু ছাগলদের মাঠে বেঁধে তাদের দেখভাল করে, নিজের সংসার খানিক সামলে আবার আসবে শান্তি। কোনো অতিরিক্ত কাজ থাকলে তখন করে দেবে সে। মৃন্ময়ীর নিজের আর নিরুর চা ঢেলে বাকি সকলের চা ফ্লাস্কে ঢেলে রাখলো। মৃন্ময়ী স্নানে গেলো। নিরুও স্নানে যাবার প্রস্তুতি নিলো।

দুপুরে খেতে বসে ধীমান বলে ফেললো এই মাছের ঝোলের স্বাদ বৌমার হাতে অপূর্ব হয়। কিংশুক মায়ের মুখের দিকে তাকালো সন্তর্পণে। প্রশ্ন জাগলো তার মনে, মা আজ তর্ক করলোনা বাবার সঙ্গে এই নিয়ে, কি ব্যাপার? নির্ঝরী থাকলে ঠিকই বলতো 'হ্যাঁ, ঐ আমি যেমন যেমন বললাম বৌমা ঠিক তেমনি ভাবেই করলো, তাই ওরকম স্বাদ হয়েছে, তাই না বৌমা?" এর অর্থ ঝগড়াও না, কিন্তু বুদ্ধি করে নিজের দক্ষতা জাহির করা। কিন্তু আজকে সেসব কিছু বললো না। অস্ফুটে বললো,

- হ্যাঁ রান্নাটা বৌমা খুব যত্ন করেই করে।

ধীমান বলে,

- বৌমা যেন মা লক্ষ্মী, থাকলে বাড়িটা আমার সেজে ওঠে। আমাদের তো মেয়ে ছিল না। একটা মেয়ে থাকলে বাড়ীটা কিভাবে সেজে ওঠে তা বৌমা না এলে জানতেও পারতাম না। আর ঠাকুরের কৃপায় বৌমা আমাদের বড়ো সুন্দর। কেবল একটু চঞ্চল। তা হবে নাই বা কেন? বাড়ির সকলের বড়ো আদরের কিনা?

এ কথায় কেউ কেউ কোনো জবাব দেয় না। হঠাৎ সবাই কেমন যেন চুপচাপ হয়ে খেয়ে নেয়। ধীমান একপলক বনানীকে দেখে নেয়। নাহ্ কোনো মেঘ জমেনি। মনে মনে বলে 'এরকম সহজ ভাবেই গ্রহণ করো বনানী, বৌমার সব ভালো গুণগুলো কে, তাহলে নিজেই শান্তি পাবে'। কিংশুক মনে মনে স্বস্তি পায়। ধীমান হাত ধুয়ে গোয়ালে যায়। গোরু গুলোকে জাবনা দিয়ে এবার খানিক বিশ্রাম নেবে সে। বনানী থাবার জায়গা পরিস্কার করে বাসনগুলো নিয়ে কলতলায় আসে। কিংশুক কৌশিক হাত ধুতে এসে মাকে সাহায্য করে। বনানী ভাবে কতো ভাগ্য ভালো তার। ছেলেরা নিজের থেকেই তাকে সাহায্য করতে আসে। তবুও নতুন বৌয়ের অভ্যাস নেই জেনেও তাকে দিয়ে বাসন ধোওয়ানোর চেষ্টা করেছে সে। এতদিন সে করেছে, এবার এসব কাজের ভার নির্ঝরীকে নিতে হবে। সরাসরি না বলে বিঁধিয়ে বিঁধিয়ে কত কথা শুনিয়েছে। কিংশুক ভাবে এক অদ্ভুত মনস্তত্ব শাশুড়ি মায়েদের। তাড়াতাড়ি নিজের ঘরে এসে ঝরীকে মেসেজ পাঠায় "ভালো আছি ভালো থেকো, সময় মতো কথা হবে"। নিজের বইপত্র খুলে বসে সে। বিকেলে পড়ানো আছে । এখন নিজের পড়াশোনায় মন দেওয়া হোক।

খাওয়া সেরে নির্ঝরী ঘরে আসে। নেট খুলেই বার্তা দেখতে পায়। আর মাত্র কয়েকটা দিন সামনের সপ্তাহেই চলে যেতে হবে শ্বশুরবাড়ি। মৃন্ময়ীকে জড়িয়ে ধরে বললো,

- আর কয়েক দিন তোমাকে জ্বালাবো।

- কেন, তুমি কি আমাদের সকলকে ভুলে যাবে? আর আসবে না এখানে?

- ভুলে যাবো কেন ঠাকুমা? সবসময় তো এভাবে এসে থাকতে পারবোনা, তাই না? কি যে ভেবেছিলাম আর কি যে হোলো।

- কি ভেবেছিলে তুমি?

- কত স্বপ্ন ছিলো ঠাকুমা , গুছিয়ে সংসার করবো। কেমন সব হয়ে গেল।

মৃন্ময়ী হাহাহা করে হেসে উঠলো। নিরুর অভিমান জড়ানো সুরে বলে,

- তুমি হাসছো ? আমার দুঃখের কথা শুনলেই তোমার অমনি হাসি পায়, তাই না ঠাকুমা? তুমি আমার দুঃখে আনন্দ পাও? ভাল্লাগে না যাও।

বলেই পাশের বালিশ আঁকড়ে ঠাকুমার বিপরীত দিকে মুখ করে শুয়ে পড়লো। মৃন্ময়ী নিরুর মাথায় হাত বুলিয়ে বলে,

- হাসছি কি এমনি এমনি ? হাসছি তোমার ছেলেমানুষী কথা শুনে। বয়স বেড়েছে, বুদ্ধি কিছু হয়নি।

- কেন ভুল কি বললাম বলো?

- তুমি বলছো গুছিয়ে সংসার করবে, অথচ গুছোতেই চাইছো না। তুমি ভাবছো তোমার সংসারে সবকিছু পাট পাট করে গুছানো থাকবে, আর তুমি গিয়ে কেবল তার তদারকি করবে তাই তো? কতটা পরিশ্রমের দ্বারায় একটা সংসার গুছিয়ে ওঠে তা জানো? তুমি উনোনের কাছে গিয়ে উত্তাপ চাও, উনানও তোমার কাছ থেকে জ্বালানি কাঠ চাইবে। জ্বালানি না দিয়ে উনোনের কাছে তুমি আগুন বা উত্তাপ কিছুই পাবে না। তা উনোন কি তোমাকে মুখে বলে চাইবে জ্বালানি কাঠ? উঁহু মুখে বলবে না উনোন। এটা তোমাকে বুঝতে হবে। কিছু না দিলে এ জগতে কিছুই পাওয়া যায় না। এটা জগতের নিয়ম।

নির্ঝরীর অভিমান কিছুটা শান্ত হয়। কিন্তু গলায় অভিমানের সুরে বলে,

- আমি কি কিছুই করিনা ঠাকুমা বলো? এখানে যা করতাম না ওখানে তো সবকিছু কাজই করি।

- নিশ্চই করো। ভেবে দেখো তো এই বাড়িতে যেমন ভাবে করো কোনো কাজ, ওবাড়িতেও কি তেমনভাবেই করো?

- হ্যাঁ তেমনভাবেই করি তো।

- না করো না। এখানে যেমন আনন্দে কাজ করো, তেমন আনন্দ নিয়ে ও বাড়িতে করো না তুমি। মনে দ্বেষ আসে তোমার। ওখানে কাজ করতে গিয়ে বিষন্ন হয় তোমার মন। তুমি ভাবছো সকলে তোমায় ভালোবেসে আপন করে নেবে। ও বাড়ির মানুষজনও ঠিক তোমার মতোই ভাবছে। নতুন বৌমা আমাদের পরিবারকে ভালবাসুক, সকলকে যত্ন করুক, মন দিয়ে সংসার করুক। আবার বৌমার ভালো গুণগুলোও ফুটে উঠুক। তুমি ভাবলে বিয়ে হয়ে গেছে মানে বৈতরণী পেরিয়ে গেছো। তুমি নাচ, আঁকা, পড়াশোনা সবই মাথা থেকে বিদায় করে দিলে। কিন্তু মাথা তো খালি থাকবে না। কোনো জায়গাই কখনো খালি থাকে না। ফাঁকা ঘরে যদি কেউ না থাকে সেখানে ধুলো ময়লা এসে জমে। তোমার ফাঁকা মাথাতেও তেমন ময়লা জমতে শুরু হলো। নিজের শিক্ষা সংস্কৃতি ছেড়ে শ্বশুরবাড়ির কোথায় কি ঘাটতি সেসব খোঁজার আর আলোচনার কাজে লেগে গেলো। দুঃখ আর খাল দুটোই খোঁচালে ক্রমশঃ বড়ো হতে থাকে। মাকে, বাবাকে, বান্ধবীদের সঙ্গে চর্চা করতে করতে তোমারও তাই হয়েছে। সামান্য জিনিস বাড়িয়ে ফেলেছো। তাহলে তুমি সংসার গুছাচ্ছো কোথায়? আরো অগোছালো করে ফেলেছো তো?

নিরু চুপ থাকে। হয়তো মর্মে মর্মে উপলব্ধি করতে পারছে তার ভুলগুলো। হয়তো মর্মাহত হচ্ছে। মৃন্ময়ী আবার বলে,

- প্রত্যেক মানুষকে সর্বদা তার নিজের জায়গা ও নিজেকে উন্নত ভাবে তৈরি করার কাজে লেগে থাকতে হয়। সুখ দুঃখ আসে আর যায়। সুখের ভিতরে দুঃখের বীজ আর দুঃখের ভিতরে সুখের বীজ লুকানো থাকে। সুখ বিহীন দুঃখ বা দুঃখ বিহীন সুখ বলে কিছু হয়না। যেদিন এটা উপলব্ধি করতে পারবে সেদিন জানবে সুখদুঃখ জীবনের নিয়ম। একটার পর অন্যটা আসে আর যায়। জীবনের এই সুখ দুঃখের মধ্য দিয়েই মানুষের অভিজ্ঞতা লাভ হয়। এটাই প্রকৃত শিক্ষা। মূল্যবান শিক্ষা। যা প্রত্যেক মানুষ লাভ করে জীবনের মধ্য দিয়ে। তাই আমার দৃষ্টিতে প্রত্যেক মানুষই তার নিজের নিজের ক্ষেত্রে শিক্ষিত। এ শিক্ষার জন্য কোনো বিদ্যালয়ে যেতে হয় না। প্রকৃতি শিখিয়ে দেন সকলকে। তবে অবশ্যই স্কুল কলেজের শিক্ষার আলাদা ভাবে প্রয়োজন আছে। তাই সবসময় সচেতন হয়ে কাজকর্ম করতে হয়। নিজের অন্তরের উৎকর্ষ বাড়াতে হয়।

- সচেতন ভাবেই তো কাজকর্ম করি ঠাকুমা। তোমার কি মনে হচ্ছে আমি অজ্ঞান হয়ে থাকি?

- অজ্ঞান মানে কি শুধুই বেহুঁশ হয়ে মাটিতে লুটিয়ে পড়ে থাকা বোঝায়? এখানে অজ্ঞান মানে হলো বিচার বুদ্ধি হীন হওয়া। অর্থাৎ ভালো আর মন্দ দিক গুলো বিচার না করে কোনো কাজ করা। এই যেমন হঠাৎ হঠাৎ তোমার বান্ধবীদের সঙ্গে মিলে ঠিক করে ফেললে ফিস্ট করবে। অমনি সমস্ত কাজকর্ম ফেলে দিয়ে তোড়জোড় শুরু হয়ে গেল। আর কোনো দিকে মনোযোগ নেই। তোমাদের ফিস্ট তো মাংস ছাড়া হয়না। একটা জীবনকে শেষ করে তোমাদের পৈশাচিক আনন্দযজ্ঞ আরম্ভ হয়। ভেবে দেখো এই কাজের মধ্যে সৃজনশীলতা কতটুকু আছে। হয়তো তুমি বন্ধুদের দেখাতে পারো, তুমি কত ভালো রন্ধনশিল্পী। কত ভালো বিরিয়ানী, পোলাও, কোর্মা রাঁধতে পারো। এই অতিরিক্ত মশলাদার খাবার খাওয়া কি সবসময় ঠিক কাজ নিরু? এই সময়ে

বন্ধুদের সঙ্গে হৈহৈ করে সময় নষ্ট না করে যদি কোনো নাচের কৌশল রপ্ত করতে, যদি কোনো ছবি আঁকতে, যদি কোনো ভালো বই পড়তে তাহলে কেমন হতো? নিশ্চয়ই তোমার মস্তিষ্ক কিছুটা উন্নত হোতো?

নিরু আরও শান্ত ও নীরব হয়ে যায়। মুখ দিয়ে কোনো শব্দই আর বের হতে চাইছে না। বলবার মতো কিছু নেইও তার কাছে। তার আনন্দ হৈচৈ এর মধ্যে যে এতো বড়ো বড়ো ভুল থাকতে পারে এসব তার কখনো জানাই ছিল না।

মৃন্ময়ী বললো,

- জানি এসব শুনতে তোমার ভালো লাগছে না নিরু। ভাবছো 'আমি কি ঠাকুমার মতো বুড়ি নাকি? এটাই তো বন্ধুদের সঙ্গে সময় কাটানোর সময়। ঠাকুমা আর এসবের মর্ম কি বুঝবে', এসব ভাবছো তো? ভালো অভ্যাসগুলো প্রথম থেকেই আরম্ভ করতে হয় নিরু। পরে আরম্ভ করা খুব শক্ত। তখন তো খারাপ অভ্যাসগুলো পাকাপোক্ত ভাবে ঘাঁটি গেড়ে বসে গেছে মাথায়। তাই শুভস্য শীঘ্রম্ বলে শুভ অভ্যাস আরম্ভ করতে হয়।

এমন সময় মম ডাকে, স্কুল থেকে ফিরলো সে,

- খোলো গো।

- নিরু, যা খুলে দিয়ে আয় বোনকে।

নিরুকে দেখে দরজা খোলার আগেই মম বলে উঠলো,

- এই দিভাই আজ একটা এগরোল বানিয়ে দিবি রে?

মমের চুলটা আলতো হাতে টেনে দিয়ে কপট রাগের সুরে নির্ঝরী বলে,

- আমাকে দেখলেই তোর কেবল এটা ওটা খেতে ইচ্ছে করে, তাই না রে? নিজে করে খা।

- ওরকম বলছিস কেন রে? একটা এগরোল করে দে না রে দিভাই। আর কদিন পরে তো চলেই যাবি। ওখানে গিয়ে দেখবি তোর কেমন মন খারাপ করবে আমার জন্য। তুই চলে গেলে রোজই তো সেই যা তা খেতে হবে।

- ভাষণ শেষ হয়েছে তোর? তাহলে যা, হাত পা ধুয়ে, স্কুলের জামাকাপড় বদলে বিশ্রাম নে।

ঘরে এসে নির্ঝরী মৃন্ময়ীকে জড়িয়ে ধরে। ঠাকুমার শরীরের সঙ্গে লেপ্টে থাকে। অপূর্ব এক সুগন্ধ ঠাকুমার শরীরে। অথচ কোনো সুগন্ধি তিনি মাখেন না। এই সুগন্ধ নির্ঝরী খুব মিস্ করে। যখন এ বাড়িতে ছিল কিংশুক কে কাছে না পাবার অভাবটাই তীব্র ছিল তার মনে। মনে হোতো বিয়ের পর আর কোনো অপূর্ণতা থাকবে না তার। সব পাওয়া হয়ে যাবে। বিয়ের পরে যখন সব আত্মীয় কুটুম্ব বাড়ী চলে গেল, দ্বিরাগমনও হয়ে গেল তখন থেকেই অনুভব হোলো, চারপাশ পূর্ণ করে কিংশুক আছে তবুও কি যেন নেই। ভিতরে ভিতরে শূন্যতার অনুভব হচ্ছে। বাপের বাড়িতে চারপাশ জুড়ে বড়দের যে স্নেহের প্রাচীরটা ছিল, শৈশবের আবেশ ছিল, শ্বশুরবাড়িতে সেটা নেই। সেই স্নেহের পরশ যেন সম্পূর্ণ আলাদা কিংশুকের ভালোবাসার থেকে। যখনই এরকম মনে হয় ভিতরটা কেমন যেন হু হু করে ওঠে। বিয়ের আগে এসব তার মনেই হয়নি কখনো। মনে হোতো কবে এখান থেকে কিংশুকের কাছে সে যেতে পারবে।

যখন কোনো মানুষের একটা দাঁত ভাঙে সমস্ত মন আর জিভ ঐ ভাঙা জায়গায় পড়ে থাকে। অথচ তার যে আরও একত্রিশটি দাঁত আছে সেকথা সেসময় মনেই থাকে না। কেবল ঐ ভাঙা দাঁতটি সমস্ত অনুভূতি জুড়ে থাকে। বিয়ের আগে কিংশুকের অভাব, তার জন্য ব্যাকুলতা যেন ঐ একটি মাত্র ভাঙা দাঁতের মতো ছিল। এ বাড়িতে তার মন টিকছিল না। এখন ঠাকুমার কথাগুলো

শুনতে ভালো লাগছে। তখন এটাও তার বিরক্তিকর মনে হোতো।

নীরবতা ভঙ্গ করে মৃন্ময়ী বললো,

- দিদিভাই, তুমি নাচ খুব ভালোবাসো। ওখানে সপ্তাহে একদিন একঘন্টা বা দুইঘন্টা নাচের ক্লাস আরম্ভ করতে পারো। এতে তোমার নিজের অভ্যাসও হবে নিয়মিত। প্রথম হয়তো একজনকেই পেলে। ধীরে ধীরে ছাত্রী সংখ্যা বাড়বে। আর দুটি ছাত্রী পড়াবে। এখন তো সপ্তাহে তিনদিন পড়াতে হয়। তিন তিন ছয়দিন দুই ছাত্রী আর একদিন নাচের ক্লাস, মোট সাতদিন তোমার পূর্ণ হয়ে গেল। বেশি ছাত্রী নিয়ে বসে পড়লে হবে না। টাকা রোজগার জীবনের লক্ষ্য হওয়া উচিত না, অন্তত তোমার জন্য। কারণ এরপর তোমার অন্য অনেক কাজ বাড়তে পারে।

নির্ঝরী আতঙ্কে বললো,

- কি কাজ বাড়তে পারে ঠাকুমা? তুমি ঠিক জানো? সত্যি আমার আরও কাজ বাড়বে? কি করে এতো কাজ করবো আমি?

- এতো ভয় পাওয়ার কি হোলো? মানুষের জীবনে কাজ, চিন্তা এগুলো সময়ের সঙ্গে সঙ্গে বাড়ে। মানুষ এগুলো করতে এতোই অভ্যস্ত হয়ে যায় যে, তখন কাজ না করে, চিন্তা না করে থাকতে পারে না। এজন্যই নিজের খুব পছন্দের একটা কাজ রাখতে হয়। নিজের পছন্দের কাজটা চর্চার মধ্য দিয়ে অবসরযাপন করাই লক্ষ্য। মানুষ যখন সংসারের দায়িত্ব পালন করতে করতে হাঁপিয়ে ওঠে, তখন এই পছন্দের কাজগুলোই, হঠাৎ জানলা দিয়ে বয়ে আসা টাটকা বাতাসের মতো খুশির আমেজ বয়ে আনে, নতুন ভাবে প্রাণের সঞ্চার করে। আবার নতুন উদ্যমে মানুষ উজ্জীবিত হয়ে ওঠে।

- ঠিক বলেছো ঠাকুমা, আমি তাহলে নাচ শেখাবোই।

- এইভাবে সাতদিন সংসারের কাজের ফাঁকে, পছন্দের কাজ দিয়ে অবসরযাপন আরম্ভ করো। প্রথমদিকে একটু অসুবিধা হবে। ধীরে ধীরে রুটিন মাফিক হয়ে যাবে। তখন সাংসারিক কাজগুলোও ছন্দে ছন্দে হবে। এ বাড়িতে কাজকর্মে অভ্যস্ত ছিলে না তাই ও বাড়িতে কাজকর্ম করতে তোমার মর্যাদায় লাগছে। এভাবে আরম্ভ করলে সংসারের খুঁটিনাটি দোষত্রুটিও তোমার চোখে কম পড়বে। চোখে পড়লেও এড়িয়ে যেতে শিখে যাবে। চলো দিদিভাই এবার উঠতে হবে। সূর্যদেব পাঠে বসেছেন।

মায়ের আসতে দেরি দেখে ঠাকুমার জন্য চা বসায় উনুনে। এগরোলের জন্য সবজিগুলো ফ্রীজ থেকে বের করে। আটটা এগরোলের জন্য ময়দা বের করে। ঠাকুমা খাবেনা, আমিষ তাই। ঠাকুমাকে চা দিয়ে এসে সবজি গুলো কেটে, ময়দা মেখে রাখলো। সন্ধ্যা দেওয়া হলে এগরোল তৈরি হবে। মম এখন ঘুমিয়ে।

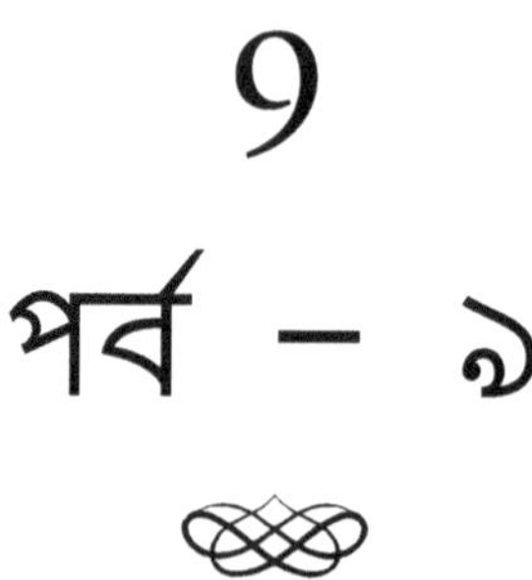

পরশু দিন কিংশুক এসেছে। আজ নির্ঝরীকে সঙ্গে নিয়ে যাবে। বিয়ের পরে প্রথমবার অনেকগুলো দিন এখানে ছিল। সামনে কেউ কিছু প্রকাশ না করলেও সকলেরই মন খুব খারাপ। সকলেই চুপচাপ কাজ করছে। কেবল মৃন্ময়ী একেবারে স্বাভাবিক আছে। নিজের মতো করে আচার নিমকি, ক্ষেতের বাদাম সব গুছিয়ে রাখছেন। এসব দেখে নির্ঝরী বললো,

- এতসব ছাঁদা বাঁধলে, নিয়ে যাবো কিভাবে।

কিংশুক বললো,

- ওসব তোমাকে ভাবতে হবে না। ঠাকুমা আপনি আমাকে দিন, আমি নিয়ে যাব। একা আমি খাবো এসব। তুমি খেও না কেমন?

মৃন্ময়ী খুব খুশি হলো শুনে।

- মাঝে মাঝে এভাবে চলে এসো ভাই, নিরুকে নিয়ে।

- নিশ্চই আসবো ঠাকুমা।

আচার নিমকি ছাড়াও নির্ঝরী আরও অনেক কিছু নিয়ে গেল , তার সারাজীবনের চলার পাথেয়। তা হলো তার ঠাকুমার অমূল্য বাণী, অমূল্য পরামর্শ। যেগুলো সে আগে ছুঁড়ে ছুঁড়ে ফেলে দিতো, পায়ে দলে দিতো। এখন সেগুলোই যেন একটা একটা করে কুড়িয়ে সংগোপনে নিয়ে গেল।

আনন্দ মানুষের জীবনে অবশ্যই প্রয়োজন । তবে সবসময় আনন্দে মেতে থাকলে মন বহিমুখী হয়ে যায়। মনকে তখন নিজের মধ্যে ফেরানো খুব কঠিন হয়। তাই কষ্ট পাওয়া খুব জরুরী। কষ্ট একপলকেই মানুষকে অন্তমুখী করে, নিজেকে নিজের ভিতরে ফিরিয়ে আনে।

যতক্ষণ না কিংশুকের বাইক চোখের আড়ালে গেলো, ততক্ষণ মা, কাকিমা, মম দাঁড়িয়ে থাকলো। মৃন্ময়ী নিজের ঘরে চলে গেছে অনেক আগেই। সবচেয়ে শুন্যতার অনুভব তো তারই বেশি হচ্ছে। সর্বক্ষণ নাতনিটি তাকে জড়িয়েই তো ছিল। এবারে তো তার সঙ্গে অনেক ভাবের আদান প্রদানও হোলো। চোখ বন্ধ করে মৃন্ময়ী মনে মনে বললো 'ঠাকুর মঙ্গল করুন'।

মম চুপচাপ দোতলায় পশ্চিমের বারান্দায় যায়। পশ্চিমের রক্তিম সূর্যকে দেখে খুব মন খারাপ লাগছে তার। এই তো কদিন আগে দিভাই সকলের সঙ্গে ধমক দিয়ে কথা বলতো। কিরকম দাপিয়ে বেড়াতো, কতো হাসিখুশি ছিল এবাড়িতে। আজ পুরো বাড়ি, মা বাবা সকলকে ছেড়ে অন্য এক বাড়িতে চলে গেল। এ বাড়িতে কেবলমাত্র বেড়াতে আসতে পারবে। কেন এমন নিয়ম?

সকলের ক্ষেত্রেই কি এরকম নিয়ম? ইচ্ছেমতো বাবার বাড়িতে কেউ কি থেকে যেতে পারে না? তার মানে তাকেও একদিন এভাবে চলে যেতেই হবে? একথা মনে হতেই মমের বুকের ভিতরটা ধক ধক করে কেঁপে উঠলো। ভীষণ আতঙ্কিত হয়ে দৌড়ে নিচে নেমে এসে মায়ের গা ঘেঁষে বসলো। প্রায় সন্ধ্যা নেমে এলো। দূরে মসজিদ থেকে আজানের সুর ভেসে আসছে ' আল্লা হো আকবর আল্লা....আ...আ..। এর মধ্যেই চারিদিকে শাঁখের আওয়াজ আরম্ভ হলো। প্রত্যেক তুলসী মঞ্চে প্রদীপ জ্বললো। আরও একটা দিন চলে গেল। কিজানি আজকের দিনটা প্রভু কতটা সার্থক করলেন। আজ অনেক দিন পর গোপালের সেবা দিয়ে আহ্নিক সেরে মৃন্ময়ী গীতা নিয়ে বসলো। তার দুই বৌমা পরমা ও মিতা এসে বসলো তার পাশে। মম হঠাৎ নিঃশব্দে এসে মৃন্ময়ীর গা ঘেঁষে বসলো। মৃন্ময়ী পাঠ করছে,

- " চঞ্চলং হি মনঃ কৃষ্ণ প্রমাথি বলবদ্দৃঢম্ ।

তস্যাহং নিগ্রহং মন্যে বায়োরিব সুদুষ্করম্" ।।

কিংশুক ও নির্ঝরী যখন বাড়ি এলো তখন সন্ধ্যায় আঁধার এসেছে। ধীমান খুব খুশি হয়ে জিজ্ঞেস করলো,

- বৌমা কেমন কাটলো? ওবাড়ির সবাই ভালো আছেন তো?

- হ্যাঁ বাবা সবাই ভালো আছেন। আপনি কেমন আছেন বাবা।

- খুব ভালো। যাও হাত মুখ ধুয়ে নাও। তারপর অনেক গল্প হবে।

নির্ঝরী শ্বশুর কে শাশুড়ি কে প্রণাম করে নিজের ঘরে গেল। গা হাত ধুয়ে রান্নাঘরে এসে দেখলো শাশুড়ি মা সকলের জন্য চা বসিয়েছেন। নির্ঝরী জলে আদা চা পাতা দিয়ে চা বানিয়ে সকলকে দিলো। হঠাৎ মনে পড়লো ওবাড়ি থেকে নিয়ে আসা জিনিসপত্রের কথা। এক এক করে বের করতেই ধীমান সব একটু একটু করে খেতে শুরু করলো। আচারের জায়গা খুলে আচার মুখে তুলতে যাবে এমন সময় নির্ঝরী বললো

- বাবা এটা তো আচার। রাতে টকজাতীয় খাবার খেতে নেই। আগামীকাল ভাতের সঙ্গে দেবো।

সকলে চা খেয়ে নিজের নিজের কাজে যায়। নির্ঝরী রাতের রান্নার জন্য রান্নাঘরে গেল। বনানী বেশ গম্ভীর। নির্ঝরী জিজ্ঞেস করলো ,

- কি রান্না হবে মা?

- দুপুরের মাছের ঝাল আছে । একটু ডাল আর বেগুন ভাজা করলেই হয়ে যাবে।

নির্ঝরী থানিকটা মুসুরির ডাল ভালো করে ধুয়ে কুকারে জল দিয়ে উনুনে বসিয়ে দেয়। মাটীর উনুন জ্বেলে ভাত বসিয়ে দেয়।

রাতের খাওয়া শেষ করে, সমস্ত কাজ সেরে নির্ঝরী নিজের ঘরে আসে। আজ খুব ভালো লাগছে তার। কতদিন পরে এ বাড়িতে একান্তে কিংশুকের সঙ্গে কথা বলতে পারবে। কত কথা জমে আছে তার । কতগুলো দিন কিংশুকেরও বড্ড ধকল, গেছে। মাথায় বড্ড চাপ ছিল। কটা দিন খুব বিশ্রাম নিয়ে আবার পড়াশোনায় মনোযোগ দিতে হবে।

মশারী টাঙিয়ে বালিশে মাথা রেখেই নির্ঝরী বলে,

- একটা কথা বলবো?

- বলে ফ্যালো। পেট পাতলা মানুষ, কথা চেপে রাখলে, শেষমেশ পেটটাই ফেটে যাবার সম্ভাবনা থেকে যায়। তাড়াতাড়ি বলে ফ্যালো।

নির্ঝরী গলার স্বর বেশ নিচু করে নামিয়ে বলল,

- আমাকে দুটো ছাত্রী জোগাড় করে দেবে? পড়াবো। সপ্তাহে তিনদিন করে। আর একটা নাচের ছাত্রী জোগাড় করে দেবে? ওটা রবিবার একঘন্টা শেখাবো।

হঠাৎ গম্ভীর হয়ে যায় কিংশুক। কিছুক্ষণ চুপ থেকে বলে,

- কি ব্যাপার রাজকন্যা, হঠাৎ ওবাড়ি থেকে এসেই এরকম সিদ্ধান্ত?

- নাহলে পড়াশোনা,নাচ সবকিছু ভুলে যাবো তো তাই।

কিংশুক ঝরীকে কাছে টেনে নিয়ে বলে,

- খুউব ভালো সিদ্ধান্ত নিয়েছো। আমিও তোমাকে এটা বলার চেষ্টা করেছি। কিন্তু যদি তুমি অন্যরকম ভাবো, যে এবাড়িতে নিয়ে এসেই তোমাকে টিউশন করতে বলছি, তাই চুপ থেকেছি। বাচ্চাদের পড়ালে পড়াশোনার যেমন চর্চা হয় তেমনি বাচ্চাদের সঙ্গে থাকলে মনটাও সুন্দর থাকে। আর যখনই তুমি পড়াশোনা ও সংস্কৃতির সঙ্গে যুক্ত থাকবে তখন সংসারের অনেক উটকো ঝামেলা ও খুঁটিনাটি বিষয়গুলোকে তুমি উপেক্ষা করতে পারবে।

- বলোনা কবে থেকে পড়াবো? আর নাচের ছাত্রীর কথাও মনে রাখবে কিন্তু।

- অবশ্যই মনে রাখবো। আজকে তো ঘুমাও রাজকন্যে। শুভ রাত্রি।

আজকে মৃন্ময়ীর একেবারে ঘুম আসছে না। কেবল একলা ঘরে ফাঁকা বিছানায় চোখ বন্ধ করে শুয়ে থাকা। সেই বন্ধ চোখের পাতায় এক এক করে স্মৃতির ছবি। মৃন্ময়ী যখন এবাড়িতে নতুন বৌ হয়ে এলো তার দুবছর আগেই শ্বশুর মশাই স্বর্গবাসী হয়েছেন। বড়ো ননদের বিয়ে অনেক আগেই হয়েছিল। আট বছরের ছোট এক দেওর আর দশ বছরের ছোট ননদ কে নিয়ে শাশুড়ি মায়ের সংসার। শিশবে মাতৃহারা মৃন্ময়ী বাড়িতে সকলের ছোট ছিল। কোনো এক অজানা অসুখে ওর উপরের দিদি মারা গেল। বাবা তখন স্ত্রী হীন হয়ে শ্রীহীন অবস্থায় দিন কাটাচ্ছেন। সিন্দুকের চাবি কোমরে বাঁধা থাকলেও স্নান করানোর সময় তেল মাখানোর অছিলায় কোন্ বৌমা খুলে নিয়ে যায় টেরই পান না। পেলেও কিছু করার ছিল না তাঁর। মৃন্ময়ীর দাদারা ব্যবসায় সামলাতে ব্যস্ত। বৌদিরা যে যার আখের গুছাতে ব্যস্ত। মৃন্ময়ীর মাধ্যমিক পরীক্ষার পরই বিয়ের তোরজোর শুরু হয়। বৌদিদের অযত্নে যদি তারও এরকম অঘটন ঘটে এই ভেবে একপ্রকার খুব হড়োহড়ি করেই বিয়েটা হয়ে গিয়েছিল। শ্বশুরবাড়ি এসে মাতৃহারা মৃন্ময়ী একজন সত্যিকারের মা কে পেয়েছিল। পেয়েছিল তাঁর অফুরন্ত স্নেহ। অত্যন্ত গুণবতী সেই শাশুড়ি মায়ের প্রত্যেকটি কাজ ছিল ছবির মতো সুন্দর, গোছানো। অপূর্ব আঁকার হাত ছিলো তাঁর। সেসময় মানুষে মানুষে অত্যন্ত মেলামেশা ছিল। বিয়েবাড়ি হলেই কনেসাজানো বা বিয়ের বর সাজানোর ডাক পড়তো তাঁর। তাঁর রান্নার হাত ছিলো অপূর্ব।নতুন বৌ মৃন্ময়ীকে তিনি আসন বিছিয়ে, থালায় নৈবেদ্যর মতো করে ভাত ব্যঞ্জন সাজিয়ে খেতে দিতেন। এতো গুণী মানুষের একটি মাত্র গুণ মৃন্ময়ীর খুব অপছন্দের ছিল। সেকথা ভাবলে মৃন্ময়ীর এখন অত্যন্ত অনুশোচনা হয়। শাশুড়ি মা ছিলেন তাস খেলায় অত্যন্ত পারদর্শীনি। তাঁকে তাস খেলায় হারানোর সাধ্য কারো ছিল না। প্রায় প্রতিদিনই দুপুরে খাবার পরে দেওরপো দের নিয়ে তাস খেলতে বসতেন। মৃন্ময়ী রক্ষণশীল পরিবারের মেয়ে। তাস খেলা এমনিতেই অপছন্দের বিষয়, তার উপর একজন মহিলা তাস খেলছেন এটা মন থেকে মানতে পারতো না সে। আর আজকের দিনে তাস একটা আন্তর্জাতিক মানের খেলা। সে তার ছোট ভাবনা দিয়ে কত ছোট ভেবেছে এ খেলাকে। এখন বুঝতে পারে শাশুড়ি মা কতটা বুদ্ধিমতি ছিলেন, যে তাঁকে তাসখেলায় কেউ হারাতে পারতো না। আজ এই জন্য শ্রদ্ধায় সংকোচে শাশুড়ি মার স্মরণে

মাথা নিচু করে সে।

দালানকোঠা বাড়ি থেকে এসে এখানে মাটির বাড়িতে অনেক অভাব অভিযোগ ভরা থাকলেও শুধুমাত্র শাশুড়ি মায়ের প্রাণ প্রাচুর্যের গুণে এ সংসারে তার কখনো আনন্দের অভাব ঘটেনি। বিয়ের পর তার স্বামী তাকে কলেজে ভর্তি করে দিয়েছিল। মৃন্ময়ীর স্বামীর পড়াশোনার প্রতি অসীম শ্রদ্ধা ছিল। অভাবের সংসারে বাড়িতে সকল ভাইবোনের থেকে বড় হওয়ার জন্য বেশীদূর পড়াশোনা করা তাঁর পক্ষে সম্ভব হয়নি। ক্লাসে প্রথম হওয়া সত্ত্বেও সেই আমলে মাত্র এক টাকার জন্য নতুন ক্লাসে ভর্তি হতে পারেননি। মাস্টার মশাইরা টাকাটা দেবেন বলেছিলেন। সেসময় সংসারে রোজগারের প্রয়োজন অনেক বেশি ছিল। তাই পড়াশোনার পাঠ চুকিয়ে কাকার দোকানে গিয়ে বসতে হয়েছিল। পড়াশোনা না করতে পারার আক্ষেপ তাঁর খুব বেশিই ছিল। মৃন্ময়ী বিয়ের পর কলেজে একাদশ শ্রেণীতে ভর্তি হলো। সেসময় একাদশ দ্বাদশ কলেজেই পড়ানো হোতো। দ্বাদশ শ্রেণীতে পড়ার সময় মৃন্ময়ী সন্তানসম্ভবা হলো। কোনোমতে উচ্চমাধ্যমিক পরীক্ষা দিয়ে তখনকার মতো পড়াশোনায় ইতি টানতে হয়েছিল। সে আমলে বিয়ের পর মেয়েদের পড়াশোনা করা অত্যন্ত কঠিন ছিল। গ্রামের মানুষেরা পড়াশোনায় বিশেষ আগ্রহী ছিল না। গ্রামের গণ্ডিতে বসবাস করার কারণে পড়াশোনার প্রয়োজনটাও তারা বুঝতো না। কাউকে কিছু করতে দেখলে তারা এখনও মুখরোচক সমালোচনা করতেই ভালোবাসে। এরপর মৃন্ময়ীর প্রথম সন্তান বড়ো ছেলে জন্মালো। দুবছর পর ছোট ছেলে। ছোট ননদ আর শাশুড়ি মা, বাচ্চাদের গুরুদায়িত্ব পালন করেছেন। যতদিন মায়ের দুধ খেয়েছে ততদিন পর্যন্ত কেবল মায়ের কাছে রাতে ঘুমিয়েছে। মায়ের দুধ খাওয়া ছাড়তেই তারা, পুরোপুরি ঠাকুমার কাছে। মৃন্ময়ী নিজেকে অত্যন্ত সৌভাগ্যবতী বলে মনে করে। পূর্ব জন্মে অত্যন্ত পুণ্য কর্ম সে নিশ্চয়ই করেছিল তাই এমন দেবীর মতো শাশুড়ি মা পেয়েছে। ননদ দেওর ও কখনও উঁচু গলায় কথা বলেনি তার সঙ্গে। তবে ছেলেরা মায়ের থেকে ঠাকুমাকেই বেশি ভালোবাসতো। তা তো হবারই কথা। মায়ের থেকে ঠাকুমাকেই যে তারা বেশি কাছে পেয়েছে। ছেলেরা একটু বড়ো হতেই বড়ো ছেলেকে বাড়ির পাশে প্রাইমারী স্কুলে ভর্তি করে সে আবার কলেজের ডিগ্রী কোর্সে অনার্স নিয়ে দর্শন বিভাগে ভর্তি হয়। তিন বছরে পড়াশোনা সম্পূর্ণ হয়ে যায়। ততদিনে ছোট ছেলেও স্কুলে ভর্তি হয়ে গেছে। মাস্টার্স করার ইচ্ছা থাকলেও আর হয়না। তখন যদি এখনকার মতো দূর শিক্ষার ব্যবস্থা থাকতো তাহলে হয়তো তাও হয়ে যেত। বিশ্ববিদ্যালয় বাড়ি থেকে বহু দূরে। এরপর ছোটো ননদেরও বিয়ে হয়ে গেল। বাচ্চাদের দেখাশুনা একা শাশুড়ি মায়ের পক্ষে কষ্টকরও হয়ে যেতো যদি সে এম.এ পড়াশোনা করতো। বাড়িতেই ভারতীয় দর্শনের শ্রেষ্ঠ সম্ভার গীতা, উপনিষদ ইত্যাদি দর্শন গুলি পড়া চালিয়ে রাখলো। বুঝতে অসুবিধা হলে মৃন্ময়ী বাপের বাড়ি চলে যেতো। ওখানে এক পণ্ডিত মশাইয়ের কাছে শাস্ত্র বিষয়ে সকল জিজ্ঞাসার উত্তর মিলতো। "আমার সবাইকে তুমি দেখো বৌমা" এই বলে একদিন শাশুড়ি মাও চলে গেলেন সংসারের মায়া কাটিয়ে। কেজানে কতটুকু পেরেছে সে শাশুড়ি মায়ের কথা রাখতে, সময় বলবে সে কথা। তবে সুখের বিষয় এই যে, শাশুড়ি মা তাঁর বড়ো ছেলের উন্নতি দেখে যেতে পেরেছেন। তখন মাটির বাড়ি থেকে পাকা বাড়ি হয়েছে, ব্যবসাও অনেক বড়ো হয়েছে। তিনি নিশ্চিন্ত হয়েই স্বর্গবাসী হয়েছেন। মৃন্ময়ীও একদিন শাশুড়ি হোলো, শাশুড়ি থেকে ঠাকুমা হলো। আর এখন ঠাকুমাশাশুড়ি। জীবনের অভিজ্ঞতায় সে বুঝেছে যে কপালগুণে যদি ভালোমানুষ শাশুড়ি মেলে তাহলে মেয়েদের জীবনটা অন্যরকমভাবে ভালো হয়ে যায়। শাশুড়ি যদি অতোটা ভালোমানুষ নাও মেলে, তাহলে ভালোবাসা দিয়ে শ্রদ্ধা দিয়ে যদি তাঁকে খুশি করা যায়

তাহলেও মেয়েদের জীবন অনেক সুন্দর হতে পারে। এখনকার অধিকাংশ মানুষ বড়ো অধৈর্য্য। । তারা চায় সকলে তাকে ভালোবাসুক। সামনের মানুষজনও যে তার কাছে ভালোবাসা আশা করে তা হয়তো বুঝতে পারে না। নিরুও ভালো স্বামী পেয়েছে কিন্তু শাশুড়ি মায়ের মনস্তত্ত্ব এখনো বুঝে উঠতে পারছে না। তাই ওখানে খাপ খাওয়াতে খুব অসুবিধা হচ্ছে তার। একটু বুদ্ধি করে চললে ধীরে ধীরে সব ঠিক হয়ে যাবে। কিছুতেই ঘুম আসছে না। মৃন্ময়ী উঠে একবার কলঘরে গেল। ফিরে এসে খানিক জল খেয়ে ভেজা পা দুটো মুছে আবার শুয়ে পড়লো। আজ ঘুম এল হয়। কিছুক্ষণ বিছানায় এপাশ ওপাশ করে সে। বড্ড অস্থির লাগছে। কদিনের অভ্যাসে আজ এই ঘর এই বিছানা বড্ড ফাঁকা মনে হচ্ছে। নিরুর মাথায় দেওয়া বালিশে একবার আলতো করে হাত বুলিয়ে দেয় মৃন্ময়ী। হঠাৎ শুনতে পেলো নিরু ডাকছে,

- ঠাকুমা, ঠাকুমা, এখনও ঘুমোচ্ছো কেন? শরীর খারাপ নাকি তোমার?

মৃন্ময়ী চোখ মেলে তাকায়।

- কি হলো ঠাকুমা, শরীর খারাপ হয়েছে তোমার?

ধীরে ধীরে বিছানা থেকে নামে মৃন্ময়ী। দরজা খুলে দেখে বইয়ের ব্যাগ কাঁধে মম দাঁড়িয়ে আছে। মৃন্ময়ী সদরের তালা খুলে দেয়। মম পড়তে চলে যায়। মৃন্ময়ী কলঘরে যায়। নিরুর কথা ভাবতে ভাবতে কখন চোখের পাতায় ঘুম নেমে এসেছে জানতে পারে নি। ঘুমের মধ্যে মমের আওয়াজকে নিরু বলে ভুল করেছে।

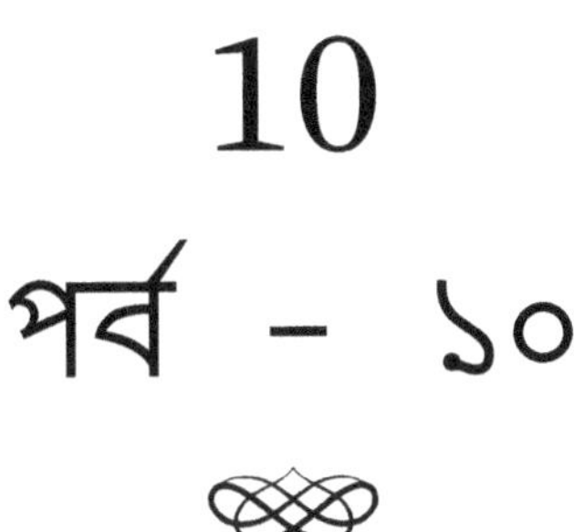

10

পর্ব - ১০

দুপুরে খাওয়ার পরে রান্নাঘরের সব কাজ গুছিয়ে নির্ঝরী নিজের ঘরে এসে দেখলো কিংশুক চোখ বন্ধ করে শুয়ে আছে, তবে ঘুমায়নি মনে হয়।

- কি গো আমার দুজন ছাত্রী জোগাড় হলো? কবে থেকে আসবে ওরা পড়তে?

ফিক্ করে হেসে ফেলে কিংশুক।

- তুমি তো সব গতকালই বললে ঝরী, সকালেই কিভাবে ছাত্রী জোগাড় হয়ে যেতে পারে, বলো? নিশ্চই পাবো। তবে এত তাড়াতাড়ি কি হয়? প্রায় মাঝামাঝি সময়। সকলেই মাস্টারমশাইয়ের কাছে পড়া শুরু করে দিয়েছে। তবে হ্যাঁ কিছু বিচ্ছু ছাত্র ছাত্রী থাকে যাদের ঘন ঘন মাস্টার বদলানোর দরকার হয়। তেমন কিছু ছাত্র ছাত্রী তোমার জুটে যেতে পারে। আর একবার যদি তুমি ঐরকম বিচ্ছুদের বশে এনে পড়াশোনা শেখাতে পারো, তাহলে রাজ্যের বিচ্ছুদের মায়েরা তোমার কাছে পড়তে পাঠাবে। তখন জগৎ জুড়ে বিচ্ছুদের দিদিমণি বলে তোমার খ্যাতি ছড়িয়ে পড়বে।

কপট রাগ দেখিয়ে নির্ঝরী বলে,

- ঐজন্যই ভাল্লাগে না। একটা কথা জিজ্ঞেস করলাম, তুমি ফাজলামি শুরু করলে। আর কোথা থেকে কোথায় নিয়ে গেলে কথাটা? সরো, সরে যাও।

বলেই অভিমান করে কিংশুককে ঠেলে সরিয়ে শুয়ে পড়লো বিছানায়।

- রাগ কোরোনা ঝরী। আমিও চাই তুমি পড়াশোনার চর্চায় থাকো। ঠিক পেয়ে যাবো তোমার ছাত্রী। একটু অপেক্ষা করো।

কিছুক্ষণ পরে কিংশুক পড়াতে বেরিয়ে যায়। নির্ঝরী মাকে ফোন করে। বাড়ির সকলেই একবার করে ওর সঙ্গে কথা বলে নেয়। বিছানা টানটান করে গুছিয়ে কলঘরে গেল গা হাত ধুতে। ছাদে গিয়ে শুকোতে দেওয়া জামাকাপড় তুলে নিয়ে ভেজা গুলো ব্যালকনিতে মেলে দেয়। ব্যালকনির উপরে ছাদ আছে তাই জামাকাপড় তোলার দরকার হবে না। রাতে হাওয়ায় শুকিয়ে যাবে। চুলটা বেঁধে, হাত ধুয়ে তুলসী তলায় প্রদীপ জ্বেলে শাঁখ বাজায়। চা করে শ্বশুর শাশুড়ি আর নিজের জন্য।

মনটা কেমন যেন আজ উদাসী হয়ে আছে। ছাদে গিয়ে বসলো। চাষাবাদই এথানকার মানুষের প্রধান জীবন জীবিকা। তবুও বিশ্ববিদ্যালয় এথান থেকে কাছে হওয়ায় এথানকার মানুষের মধ্যে

শিক্ষার হার অনেক বেশি। সদ্য আঁধার নেমেছে। সবাই এ সময় কাজ সেরে ঘরে ফিরছে। বাসায় ফিরেছে পাখীরা। দূরের সাঁওতাল পাড়া থেকে মাদলের আর সাঁওতালি বাঁশীর সুর ভেসে আসছে। সাঁওতালরা এখানে মানুষের জমিতে মজুরের কাজ করে। ওদের মেয়েরাও তাই করে। জীবিকার খোঁজে ওদের কোনো পূর্বপুরুষ এখানে এসে বসতি গড়েছিল। সাঁওতালি সুরে নির্ঝরীর মন যেন আরও উদাস হয়ে ভেসে যায় অজানায়।

সমস্ত মন জুড়ে একটাই চিন্তা যেভাবেই হোক ছাত্রী জোগাড় করতে হবে। পড়ানো আরম্ভ করতে হবে। রাতের রান্না বাকী। তাড়াতাড়ি নিচে নেমে আসে সে।

প্রাত্যহিক সকল কাজের মধ্যে নির্ঝরী অপেক্ষায় থাকে কখন কিংশুক তার জন্য ছাত্রীর খবর এনে দেবে। সপ্তাহ খানেক পরে একদিন বিকেলে কিংশুক পড়াতে চলে যাবার পরে নির্ঝরী নিজের ঘর থেকে শুনতে পেলো শাশুড়ি মা ডাকছেন,

- বৌমা বৌমা তাড়াতাড়ি এসো।

নির্ঝরী কিছু না বুঝেই তরতরিয়ে নেমে এলো। দেখলো একটি বছর দশেকের মেয়েকে সঙ্গে নিয়ে একজন ভদ্রমহিলা দাঁড়িয়ে আছেন শাশুড়ি মায়ের পাশে। নির্ঝরী বসার জন্য আসন পেতে দিলো। বনানী বললো,

- ইনি সম্পর্কে তোমার কাকীমা হবেন। আমাদের বাড়ির পিছনদিকে কয়েকটা বাড়ি পরেই ওদের বাড়ি।

ভদ্রমহিলা বললেন,

- বৌমা এই আমার মেয়ে, ক্লাস ফাইভে পড়ে। এই কটা দিন বাদ দিয়ে সামনের মাসের পয়লা তারিখ থেকে পড়তে আসবে।

নির্ঝরী মেয়েটিকে নাম জিজ্ঞেস করলো,

- তোমার নাম কি?

- অঙ্কিতা।

মেয়েটির মা বললো,

- অঙ্ক বাদে ও সব বই তোমার কাছে পড়বে। অঙ্ক করানোর জন্য বাড়িতে একজন মাস্টারমশাই আসেন। জানোই তো মা এখনকার ছেলেমেয়েরা সামনেনা বসলে কোনো বই-ই পড়বে না। তা সংসারের কাজ সামলে আমার অতোটা সময় কখন পাবো বলো? এ বরং ভালোই হলো বাড়ির কাছে তোমাকে পেলাম। আসি গো মা, পরে একদিন এসে গল্প করবো। দিদি আসছি গো। বলেই ভদ্রমহিলা মেয়েটিকে নিয়ে চলে গেলেন। নির্ঝরী খানিক স্বস্তি পেলো। মনে মনে বললো যাক একজন ছাত্রী তো পাওয়া গেল। হঠাৎ মনটা খুশিতে ঝলমল করে উঠলো। ঘরে এসে নিজের চুল বাঁধতে বাঁধতে মনে হোলো, কাছে তো ক্লাস ফাইভের সিলেবাস অনুযায়ী কোনো বই নেই। কিভাবে পড়াবে সে? এই চিন্তায় বেশ অস্থির হোলো মনটা। রাতে শোবার সময় নিজের ঘরে এসেই কিংশুককে বললো,

- আমি তো ফাইভের সিলেবাস জানি না। কিভাবে পড়াবো?

- ওহ্ অঙ্কিতা এসেছিলো? ওর মা গতকালই আমায় জিজ্ঞেস করলো,সব বিষয় পড়ানোর মাস্টার কোথায় পাওয়া যাবে? অঙ্কিতা বাড়িতে একদম পড়াশোনা করছেনা ইত্যাদি। ব্যস্ তোমার কথা বললাম আমি। কিন্তু তোমাকেই জানাতে ভুলে গেছি। ওরা খুব ভালো। মাইনেপত্র ঠিকঠাক দিয়ে দেবে। চাইতে হবে না। আর বইগুলো সব আমি স্কুলেই পেয়ে যাবো। ও নিয়ে তুমি

ভেবোনা। শান্তি হোলো? গুড নাইট সোনা।

কয়েকদিন পরে কুসুম নামের একটি ক্লাস সিক্সের মেয়ে আসে। দুজনের সিলেবাস অনুযায়ী সব বই জোগাড় করে দেয় কিংশুক। বাচ্চাদের পড়ানোর কৌশলও শিখিয়ে দেয়। নির্ঝরী বাধ্য ছাত্রীর মতো মন দিয়ে শিখে নেয় সব কৌশল। সংসারের সব কাজের ফাঁকে ওদের সিলেবাস অনুযায়ী পড়াশোনাও করে নেয় একটু।

বনানী মুখে কিছু না বললেও মনে মনে একটুও খুশি হয়না। সংসারের কাজই ঠিকমতো হয়ে ওঠে না আবার ছাত্রী পড়াবে ভাবছে। কিভাবে সামলাবে সেটাই দেখার জন্য অপেক্ষায় থাকে বনানী।

নির্ঝরীর আর সময় নেই শাশুড়ির বেজার মুখের দিকে তাকিয়ে মন খারাপ করার। এক সপ্তাহ পর থেকেই পড়ানো আরম্ভ হবে। সংসারের দায়িত্ব সামলে কিভাবে পড়াবে তারই একটা পূর্ব প্রস্তুতি নিতে থাকে। সর্বদা শাশুড়ি মাকে শান্ত রাখার চেষ্টা করে। বনানীর মেজাজ যখন তখন পরিবর্তন হয়ে যায় সামান্য কারণেই। পরে নিজেকে সামলে নিলেও ভুল স্বীকার করে না, অথবা দুটো ভালো কথা বলে, ব্যাপারটা স্বাভাবিক করে নেওয়া, এসব পারে না, এসব করতে তাঁর আত্মসম্মান বাধা দেয়।

সত্যপদ অনুভব করে, তার মেয়েটা আগের মতো ফোন করছে না ঘনঘন। মনে মনে পরমেশ্বরকে জানায়, 'ঠাকুর ভালো রেখো সকলকে, তোমার লীলা বুঝি, এমন সাধ্য আমার কোথায় ঠাকুর। আমাকে নিশ্চিন্ত করো প্রভু। সকলের কল্যাণ হোক। আমার মেয়েটা সুখী হোক'। এরকম উৎকন্ঠায় সে সন্ধ্যাবেলায় নিজেই একবার ফোন করে নিরুকে। কথা বলে বুঝতে পারে এতদিনে তার মেয়ে লড়াইয়ের প্রস্তুতি নিচ্ছে। বিয়ের আগের দিনগুলোয় কেবল আনন্দ করে হৈহৈ করে কাটিয়েছে। জীবনে বাঁচতে গেলে যে প্রস্তুতি নেওয়ার প্রয়োজন তা কখনোই নেয়নি। ভাবতো সবকিছু বুঝি অনায়াসেই হয়ে যায়। সব কিছু অনায়াসে হয়ে যাবার পিছনে কতো মানুষের কতো অক্লান্ত পরিশ্রম আছে তা কখনো ভাবেনি। মেয়েটার কঠিন জীবনের শুরু হোলো। কষ্ট তো একটু হবেই। তবে জীবনকেও জানার সুযোগ পাবে। সত্যপদ একটা বড়ো শ্বাস ফেলে নিশ্চিন্ত হবার চেষ্টা করে।

এরপর থেকে নির্ঝরীর দিন শুরু হয় অত্যন্ত ব্যস্ততার মধ্য দিয়ে। সকালে উঠেই নিজের ঘর পরিষ্কার করে নেয় মোছার লাঠি দিয়ে। এরপর সকলের জন্য চায়ের জল বসায়। সকলকে চা দিয়ে, নিজে চা খেয়ে পড়াতে বসছিলো। কয়েকদিন এরকম করার পর বুঝতে পারলো, সকালে স্নান সেরে নিলে বাকী কাজগুলো অনেক সহজ হয়ে যায়। ঘুম থেকে উঠেই ঘর মুছে স্নানে যায়। স্নান সেরে, তুলসীতে জলদানের পর ধূপ জ্বেলে প্রণাম করে ঠাকুর ঘরে ফুল বাতাসা দিয়ে একবার চোখ বন্ধ করে শান্ত হয়ে বসে। এরপর চা করে সকলকে দিয়ে নিজে খেয়ে পড়াতে বসে। কিংশুক আর কৌশিক ছাতু গুলে খেয়ে পড়াতে যায়, যেহেতু ছাত্রের বাড়িতে চা খেতে হয়, তাই বাড়িতে চা খায় না। যাবার আগে কিংশুক শতরঞ্জি বিছিয়ে দিয়ে যায়, ঝরীর পড়ানোর জন্য। ছাত্রী এসে প্রথমে বাংলা ও ইংরেজী হাতের লেখার খাতা জমা দিয়ে, পড়তে থাকে। প্রত্যেক বিষয়ের জন্য আলাদা আলাদা খাতা আছে। নির্ঝরী এসে নতুন পড়া বুঝিয়ে দিয়ে ঐসব খাতায় নতুন পড়া থেকে যা যা প্রশ্ন আসতে পারে লিখিয়ে দেয়। ছাত্রীরা বাড়িতে গিয়ে পড়া তৈরি করে ঐসব প্রশ্নের উত্তর খাতায় লিখে আনে। এভাবেই ওদের সহায়িকা বই তৈরি হয়ে যায়। নতুন করে সহায়িকা বই কিনতে হয় না। প্রত্যেক অধ্যায়ের পড়া প্রশ্নোত্তর লেখা পর্ব শেষ হলে পরীক্ষা নেওয়া হয়। ব্যস্ হয়ে

গেল প্রত্যেক অধ্যায়ের পড়া পাকাপাকিভাবে। দেড় থেকে পৌনে দুই ঘন্টার মধ্যে পড়ানো শেষ করে রান্নাঘরে যায় শাশুড়ি মাকে রান্নায় সাহায্য করতে। কিংশুক এসেই ভাত খেয়ে স্কুলে যাবে।

বিনীতা পিসি প্রায় রোজই আসেন এ বাড়িতে। নতুন বৌমাকে আনাজ কুটে, শাক বেছে সাহায্য করে দেন। আসার সময় নিজের গাছের শাকপাতা, লাউ, কুমড়ো, পেঁপে যা থাকে নিয়ে আসতে ভোলেন না কখনও। বনানী প্রায় রোজই ধীমানের হাত দিয়ে রান্না করা তরকারি পাঠিয়ে দেয় ওর বাড়িতে। একা মানুষ, বেশীরভাগ দিন কেবল ভাতটুকুই ফুটিয়ে নেয়। তরকারী রান্না করতে হয়না, বনানী পাঠায়।

নির্ঝরী মাটীর উনুনে ভাত বসিয়ে শুনতে পেলো মোবাইলে রিং বাজছে। বাজুক, এখন ফোন ধরলে সব কাজের গণ্ডগোল হয়ে যাবে। মুড়ি খাবার জন্য উনুনে ঝাল ঝাল আলুর তরকারি ফুটছে। এখুনি শ্বশুরমশাই খেতমজুর পাঠাবেন এখান থেকে মুড়ি তরকারি নিয়ে যাবার জন্য। বড়ো বড়ো দু বোতল জল ভরে, একটা বড়ো পলিথিনে হিসেব করে মুড়ি বের করে রাখে। একটা বড়ো টিফিন ক্যারিয়ারে ঝাল আলুর তরকারি ভরে রাখে। এমন সময় শুনতে পেলো,

- বৌদি মুড়ি দাও।

কয়েকটা পেঁয়াজ কাঁচালঙ্কা দিয়ে সমস্ত গুছিয়ে রাখা মুড়ি, জল, তরকারী ক্ষেতমজুরকে দিয়ে দেয়। প্রথমদিকে এসব কাজ করতে বড়ো খটোমটো লাগতো। মফস্বলের মানুষের খাওয়ার পরিমাণ কম। অবাক হয়ে যেতো এতো মুড়ির পরিমাণ দেখে। দিতে পারতো না মন খুলে। তাই প্রথম প্রথম তার পাঠানো মুড়ি কম পড়তো। ধীমান দুবার লোক পাঠাতো মুড়ি নিয়ে যাবার জন্য। বুঝতো বৌমার অনভ্যাসের কারণ। নির্ঝরীদের আবাদ আছে অন্য জায়গায়। তবে সেসব চাষীদের সঙ্গে রফা করে দেওয়া আছে। চাষীরা ফসল বিক্রি করে টাকা পাঠিয়ে দেয়। ওবাড়ির কেউ চাষের কাজ জানেনা। বনানী ও নির্ঝরী একসাথে মুড়ি খেতে বসলো। নিজের পুকুর থেকে কিছু কলমী শাক তুলে নিয়ে বিনীতা এলো।

- কি গো মা, কি করছো সব।

- আসুন পিসিমা, বসুন।

তাড়াতাড়ি উঠে হাত ধুয়ে নির্ঝরী আসন বিছিয়ে দেয়। একটা পাত্রে মুড়ি দিয়ে বাটীতে তরকারি আর একগ্লাস জল দেয়। বিনীতা পরম নিশ্চিন্তে মুড়ি খেতে বসে।

দুপুরে খাওয়া দাওয়া সেরে নিজের ঘরে এসে মোবাইল খুলে দেখলো ও বাড়ি থেকে কাকিমা সকালে ফোন করেছিল। ফোন করতেই ওপাশ থেকে কাকিমা বলল,

- বল মা কেমন আছিস?

- ভালো। তোমরা কেমন আছো? সকালে বড্ড ব্যস্ততা থাকে তাই ফোন ধরা যায় না। এখন বলো কী বলবে, কোনো দরকারে ফোন করেছিলে?

- আমি তো ফোন করিনি রে মা। বোধহয় তোর বোন করেছিল।

মম বিছানায় শুয়েছিল। কথাবার্তা শুনে তড়াক করে বিছানা থেকে নেমেই মায়ের হাত থেকে খপাৎ করে ফোনটা কেড়ে নিলো।

- দিভাই, আমি ফোন করেছিলাম। তুই রবিবার আসছিস তো? আসবি কিন্তু। দাদাই কে নিয়ে ভোরবেলায় চলে আসবি। তোকেই কিন্তু সব রান্না করতে হবে, বলে দিলাম।

নির্ঝরী কিছুই বুঝে উঠতে পারেনা। এই সময় মিতা মমের হাত থেকে ফোনটা নিয়ে নেয়।

- আসলে এই রবিবার মমকে একটু পায়েস দেবো। ওর জন্মতারিখে পূজো দেওয়া আছে। মমের বাবা বাড়িতে থাকতে পারছেনা বলে পায়েস দেওয়া হয়নি। মমেরও রবিবার ছাড়া ছুটি নেই। এদিকে আবার বায়না দিভাই না এলে হবে না। তোমাদের রান্না আজেবাজে।

পাশ থেকে মম চীৎকার করে বলে,

- তুই না এলে কিন্তু জন্মদিন হবে না বলে দিলাম।

নির্ঝরী কাকিমাকে বলে,

- আসলে রোজ পড়ানো থাকে বলে কাচাকাচি ও অন্য বাড়তি কাজগুলো ঐ রবিবারই করতে হয়। সকালে স্নান করে নিতে হয় বলে নিজের ঘরটুকু কোনোরকমে মুছে নিই, ভালোভাবে পরিষ্কারও করতে পারিনা। রবিবারই একটু সময় নিয়ে এসব খুঁটিনাটি কাজ করতে হয়।

- দেখ না মা যদি আসতে পারিস। শুনলি তো বোনের কথা।

- আচ্ছা তোমার জামাইয়ের সঙ্গে কথা বলে জানাবো।।

- জানাবি আর কি? আয় মা, আয় আয়।

- হ্যাঁ হ্যাঁ আসতে তো চাই, মম না হলে দুঃখ পাবে। তবে তোমার জামাইকে জানাতে হবে একবার।

নির্ঝরী বারান্দা থেকে ঘরে এলো। কিংশুক পড়াতে বেরিয়ে যাচ্ছে।

- কার ফোন ঝরী?

সংক্ষেপে ঝরী সবটা বললো। কিংশুক উচ্ছ্বসিত হয়ে বললো,

- আরে চলো চলো। যেতেই হবে। যেভাবে হোক সব ম্যানেজ করে অবশ্যই যাবো।

- যেতেই তো চাই কিন্তু...

- কোনো কিন্তু নয়। আসছি পরে কথা হবে।

মনে মনে অত্যন্ত উৎফুল্ল হলো নির্ঝরী। যেতেই তো চাইছিলো সে। বাহ্ এখন আর কোনো বাধাই থাকলো না। কিংশুক মমকে খুব ভালোবাসে। তাই এখন কেবল সব কাজ আগে থেকে গুছিয়ে রাখতে হবে। শাশুড়ি মাকে কিংশুক জানাবে। সে বলতে গেলে অনেক বিপত্তি হবে। কিংশুক বলেছে আগেরদিন অর্থাৎ শনিবার বিকেলে গিয়ে রবিবার সন্ধ্যায় ফিরবে। তবু ভালো আগেরদিন থেকে জোগাড় করতে সুবিধা হবে। নাহলে দিনের দিন গিয়েই রান্না করতে বড্ড ধকল হবে। এরমধ্যে একদিন সন্ধ্যায় গিয়ে মমের জন্য গোলাপী আকাশী আর সাদায় মেশানো একটা খুব মিষ্টি দেখতে ফ্রক, আঁকার খাতা জলরঙ, আর কিছু চকলেট নিয়ে এলো। কিংশুক শনিবার পড়িয়ে বিকেলে তাড়াতাড়ি ফিরেই দুজনে রওনা দিলো দেবীপুরের দিকে। রাস্তায় একটা কেকের দোকান দেখে নির্ঝরী কিংশুককে বললো,

- একবার দাঁড়াও দাঁড়াও প্লীজ।

- এখন আবার দাঁড়াবো কেন?

- ঐ দোকানে যাবো।

কিংশুক বুঝতে পেরে রাস্তায় একপাশে বাইক থামায়।

- ঝরী তাড়াতাড়ি চলো।

- হ্যাঁ

দোকানে গিয়ে একটা বড়ো কেক আর কিছু পেস্ট্রি কিনে ওরা আবার রওনা দিলো। পৌঁছেই বুঝতে পারলো সবাই কতো অধীর হয়ে অপেক্ষা করছিলো। শুধুমাত্র বাইকে আছে, ফোন ধরতে

অসুবিধা হবে বলেই কেউ ফোন করেনি। পৌঁছেই সবাইকে প্রণাম করে নির্ঝরী বললো,

- মা আমি শুধু একটু চা খাবো। রাস্তায় আসতে আসতে মাথা ধরে গেছে। তাড়াতাড়ি রাতের খাবার খেয়ে শুয়ে পড়বো।

দিভাইয়ের আওয়াজ পেয়ে মম পড়া ছেড়ে তাড়াতাড়ি দোতলা থেকে নেমে এলো। প্রচণ্ড আনন্দ ওর চোখে মুখে। যাক দিভাই এসেছে মানে তার জন্মদিন ভালোমতোই হবে। দিভাই আর দাদাইয়ের সঙ্গে দেখা করেই আবার ছুটে নিজের ঘরে এসে প্রিয় বান্ধবী সোহিনীকে ফোন করলো।

- শোন্ আগামীকাল আমার জন্মদিন, আমার দিভাই এসে গেছে। তোর আমাদের বাড়িতে নেমন্তন্ন। আসবি কিন্তু। তোর মাকে বলে রাখ। এখন রাখছি। সকালে আঁকার ক্লাসে কথা হবে।

দৌড়ে আবার নেমে আসে মম। গোপনে দিভাইয়ের ব্যাগটা দেখে নিতে হবে, কি আনলো দিভাই ওর জন্য। দিভাই তো ওর থেকে এককাঠি উপরে চলে। এসেই তার ব্যাগ গোপনে তার মায়ের ঘরের খাটের নিচে রেখে এসেছে। এখন কিছু দেখানো হবে না। মম তাই কিছু খুঁজে পেলো না। কেবল একটা ভ্যানিটি ব্যাগ ছাড়া কিছুই নিয়ে আসেনি। কিছু নিয়ে এলোনা দিভাই তার জন্য? মনটা একটু খারাপই হোলো। আবার নিজেই নিজের মনকে সান্ত্বনা দিলো , যাকগে দিভাই নিজে এসেছে রান্নাগুলো তার মনের মতো হবে এই ভালো। কিছু আনেনি তো কি হয়েছে?

সকলে খুব তাড়াতাড়ি রাতের খাওয়া শেষ করলো। নির্ঝরী মাকে নিচতলায় দালানের আলো জ্বেলে রাখতে বলেছে। মম শুয়ে পড়ার পরে কল্যাণ, নির্ঝরী আর কিংশুক দালানে টেবিলের চারপাশে বেলুন রঙিন কাগজ দিয়ে সাজিয়ে ফেললো। দশটা মোমবাতি, আর কেক পেস্ট্রি চকলেট দিয়ে টেবিল সাজিয়ে রাখলো। রাত্রি বারোটা হবার পাঁচ মিনিট আগে ঘুমন্ত মমকে এনে চেয়ারে বসানো হোলো। সব মোমবাতি জ্বালিয়ে দেওয়া হোলো। কাঁটায় কাঁটায় বারোটায় সকলে সমস্বরে বললো 'হ্যাপি বার্থডে টু ইউ, হ্যাপি বার্থডে টু ডিয়ার মম, হ্যাপি বার্থডে টু ইউ'।

হঠাৎ সকলের মিলিত সুরে মম চোখ মেলে তাকালো। চোখের সামনে এমন ঝলমলে আয়োজন দেখে হতবাক আনন্দে ওর চোখ গুলো বড়ো বড়ো হয়ে মুখে নির্মল হাসি ভরে উঠলো। নির্ঝরী মমের জন্য আনা নতুন ফ্রকটা ওকে পড়িয়ে দিলো । মম এক ফুঁ দিয়ে দশটা মোমবাতি নিভিয়ে দিলো। কেক কাটা হলো। মম একটু খেলো বাকি কেক ফ্রীজে তুলে রাখা হলো। সবাই সবেমাত্র রাতের খাবার খেয়েছে তাই সকালে খাওয়া হবে। মম এবং বাকি সকলে খুব আনন্দ নিয়ে ঘুমোতে চলে গেল।

পরের দিন দুপুরের আগেই মমের প্রিয় বান্ধবী সোহিনী হাতে একটা সুদৃশ্য ছোট্ট উপহারের বাক্স, আর ওদের গাছের সদ্য ফোটা টাটকা লাল গোলাপ নিয়ে এ বাড়িতে এলো। মম ছুটে গিয়ে ওর হাত ধরে এনে চেয়ারে বসালো। মমের মা বললো,

- কই তুই তো বলিসনি বন্ধুকে নেমন্তন্ন করেছিস?

জিভ কেটে মম বললো,

- ইসস্ একদম বলতে ভুলে গেছি। কি হবে এখন? কিছু কম পড়বে গো?

এ কথা শুনে সকলে হেসে ফেললো। পরমা বললো,

- ভাত কম পড়তে পারে। দাঁড়া একহাঁড়ি ভাত আগে বসিয়ে দিই।

একথা শুনেই উপস্থিত সকলে হেসে উঠলো। মম বুঝতে পারলো না সে কি এমন ভুল বললো যে সবাই হাসছে। পরমা বললো,

- যা যা তুই বন্ধুর সঙ্গে গল্প কর গিয়ে। এসব তোকে ভাবতে হবে না। শিগগির যা।

নির্ঝরী তাড়াহুড়ো করতে গিয়ে হিমসিম খাচ্ছে। যদিও মা আনাজ কেটে দিয়েছে। কাকিমা মসলা করে দিয়েছে। বাকি সবকিছু হাতের কাছে প্রয়োজন মতো দিচ্ছে। মমের প্রিয় ডাব চিংড়ির জন্য ডাব, পাতুরির জন্য কলাপাতা এসব কল্যাণ কেটে দিয়েছে। এ বাড়ি শুধু নয়, সাধারণত বাঙালি পরিবারে জন্মদিনে পঞ্চব্যঞ্জন অর্থাৎ পাঁচ রকম তরকারি ও পায়েস বা পরমান্ন দেওয়া হয়। মমকে যখন খেতে দেওয়া হলো পায়েস সমেত সতেরো পদ হয়েছে। পাঁচ রকম ভাজা, শুক্তো, ডাল, পোস্তবড়া, ডাব চিংড়ি, ভেটকি পাতুরি, পোনা মাছের কালিয়া, চাটনি, স্যালাড, পাঁপড়, দৈ, রাজভোগ, আর পায়েস। মৃন্ময়ী চন্দন বেটে প্রদীপ সেজে রেখেছিল। মিতা মেয়ের কপালে চন্দনের ফোঁটা দিয়ে আশীর্বাদ করলো। একে একে বড়রা সবাই আশীর্বাদ করলো। পরমা প্রদীপ জ্বেলে শাঁখ বাজালো। কল্যাণ, কিংশুক ছবি তুললো যার যার মোবাইলে। মম এর পাশে সোহিনী বসলো। একে একে সবাই বসলো খেতে। খাওয়া শেষে কিংশুক একটু বিশ্রাম নেয়। নির্ঝরী প্রস্তুতি নেয় শ্বশুরবাড়ি যাবার জন্য। মম সোহিনীর সঙ্গে গল্পে মশগুল। সোহিনী বললো,

- এবার যাই রে। মা তাড়াতাড়ি ফিরতে বলেছে।

সোহিনী চলে যেতেই মম দেখলো দিভাই শাড়ি পরে চলে যাবার জন্য প্রস্তুত।

- কোথায় যাবি রে দিভাই?

- শ্বশুরবাড়ি।

- যাবি না দিভাই আজকে। প্লীজ যাস্ না।

পরমাও বললো,

- আজকের দিনটা থাকলে তো পারতিস।

- মা তুমিও ওর সঙ্গে তাল মেলাচ্ছো? তুমি জানো না থাকলে কি হবে? সকালেই পড়ানো আছে। সকালে গিয়েই তড়িঘড়ি সব কাজ সেরে পড়াতে বসা। কত অসুবিধা হবে তা জানো?

মম কথাগুলো শুনে আর কিছু বলতে পারলো না। মনটা খুব খারাপ হয়ে গেলো। সত্যিই তো সকালে গেলে দিভাইয়ের কতো কষ্ট হবে। বুঝতে পারলো দিভাই আর আগের মতো ভালো নেই। অনেক কষ্ট করতে হয়। সুবিধা অসুবিধা বুঝে চলতে হয়। আগের মতো নিজের ইচ্ছায় কিছু করতে পারে না দিভাই। মনে মনে বলে 'কেন গেলি রে দিভাই ওবাড়িতে, তাও আবার পাকাপাকিভাবে? তুই তো এ বাড়িতেই থাকতে পারতিস। শ্বশুরবাড়ি তো মাঝে মাঝে গেলে পারতিস। এখন যেমন এবাড়িতে মাঝে মাঝে আসিস সেরকম। এসময় নির্ঝরী ব্যাগ নিয়ে দোতলা থেকে নামে। মম ছুটে নেমে দেখলো দাদাইও প্রস্তুত। সোহিনী ছিল তাই জুতো জোড়া লুকিয়ে রাখার কথা মাথায় ছিলো না। রেখেও লাভ হতো না। দিভাইকে যেতেই হবে, এখন দিভাইয়ের অনেক কাজ।

ওরা দুজনে বড়দের প্রণাম করলো। কিংশুক আগে গিয়ে বাইকে বসলো। স্টার্ট দিলো। হঠাৎ মম হাউমাউ করে দিভাইয়ের কোমর জড়িয়ে কেঁদে উঠলো। সকলেরই মন খারাপ ছিল, এরকম পরিস্থিতিতে সকলের চোখেই জল এসে গেল।

- যাস্ না রে দিভাই, প্লীজ যাস্ না।

- কাঁদিস না সোনা, আমি আবার খুব তাড়াতাড়ি চলে আসবো।

হঠাৎ কিংশুক দেখতে পেলো ওদের কান্নাকাটি। সঙ্গে সঙ্গে বাইক ভিতরে রেখে উঠে এলো দালানে।

- কি হচ্ছে ঝরী? মমকে নিয়ে উঠে এসো শিগগির। আগামীকাল খুব ভোরে বেরিয়ে যাবো আমরা। মম উঠে এসো। কাঁদবে না আর। তোমার দিভাই যাবে না আজকে।

এরপর কিংশুক নিজে নেমে এসে মমকে কোলে তুলে নিয়ে বসালো এবংনিজের কোলে।

- চলো একটু পরে আমরা ঘুরতে বেরোবো। তুমি সেজেগুজে নাও। ঝরী শাড়ি বদলাতে হবে না। চলো মম আর কল্যাণ কে নিয়ে আমরা একটু ঘুরে আসি।

একফাঁকে কিংশুক বাড়িতে ওর মাকে ফোন করে ,আজকে ওরা ফিরতে পারছে না জানিয়ে দিয়েছে । এটাও জানিয়েছে আগামীকাল খুব ভোরেই ওরা পৌঁছে যাবে। একথা শোনার পর থেকেই বনানীর গজগজানি আরম্ভ হয়েছে, থামছে না কিছুতেই । ধীমান সামনে থাকলে ওর গজগজ করার সুখ খুব বেড়ে যায়। অন্তত: একটা মানুষকে তো পায় ওর ক্ষোভ জানানোর জন্য । ধীমান ছাড়া ওর বিদ্রোহের আগুন পোহানোর মতো আর কে ই বা আছে?

- জানতাম তেনারা আজ ফিরবেন না। কবেই বা দিনের দিন ফিরেছেন তেনারা? ওখানে গেলে তো ফিরতে ইচ্ছে হয় না। কত সুখ ওখানে। তা এলি কেন বাপু আমার সংসারে? বাপের বাড়িতে থাকলেই পারতিস। দুপুরে বেশি করে রান্না করে রাখলাম, ভাবলাম তেনারা আসবেন, রাতে কেবল একটু ভাত বসিয়ে নিলেই হবে। তা তেনারা তো ফিরলেন না। এসব ফ্রীজে তোলো এখন। আমার হয়েছে যতো জ্বালা।

ধীমান জানে বনানী কথায় কথায় অসহিষ্ণু হয়। এখন ওকে কিছু বুঝিয়ে বলতে যাওয়া বৃথা। খানিক গজগজ করতে করতে উত্তর না পেলে আপনিই চুপ করে যাবে।কি আনন্দ পায় কে জানে? হাসি, আনন্দ, এগুলো ওর মধ্যে ভগবান খুব কমই দিয়েছেন ।যদিও বিয়ের পর এবাড়িতে দুটি সন্তান লাভ ছাড়া, অন্য কোনো আনন্দের বিষয় ওর জন্য ঘটেনি। কেবল মা আর অল্পশিক্ষিত বোনেদের মানসিক উৎপীড়নে ব্যতিব্যস্ত হয়েছে। একদিকে ধীমানের মা আর বোনেরা, আর অন্যদিকে বনানী একা। বোনেদের বিয়ে হলেও শান্তি হয়নি। তখন ওদের জোর আরও বেড়ে গিয়েছিল। যখন যখন তারা বাপের বাড়ি আসতো তখনই শুরু হতো বিঁধিয়ে বিঁধিয়ে কথা শোনানো। শান্তশিষ্ট বনানী এভাবেই ধীরে ধীরে তিরিক্ষি হয়ে গেল । মা মারা যাবার পর সে উৎপীড়ন গেলো। তবে তিরিক্ষি বনানী তিরিক্ষিই থেকে গেলো। কিন্তু জায়গা কোথায় ওর তিরিক্ষি মেজাজ দেখানোর? মাঝে মাঝে মাথা গরম হলে ধীমানকেই শুনতে হয় সেসব চণ্ডীপাঠের মন্ত্র । ধীমানের চুপ করে থাকা ছাড়া আর উপায় কি? পুরুষের তো ঐ এক জ্বালা। সংসারে সমতা কখনোই থাকে না। মা বোনেদের পক্ষ বা বৌয়ের পক্ষ কোনোটাই নেওয়া যায় না। চুপ করে থাকতে থাকতে কখন যেন মেরুদণ্ডহীন খেতাব পাওয়া হয়ে যায়। মেয়েদের একসঙ্গে কথা বলতে গল্প গুজব করতে দেখা যায়, তবুও কোনো মেয়েই বোধহয় কোনো মেয়ের বন্ধু হয় না। এই দেখা গেল কত ভাব একসাথে গল্প গুজব করছে হাসিঠাট্টা করছে। আবার পরস্পর একটু আড়াল হলেই একে অপরের নামে নিন্দা করছে। উপরে উপরে বন্ধুত্ব দেখালেও একজন আরেকজনের সম্পর্কে কুৎসা রটাতেও ছাড়ে না। মেয়েদের মনস্তত্ব বোঝা বেশ কঠিন। বনানী তার শাশুড়ির কাছ থেকে কষ্ট পেয়েছে। আর এখন নিজেই শাশুড়ি হয়েছে। নিজেও বৌমাকে কথা শোনায় সামনে পিছনে সর্বত্র । তবুও বৌমার কপাল ভালো, তার কোনো ননদ নেই। না হলে শাশুড়ি ননদের দেওয়া মিলিত যন্ত্রণায় বৌমার কষ্ট অনেক বাড়তো। ভাবতে ভাবতে ধীমান বাজারে পৌঁছে যায়। রোজই আসে এখানে। বিভিন্ন লোকজনের সঙ্গে দেখা সাক্ষাৎ হয়। বাজার হাটের খোঁজ খবরও পাওয়া যায়। একটু গল্পগুজবও হয় পরিচিতদের সঙ্গে। ঘন্টাখানেক থাকে তারপর বাড়ি ফিরে আসে। আজকে বনানীর চড়া মেজাজের চড়া চড়া কথা শুনে এমনিতেই তার মেজাজটাও বিগড়ে আছে। ধীমান কে দেখে শচীন বললো,

- কি গো ধীমানদা ছেলে বৌমা ফিরেছে?

- কেন রে আমার ছেলে বৌমা না ফিরলে তোর কোন ঝোলটা পালাচ্ছে শুনি?

- কি ব্যাপার ধীমানদা রেগে আছো মনে হচ্ছে? তুমি তো কখনও এভাবে কথা বলো না। বসো বসো। রাগ করছো কেন? এমনিই জিজ্ঞেস করলাম। বসো, রাগ কোরো না।

- না রে মেজাজটা সত্যি ভালো নেই। আসলে এই সন্ধ্যায় ছেলে ফোন করে বললো ওদের কি যেন অসুবিধা হয়েছে আজকে ওরা ফিরতে পারবে না। আগামীকাল ভোরেই ফিরবে। ওদের দুজনেরই তো সকালে পড়ানো আছে।তাই খুব সকালেই ফিরতে হবে। রাতটুকুর তো ব্যাপার। তোর বৌদি ফোন রেখেই চণ্ডীপাঠ আরম্ভ করলো। শুনে কার মাথার ঠিক থাকে বল? বৌমা আমার থুউব ভালো। বিয়ের পর থেকে কোথাও বেড়াতে যায়নি। কেবল ঐ বাপের বাড়ি টুকুই কবার গেছে। সেখানে গিয়ে যদি একবেলা বেশিই থাকে তাহলে কোন মহাভারত অশুদ্ধ হবে শুনি? এখন তো শুনি বৌভাতের পরদিনই নতুন বৌকে নিয়ে ছেলেরা মধুচন্দ্রিমায় বেরিয়ে যাচ্ছে। আমার বৌমা তো লক্ষ্মী। এখনো পর্যন্ত কোথাও বেড়াতে যাবার নামটি করেনি।

শচীন বললো,

- তা হয়তো ঠিক। বৌমা সত্যিই লক্ষ্মীপ্রতিমার মতো সুন্দর। ওদের পরিবারও খুব ভালো। বরযাত্রী গিয়ে দেখে এসেছি। আমাদের সকলকে খুবই যত্ন আত্তি করেছেন ওনারা। আমাদের বৌমা খুব আদরের মেয়ে ওনাদের। তবে কি জানো ধীমানদা বৌদি ঠিকই করছে। একটু চাপে রাখা ভালো। আজকালকার মেয়ে তো? চাপে না রাখলে কোনদিন তোমার ছেলেকে নিয়ে টা টা বাই বাই হয়ে যাবে। আলাদা হয়ে সুখে থাকতে পারবে এই আশায়।

একথা শুনে ধীমান অসম্ভব রেগে গেলো। এমনিতেই বৌমার উপর বনানীর অসহিষ্ণুতা মানতে পারে না। শচীনের উপর সব রাগ গিয়ে পড়লো।

- বলি বৌমা না হয় আজকালকার মেয়ে। তা তুই কোন কালের ছেলে, যে নিন্দুকগিরি করতে বসলি? অতৃপ্ত আত্মা কোথাকার। সবসময় চাপে রাখলে কি আমার বাড়িতে বসে থাকবে? মানসিক যন্ত্রণা দিলে টা টা বাই বাই হয়ে যাবে না? পরের বাড়ির ভদ্র শান্ত মেয়ে দেখলেই চাপে রাখতে ইচ্ছে হয় তাই না? নিজের মেয়ের উপর এসব হলে নারী নির্যাতন বলে থানায় ছুটিস। আর অন্যের বাড়ির মেয়ে হলে চাপে রাখতে ইচ্ছে হয়। অন্যের বাড়ির মেয়ে তোদের জন্য ঘর ভর্তি আসবাব আনবে, গা ভর্তি গয়না আনবে, তোদের জন্য ভালো জামাকাপড় আনবে, দামি উপহার আনবে, আর বাবা মায়ের কোলজুড়ে আনন্দে থাকা মেয়েটা তোদের বাড়িতে এসে সকলকে সন্তুষ্ট রাখার চেষ্টা করবে, কিন্তু কারোরই স্নেহ পাবে না। সবাই তাকে চাপে রাখতে ব্যস্ত। তোদের বাড়ির ছেলেটা যখন শ্বশুরবাড়ি যায় তখন শ্বশুরবাড়ির লোকজন তাকে কতো ভালো করে খাওয়াতে পারে কতো বেশি যত্ন করতে পারে তার জন্য সদা ব্যস্ত থাকে। আসলে তোদের মতো কিছু কূটচক্রী মানুষের জন্যই পৃথিবীটা এতো খারাপ হচ্ছে ক্রমশঃ। তোদের জন্যই ভালো মেয়েদের এতো কষ্ট।

সকলে একসঙ্গে বললো,

- শান্ত হও, শান্ত হও ধীমানদা।

- আসলে তুমি শিক্ষিত মানুষ। তাই তোমার নিরপেক্ষ দৃষ্টি আছে। আমরা সামান্য মানুষ। চাষাবাদ করি। সারাদিন পরিশ্রম করে বাড়ি ফিরে বাড়ির বৌটার কথায় সব কিছু সিদ্ধান্ত নিতে হয়। নিজেদের নিরপেক্ষ সিদ্ধান্ত নেবার উপায়ও নেই। বিরুদ্ধে গেলে শান্তি নষ্ট ছাড়া কিছু নয়।

সারাদিনের পরিশ্রমের পর বাড়ি ফিরে সবাই একটু শান্তিই চাই। একে তো বাজার হাটের যা অবস্থা সংসার চালানোই নাজেহাল অবস্থা। বুদ্ধি আর নতুন করে কাজ করে না গো ধীমানদা। গতানুগতিক ভাবেই চলে।

- বসো বসো ধীমানদা। সবাই মিলে একটু চা খাই।

ধীমান শান্ত হয়, সামনের চা দোকানে গিয়ে সবাই মিলে বসে। সবাই মিলে চা খেতে খেতে কথা বলে। ধীমান বললো,

- বৌমা আমার বড্ড ভালো। মফস্বল থেকে এই গ্রাম্য পরিবেশে এসে কতো চেষ্টা করছে মানিয়ে চলার। চুপচাপ সাধ্যমতো নিজের কাজ নিয়ে থাকে। যেন শিল্পীর মতো নিখুঁত তার কাজকর্ম। আমার ঘর আলো করে থাকে বৌমা। কোনো বায়না নেই, কোনো আকাঙ্ক্ষা নেই। আমার ছেলে যা বলে সেভাবেই চলাফেরা করে। শাশুড়ি যা বলে সাধ্যমত চেষ্টা করে, সেসব কাজ গুছিয়ে করে দেবার। বৌমার বাবা মা কখনো আমাদের উপর কিছু বলেনি। ওনারা অত্যন্ত ভদ্র মানুষ।

উপস্থিত সকলেই একযোগে বললো

- হ্যাঁ হ্যাঁ জানি জানি। আমরা তো গিয়ে দেখে এসেছি। সত্যিই খুব সুন্দর। সত্যিই ওনারা সবাই খুব ভালো মানুষ।

মৃন্ময়ী খুব ভোরে উঠে চা করে নির্ঝরীকে ডেকে দেয়। সঙ্গে কিংশুকও উঠে পড়লো। হাত মুখ ধুয়ে ওরা তাড়াতাড়ি চা খেয়ে প্রস্তুত হয়ে যায়। মৃন্ময়ী আজকেও টিফিন বক্সে কিছুটা ফল কেটে, কিছু মিষ্টি দিয়ে ভরে নিরুকে দিলো।

- নিরু বাড়ি গিয়ে তুই একটু খাবি, কিংশুককে একটু দিবি। খালি পেটে পড়াতে বসে যাবি না, কিংশুকও যেন খালি পেটে পড়াতে না যায়।

পরমা আর সত্যপদ ওদের সামনে এলো। সকলকে প্রণাম করে তাড়াতাড়ি বেরিয়ে গেল। কাকু কাকিমাকে আর ডাকলো না। মম উঠে পড়লে মুশকিল হবে যেতে।

11

পর্ব – ১১

শ্বশুরবাড়ি এসে নির্ঝরী স্নান সেরেই পড়াতে বসেছে । কিংশুকও মুখে কিছু দিয়েই পড়াতে চলে গেছে। নির্ঝরী যখন রান্না ঘরে ঢুকলো তখন বুঝতে পারলো শাশুড়ি মায়ের মেজাজ ঠিক নেই। অনেকবার জিজ্ঞেস করেও কি রান্না হবে উত্তর পেলো না। অগত্যা ফ্রীজ খুলে দেখে নিয়ে নিজের মতো রান্না বসালো। বেশি কিছু রান্না করতে হয়নি। গতকালের অনেক রান্নাই ফ্রীজে ছিল। তাড়াতাড়ি রান্না খাওয়া শেষ করে রবিবারের বরাদ্দ জামাকাপড় কাচতে বসলো । ছাদে ভেজা জামাকাপড় মেলে দিয়ে এসে , শাড়িটা বদলে একটু শুয়ে পড়লো। সঙ্গে সঙ্গে গভীর ঘুমে চোখ যেন জুড়ে এলো তার। আজকে কিংশুক ওকে না জাগিয়েই পড়াতে চলে গেছে। সন্ধ্যা নেমে এসেছে। তাড়াতাড়ি উঠে কলঘরে যায়। কলঘর থেকেই শাঁখের আওয়াজ শুনতে পেলো। শাশুড়ি মা সন্ধ্যা প্রদীপ জ্বেলে দিয়েছেন। নির্ঝরী কলঘর থেকে বেরিয়ে শুদ্ধ বস্ত্রে কম্বলের আসনে বসে পরমেশ্বরের কাছে সকলের জন্য প্রার্থনা করে। 'হে প্রভু সকলের মঙ্গল করুন' 'সকলকে শুভ বুদ্ধি দিন' 'সকলকে সৎ পথে চালিত করুন'

ধীমান বসে আছে। নির্ঝরী রান্নাঘরে আসতেই বললো,

- মা তোমার চায়ের জন্য বসে আছি। প্রায় তিনদিন তোমার তৈরি চা পাইনি বৌমা।

- বাবা তাহলে কি আপনার জন্য তিন কাপ চায়ের জল নেবো?

- না না বৌমা তিন কাপ কেনো। এক কাপই দেবে। তিনদিন খাইনি বলে বলছো মা? তা হোক, এক কাপই দেবে।

তাড়াতাড়ি চা করে শ্বশুরমশাইকে চা দেয়। বাটিতে সামান্য মুড়ি চানাচুর দেয়। শাশুড়ি মাকেও চা আর চানাচুর মাখা মুড়ি দিয়ে আসে। নিজে মুড়ি চা নিয়ে বসতে যাবে এমন সময় মোবাইল বাজলো। বাজুক। আগে সব কাজ গুছিয়ে তবেই ফোন ধরবে সে। এখন ফোন ধরলে সব কাজের দেরি হয়ে যাবে।

সত্যপদর কপালে চিন্তার ভাঁজ পড়লো। পৌঁছে ফোন করে নি মেয়েটা। জামাই এসময় ছাত্রদের পড়াচ্ছে। তাকে ফোন করে বিরক্ত করা ঠিক হবে না। বিকেলে ফোন করলাম , এখন ফোন করলাম, ফোনটা নিক্ ধরছে না কেন? ও তো যথাসময়ে ফোন ধরে। ও বাড়িতে কোনো অশান্তি হোলো কি? দেখা যাক অপেক্ষা করে।

বনানী এখন যদি বৌমার সঙ্গে কথা বলে তাহলে সে নিজেকে সামলাতে পারবে না। দুচারটে রুক্ষ কথা মুখ দিয়ে বেরিয়ে আসবে, বনানী তাই চুপ করে শান্ত থাকার চেষ্টা করছে। শাশুড়ি মায়ের নীরবতায় নির্ঝরীর বড্ড খারাপ লাগছে। একবেলাও বাপের বাড়িতে বেশী থাকা যাবে না? থাকলেও শাশুড়ি মায়ের আপত্তি? এটা কি খুব বড় অপরাধ? নাহলে চুপ করে থেকে কিসের শাস্তি দিচ্ছেন উনি? বিয়ের আগে পান থেকে চুন খসার আগেই সে নিজেই কত চীৎকার চেঁচামেচি করেছে সবার উপরে। সকলকে দাবিয়ে রাখতো। তার সিদ্ধান্ত ঠিক এটা মানতে বাধ্য করতো সকলকে। অত্যন্ত আত্মবিশ্বাসী ছিলো সে। বিয়ের পর শ্বশুরবাড়িতে রাণীর মতো থাকবে এটাই ওর বিশ্বাস ছিলো। মঞ্চে না উঠলে শিল্পী বা অভিনেতা যেমন জানতে পারে না যে মঞ্চে দাঁড়ানোর অনুভূতিটা কেমন, তেমনি বিয়ে না হলে সে জানতে পারতো না কল্পনা আর বাস্তবে কতো তফাৎ। এই কদিনে সে বুঝেছে তর্ক নয়, বরং শান্ত হয়ে নীরবে কর্তব্য করে যাওয়াই শ্রেয়। একথা মনে হতেই বুকের ভিতরটা ভারী হয়ে আসে তার। হয়তো এর মধ্য দিয়েই পরমেশ্বর তার কল্যাণ করছেন। তার কল্যাণের জন্যই এরকম কঠিন পরিস্থিতিতে ফেলেছেন। মানুষ জানে না সে কত অসীম শক্তিশালী। কঠিন পরিস্থিতিতে পড়লে তা থেকে মুক্তি পাবার জন্য তার বুদ্ধিমত্তা, বুদ্ধি কৌশল, ধৈর্য্য ইত্যাদি অসীম শক্তিগুলোর স্ফুরণ ঘটে। তাই কঠিন বা জটিল পরিস্থিতি মানুষের জীবনে কল্যাণকেই ডেকে আনে। কিংশুক যদি প্রতিষ্ঠিত হয়ে বিয়ে করতো তাহলে শাশুড়ি মায়ের এধরনের ব্যবহারে অসহিষ্ণু হয়ে সে হয়তো অন্য কোনো বাড়ি কিনে চলে যেতে অথবা এই বাড়িতেই পৃথকভাবে থাকতে বাধ্য করতো কিংশুককে। হয়তো তার সহনশীলতা, ধৈর্য্য, ইত্যাদি শুভ গুণগুলোর শ্রীবৃদ্ধি করার জন্যই পরমেশ্বর এমন পরিস্থিতির সম্মুখীন করেছেন। ভাবতে ভাবতেই একটা দীর্ঘশ্বাস পড়লো তার। দীর্ঘশ্বাস সবসময় দুঃখের কারণে পড়ে না। পরমেশ্বরের লীলা বা সংকেত বুঝতে পারলে, স্বস্তিতেও মানুষের দীর্ঘশ্বাস পড়ে। এটা তার নিশ্চিন্ত হবার বা স্বস্তির দীর্ঘশ্বাস।

প্রায় নীরবতার মধ্য দিয়েই রাতের রান্না খাওয়া, এবং অন্যান্য কাজ সাঙ্গ হলো। এই নীরবতার মধ্যে কিংশুক মোটামুটি সবই অনুমান করতে পারে। প্রথমদিকে ঝরীর প্রতি তার মায়ের এরকম ব্যবহারে সে খুবই সঙ্কুচিত থাকতো। এখন হয়তো ঝরী নিজেই কিছু বুঝেছে তাই মেনে নিয়েছে, আগের মতো আর অভিযোগ করে না। কিন্তু কিংশুক মনে মনে দুঃখই পায়। মনে মনে বলে 'ঝরী প্লীজ ক্ষমা করো আমায়, আর কিছুদিন অপেক্ষা করো, প্লীজ আর একটু সময় দাও আমাকে, তারপর সব ঠিক হয়ে যাবে, তুমি মিলিয়ে নিও'। কথাগুলো মুখ ফুটে বলতে পারে না। সামনে যে এখনো কোনো আলো সে দেখতে পাচ্ছে না। রোজ রাতেই নির্ঝরী রুমে এসে কলঘরে গিয়ে রান্নাঘরের তেল মশলা লাগা জামাকাপড় বদলে নেয়। আজকে ও নিলো। মোবাইল হাতে নিয়ে বারান্দায় গেলো। ওবাড়ি থেকে বাবার অনেক মিসড্ কল। মনে পড়লো এখানে ফেরার পর ও বাড়িতে একবারও ফোন করা হয়নি। বাড়ি ঢোকার পর থেকে যেন ঘোরদৌড় চলছে। বাবা হয়তো দুশ্চিন্তা করছে। আবেগপ্রবণ হয়ে গেল সে। মুহূর্তের মধ্যেই সব পারমার্থিক অনুভবগুলো কোথায় উড়ে চলে গেল তার। আবার যেন কিশোরী হয়ে গেল। আজকে সারাদিনের মন খারাপ গুলো মাথায় ভিড় করে এলো। রাত্রি এখন দশটা। ওবাড়িতে এখন সবাই জেগে। শোওয়ার এখনো একঘন্টা দেরি আছে ও বাড়িতে।

- হ্যালো, কি রে নিরু আজ ফেরার পরে একটিবারও ফোন করলি না যে? আমি এতোবার ফোন করলাম তাও ধরলি না। কোনো অসুবিধা হয়েছে?

নিরু সারাদিনের কাজের খসড়া বাবাকে শোনায়।

- পরের পর কাজগুলো করার পর দুপুরে বড্ড ঘুমিয়ে পড়লাম তাই আমারও ফোন করা হয়নি। দুদিন বাড়ি ছিলাম না তাই সন্ধ্যার পরেও কিছু বাড়তি কাজ জমা হয়ে ছিলো। সেগুলো সারতে হলো। তারপর রাতের রান্না।

সত্যপদ নিশ্চিন্ত হয়ে একটা দীর্ঘশ্বাস ফেলে। যাক্ মেয়েটা তাহলে মানুষ হবার লড়াইয়ে নিজের অজান্তেই নেমে পড়েছে। এ বাড়িতে যা কোনোভাবেই সম্ভব ছিলো না। পরিস্থিতিই ওকে মানুষ করুক।

কিছুক্ষণ থেমে নির্ঝরী আবার বলে,

- বাবা তুমি জানো আমার শাশুড়িকে। বাড়ি ঢোকার পর থেকেই দেখছি তাঁর মুখে কোনো কথা নেই, কোনো হাসি নেই, তিনি গম্ভীর হয়ে আছেন। কতবার কথা বললাম কোনো উত্তর নেই। মাঝে মাঝে বড্ড খারাপ লাগছে বাবা।

বলতে বলতেই ঝরঝর করে কেঁদে ফেললো, কান্না ভেজা গলায় বললো,

- মাঝে মাঝে মনে হয় ছুটে চলে যাই ও বাড়িতে। তুমি আমাকে প্লীজ নিয়ে যাও বাবা। আমি আর পারছিনা। প্লীজ নিয়ে যাও। কী ভেবেছিলাম কি হলো। ভাবতাম বিয়ের পর সুন্দর করে সংসার করবো। এখনো পর্যন্ত এই মানুষগুলোর মনের মতোই হতে পারলাম না। কিভাবে যে সকলে খুশি হবে তাই বুঝে উঠতে পারলাম না। সকাল থেকে সব কর্তব্যই তো করি। তার উপর পড়ানো থাকে। দুপুরে ঘন্টা খানেক আর রাতটুকু অবসর মেলে। তাও রাতের বেলায় আগামীকালের কাজের চিন্তা করতে করতে ঘুমানো। এর পরেও যদি বাড়ীর মানুষগুলো আমার প্রতি অসন্তুষ্ট থাকে তাহলে বলো কেমন লাগে?

-ও বাড়িতে তোর ভালো লাগছে না বলছিস? বিয়ের আগে তুই ভালো ছিলি বলে মনে হচ্ছে?

আবারো কেঁদে ফেলে নির্ঝরী,

- ওখানে স্বাধীনতা ছিলো, আনন্দ ছিলো। এখানে কোনো স্বাধীনতা, আনন্দ নেই বাবা।

সত্যপদ খুব শান্ত গলায় ধীরে ধীরে বললো,

- কিন্তু মনে করে দ্যাখ নিরু বিয়ের আগে তুই অন্য কথা বলতিস, মনে পড়ে ? বলেছিলি কবে যে এবাড়ি থেকে যেতে পারবো তবে শান্তি পাবো। এখন তো এবাড়ি থেকে বেরিয়ে তোর পছন্দ মতো জায়গায় গেছিস। যেখানে গিয়ে তুই শান্তি পাবি বলেছিলি। এখন সেখানে গিয়ে দেখলি শান্তি নেই, তুই শান্তি পাচ্ছিস না সেখানে, তাই তো? তাহলে শান্তি কোথায় আছে বলতে পারিস মা?

আরও হাউ হাউ করে কেঁদে উঠলো নির্ঝরী। বললো,

- জানি না বাবা। আমি জানি না। তুমি নিয়ে যাও আমাকে। আমি আর এখানে থাকতে পারছি না বাবা।

- আসলে এ বাড়িতে সকলকে দাবিয়ে রেখে আনন্দ, স্বাধীনতা এসব উপভোগ করেছিস। কখনও জানার চেষ্টা করিসনি তোর আনন্দের জন্য, স্বাধীনতার জন্য অন্য কারও অসুবিধা হচ্ছে কিনা, কেউ দুঃখ পাচ্ছে কিনা। নিজের সুখ আনন্দের কথা ভেবেছিস শুধু। তাতেও এবাড়িতে তোর শান্তি ছিল না। এ বাড়ি থেকে বেরিয়ে গেলে শান্তি পাবি ভেবেছিলি। গিয়ে দেখলি ও বাড়ির মানুষগুলোকে দাবিয়ে রাখা যাচ্ছে না। তাই শান্তি পাচ্ছিস না, কি রে মা তাইতো?

- বাবা তুমি এমন করে বলছো? আমার কষ্ট কি তোমার কষ্ট নয় বাবা? আমি ও বাড়িতে কি এভাবে অভ্যস্ত ছিলাম বাবা? সম্পূর্ণ নতুন জায়গা। মানুষগুলোও নতুন। সকলের মনোমতো হওয়া এতো কঠিন আমার কি এ ধারণা ছিলো বাবা? আমি তো সকলের কথা শুনেই চলি। আমি

তো কখনো শাশুড়ির বিরুদ্ধে যাইনি। তবুও তিনি কিছুতেই সন্তুষ্ট নন আমার উপর।

- আসলে তুই কাউকে কখনো সন্তুষ্ট করতেই চাসনি। তুইও কিছুতেই সন্তুষ্ট নয় । না এবাড়িতে, না ও বাড়িতে। নিজের ইচ্ছায় যা খুশি করেছিস। সবসময় বান্ধবীদের নিয়ে হৈহৈ। বাড়ির সকলের সবসময় এসব ভালো লাগে কিনা তাও কখনো ভাবিসনি। সুন্দর করে সংসার বলতে তুই কি বুঝিস বল? শুধু নিজের পছন্দমতো রান্না করে খেতে , ঘুরতে পারলেই সুন্দর সংসার করা হোলো? সংসারের প্রত্যেক মানুষ আনন্দে থাকলে তবেই সংসার সুন্দর হয়, সুখের হয়। তার জন্য অনেক ত্যাগ স্বীকার করতে হয়। আর তুই তো স্বার্থপরের মতো কথা বলছিস। আগে এবাড়ি ভালো ছিলোনা এখন ওবাড়িতে গিয়ে দেখলি ওটাও ভালো না। নিজেকে না বদলালে, সকলকে ভালোবাসতে না পারলে, সকলকে সম্মান করতে না পারলে শ্রদ্ধা করতে না পারলে পৃথিবীর কোনো জায়গাই তোমার জন্য নয়। পরিবেশে নিজেকে খাপ খাওয়াতে জানতে হয়। সব পরিস্থিতি স্বীকার করে নিতে হয়। নিজের বুদ্ধিমত্তা দিয়ে নিজের জায়গা নিজেকে তৈরি করে নিতে হয়। গড্ডলিকা প্রবাহে গা ভাসালে তুমি নিজেই ভেসে যাবে , কূলকিনারা পাবে না কোথাও। পৃথিবীকে ভালোবাসতে পারলে তবেই পৃথিবী সুন্দর জায়গা, ঠিক স্বর্গের মতোই। পৃথিবীকে ভালোবাসতে না পারলেই কঠিন জায়গা। আসলে স্বর্গ, নরক বলে আলাদা কোনো জায়গা নেই রে মা। তুমি আন্তরিক ভাবে সুন্দর হলে পৃথিবীই স্বর্গ। আর তুমি যদি আন্তরিক ভাবে দুর্বিনীত হও তাহলে পৃথিবীই তোমার কাছে নরকের মতো।

নির্ঝরীর চোখ দিয়ে নিঃশব্দে জল পরে ঝরঝর করে। বাবাও কতো কঠিন হয়ে কথা বলছে তার সঙ্গে। মনে হচ্ছে এই জগৎ সংসার একটা অথৈ সমুদ্র। সত্যিই তো বিয়ের আগে কত জিদ করে সমস্ত কাজ করতো। কখনো কাউকে জিজ্ঞাসা করার প্রয়োজনও বোধ করেনি সে। কখনো কারো জন্য ভেবেও দ্যাখেনি। খানিক অনুশোচনা হলো তার।

সত্যপদ বললো বটে কিন্তু কষ্টও হচ্ছে নিজের ভিতরে। মনে মনে বললো আমায় ক্ষমা করিস মা, ক্ষমা করিস। আমাকে যে কঠিন হতেই হবে। না হলে সারাজীবন নিজের সুবিধা স্বাচ্ছন্দ্য না পেলেই অভিযোগের পাহাড় জমাবি। নিজের বুদ্ধিমত্তা দিয়ে সমস্যার সমাধান করতে শিখতে হয়। অভিযোগ করতে করতে ওটাই না হলে অভ্যাসে পরিণত হবে। তাই কঠিন হয়ে কঠিন কথা গুলো বলতে হোলো। নিজেকে খানিক শান্ত করে সত্যপদ মেয়েকেও শান্ত করতে চাইলো। বললো,

- নিরু, মা পূজোর যদিও কদিন দেরি আছে তবুও আগে থেকেই বলে রাখলাম, কটা দিন আগেই চলে আসিস। কিংশুককে জানিয়ে রাখিস। ও যেন পূজোর কদিন আগেই তোকে এখানে রেখে যায়। সাবধানে থাকিস। শান্ত থাকিস। নিজের প্রয়োজনীয় কাজকর্ম কর। ধীরে ধীরে সব পরিস্থিতি অনুকূল হয়ে যাবে। শাশুড়ি মা চুপ করে আছেন থাকতে দাও। মন শান্ত হলে নিজের থেকেই ঠিক কথা বলবেন। যা শুয়ে পড়, রাত করিস না মা।

তন্দ্রার মধ্যে কিংশুক পাশ ফেরে। হাত লাগতেই বুঝতে পারে ঝরী এখনো শোয়নি। ঘুমানোর আগে বারান্দায় যেতে দেখেছিলো তাকে। এখনো ওখানেই দাঁড়িয়ে আছে? মায়ের ব্যবহারে মন খারাপ বলে কষ্ট পাচ্ছে?

- ঝরী, ঝরী তুমি কি শোবে না আজ? ওখানেই থাকবে? কি করছো অন্ধকারে? তুমি কি আকাশের তারা গুনছো?

তাড়াতাড়ি ফোন রেখে ঘরে এলো নির্ঝরী।

এসময় ছোটবেলার একটা ধাঁধা মনে পড়লো কিংশুকের । ঝরী ঘরে ঢুকলে বললো,

- বলোতো ঝরী,

"এক নৌকা সুপারি,

গুনতে পারে না ব্যাপারী" এর মানে কি?

- এ তো সহজ "আকাশের তারা" ।

- আমার কাছে আরও একটা উত্তর আছে। তোমাকে দেখে উত্তরটা মনে এলো।

- কি?

- "মানুষের দুঃখ" । মানে আমার ঝরীর দুঃখ। যেটা আমি গুনে শেষ করতে পারছি না। মুখটা সকাল থেকে যেন ভাদ্র মাসের হাঁড়ি গাছের তালের মতো করে রেখেছো।

ফিক্ করে হেসে ফেললো নির্ঝরী । কিংশুক আরও বললো,

- দুঃখ তো থাকবেই ঝরী, প্রত্যেক মানুষের জীবনেই দুঃখ আছে। ঝরী নিজের কাজে যদি ডুব দাও তাহলে দুঃখ নিয়ে বিলাসিতা করার আর সময় পাবে না । ইচ্ছেও থাকবে না দুঃখ নিয়ে বিলাসিতা করার। মানুষের জীবনে অনেক রং থাকে। দুঃখ একটা রঙ, যে রঙ নিয়ে বিলাসিতা করলে সেই রঙ তোমাকে আচ্ছন্ন করবে, তোমার আন্তরিক শক্তিকে দমিয়ে রাখবে। তাই তুমি কখনো দুঃখ নিয়ে বিলাসিতা করবে না। বুঝেছ রাজকন্যে ? নাও এবার ঘুমিয়ে পড়ো ।

সত্যপদও ভারাক্রান্ত মন নিয়ে বিছানায় যায়। সে আজ বুকে পাথর চাপা দিয়ে তার আদরের মেয়েকে কঠিন কথাগুলো বলে ফেলেছে। না হলে যে কিছুই রক্ষা হয় না। কষ্ট হলেও সুযোগের সদ্ব্যবহার করতে পেরেছে সে। মেয়ের বাবা হওয়া বড়ো যন্ত্রণার। গলার কাছে যেন যন্ত্রণাটা দলা পাকিয়ে আছে। 'হে প্রভু মঙ্গল করুন , সকলের মঙ্গল করুন'।

এই তো ঝলমলে রোদ্দুর ছিল হঠাৎ আকাশ কালো হয়ে গেল? ও হো ঝড় উঠলো। কি প্রচণ্ড ঝড়। কিছুই যে দেখা যাচ্ছে না ঠিক করে। চোখ খুলে তাকানো যাচ্ছে না। চোখে মুখে ধূলোবালি ঢুকে যাচ্ছে। ফাঁকা মাঠে আর দাঁড়ানো ঠিক না, বাজ পড়ার সম্ভাবনা রয়েছে। বাড়ির দিকে দৌড়োলো নির্ঝরী। দৌড় দৌড় দৌড়, তবুও রাস্তা কেন কমছে না ? বাড়ি আর কতো দূরে ? বড়ো বড়ো বৃষ্টির ফোঁটা পড়তে আরম্ভ হয়েছে , সঙ্গে তুমুল ঝড় চলছেই । দৌড়ে দৌড়ে কোথায় এলো সে ? বাড়ির সামনে এতো বড়ো দীঘি আছে? কই আগে তো কখনো চোখে পড়েনি ? আবার দীঘির মাঝে মাঝে পদ্মফুলের সারি। বাহ্ এ জায়গাটা তো ভীষণ সুন্দর। তুমুল ঝড় বৃষ্টিতে ভিজতে ভিজতে সেখানে খানিক দাঁড়িয়ে গেলো নির্ঝরী । প্রচণ্ড বাতাসে দীঘির জলে ছলাৎ ছলাৎ ছন্দে ঢেউ উঠছে পড়ছে। ঘাটের পাশে ফুটে থাকা সাদা রঙের পদ্মফুলগুলো, পদ্মের কুঁড়িগুলো ঢেউয়ের তালে তালে একবার এপাশে একবার ওপাশে দুলছে । জলের সঙ্গে একবার উপরে উঠছে আবার নামছে। উপর থেকে মুষলধারায় বৃষ্টির ফোঁটাগুলো পদ্মগুলোর উপরে পড়ছে, যেন মনে হচ্ছে ওরা খিলখিলিয়ে হেসে উঠছে। পদ্মগুলো অতো নরম শরীরে এতো কঠিন আঘাত সইছে কি করে? যেন মনে হচ্ছে এই কঠিন দুর্যোগে ওরা কষ্ট নয়, বরং উপভোগ করছে দুর্যোগকে। প্রচণ্ড বৃষ্টিতে দৃষ্টি ঝাপসা, দীঘিটাকে মনে হচ্ছে সীমাহীন সমুদ্র। আর পদ্মগুলো যেন সেই সীমাহীন সমুদ্রে তালে ছন্দে আনন্দে ঢেউ খাচ্ছে। এই ঝড় বৃষ্টি দুর্যোগে সব ভুলে নির্ঝরীও মনে মনে পদ্মবনের একটা পদ্ম হয়ে গেল যেন, আর খিলখিল করে হেসে উঠলো। মুখে উচ্চারণ হলো A-c-c-e-p-t-a-n-c-e , A-c-c-e-p-t-a-n-c-e (অ্যাকসেপ্ট্যান্স)।

- ঝরী, এই ঝরী, ঝরীই-ঈ কি হলো ? হাসছো কেন? কি বলছো? এ্যাই ঝরী-ই-ঈ।

নির্ঝরী আবার অস্ফুটে বললো

- A-c-c-e-p-t-a-n-c-e.

- কিইই। ঝরী ? কি বলছো? এ৾যাই

আঁ আঁ আঁ করতে করতে ঝরী চোখ মেলে। টেবিলে গ্লাসে রাখা জল নিয়ে ঝরীর মুখে ধরে।

- কি হয়েছে ঝরী, হাসছিলে কেন? স্বপ্ন দেখেছো?

- A-c-c-e-p-t-a-n-c-e.

- কি হলো সোনা, তখন থেকে কেবল acceptance বলে যাচ্ছো? এবার ঘুমাও।

অদ্ভুত এক ভালো লাগার রেশ নিয়ে ঘুমের আবেশ জড়ানো চোখে আবার ঘুমিয়ে পড়লো। সকালে ঘুম থেকে উঠে নির্ঝরী অনুভব করলো মেজাজটা বেশ ফুরফুরে মাথার মধ্যে কোনো চাপ নেই। বেশ হালকা লাগছে নিজেকে। হঠাৎ কোন জাদুতে এরকম হলো কে জানে?

দুপুরে খাওয়া শেষে ঘরে এলে কিংশুক হেসে বললো,

- তাড়াতাড়ি ঘুমিয়ে ঘুমিয়ে এবার acceptance করো।

চকিতে গতরাতে দেখা স্বপ্লটা মনে পড়ে যায়। সত্যিই তো কেন acceptance (অ৾যাকসেপ্ট্যান্স) বলছিলো সে ঘুমের মধ্যে। কেন? কেন? কেন? স্বপ্লটা ভাবতে ভাবতে হঠাৎ চোখের সামনে থেকে পর্দা সরে গেল। বিছানা ছেড়ে বারান্দায় গেলো সে। বারান্দার সামনে অনেক গাছগাছালি। সেদিকে দাঁড়িয়ে স্বপ্লে দেখা দীঘিভরা পদ্ম, প্রবল ঝড়, মুষলধারে বৃষ্টির কথা মনে পড়লো। ঐ ঝড় ঝঞ্ঝার বৃষ্টির আঘাতেও দীঘির জলের তাল মিলিয়ে পদ্মগুলোর নেচে ওঠা। দুচোখ জুড়িয়ে মনের গভীরে স্মৃতির পর্দায় স্বপ্লটা দেখতে থাকে। স্বপ্লটা কতো সুন্দর অর্থবহ সে বুঝতে পারে। এ যেন পরমেশ্বরের দেওয়া সংকেত।

পদ্মগুলো উপরে নিচে চারপাশের আঘাত সত্ত্বেও প্রকৃতির ছন্দে, আনন্দের সঙ্গে সেই অনিবার্য আঘাতকে অনুভব করছিলো তেমন সে নিজে বা প্রত্যেক মানুষ যদি জীবনে প্রাপ্ত ঘাত প্রতিঘাতগুলোকে জীবনেরই ছন্দ মনে করে, আনন্দের সঙ্গে স্বীকার (অ৾যাকসেপ্ট) করে নেয়, তাল মিলিয়ে নেয় তাহলেই জীবন আনন্দময় হয়ে উঠবে।

12

পর্ব – ১২

গতকালকে এবং আজকে নির্ঝরী ছাত্রী দুটিকে পড়ানোর জন্য প্রথম মাসের বেতন পেলো। দুপুরে স্কুল থেকে কিংশুক ফিরলে নির্ঝরী বললো,

- আজকে সন্ধ্যায় আমাকে একটু বাজারে নিয়ে যাবে?

- আজকেই যাবে?

- হ্যাঁ গেলে ভালো হতো।

- আচ্ছা তৈরি থেকো সন্ধ্যায়। পড়িয়ে তাড়াতাড়ি ফিরলে নিয়ে যাবো।

একথা শোনার সঙ্গে সঙ্গেই বনানী মুখে কিছু বললোনা বটে, তবে ভ্রূ জোড়া সামান্য কুঁচকে গেল। কথায় কথায় বাইরে বেরিয়ে পড়া তার পছন্দ নয়। তাদের সময় বাড়ির বৌয়েরা কথায় কথায় বাইরে বেরিয়ে পড়তো না। তার নিজেরও এরকম কোনো প্রয়োজন ছিল না যে কথায় কথায় বাইরে যেতে হয়েছে তাকে।

কিংশুক সত্যিই আজ পড়িয়ে তাড়াতাড়ি ফিরলো। ঝরীকে নিয়ে বাড়ি থেকে সামান্য দূরে বড়ো বাজারটায় গেলো। নির্ঝরী বেতনের টাকা থেকে দুটো সুতির ম্যাক্সি কিনলো। রাতের পোশাক বলে এগুলো নাইটি বলেও পরিচিত। আর বিশেষ কিছু কেনার ছিল না। তাড়াতাড়ি বাড়ি ফিরে এলো। রাতের রান্না বাকী আছে। বনানীর ভ্রূ কুঁচকে থাকলেও ওদের ফেরার অপেক্ষায় না থেকে, উনোনে ভাত বসিয়ে দিয়েছে। ভাত ফুটে উঠেছে। নির্ঝরী স্বস্তি পেলো মনে।

রাতে খাওয়া শেষে ধীমান নিজের ঘরে তক্তাপোশে বসে জোয়ান চিবোচ্ছিলো। রাতের কাজকর্ম সেরে বনানী ঘরে ঢুকলো। দরজা বন্ধ করার শব্দ শুনে ধীমান তাকালো সেদিকে। চোখ সামান্য বিস্ফারিত হোলো,

- এ কি বনানী কি পরেছো? কোথেকে পেলে এ পোশাক? আমি তো নিয়ে আসিনি? তুমি কবে গেলে বাজারে?

হাসি হাসি লাজুক মুখে বনানী বললো,

- বৌমা এনেছে। অঙ্কিতা আর কুসুম বেতন দিয়েছে। তাই দিয়ে বৌমা তার নিজের জন্য একটা আর আমার জন্য একটা রাতে পরবার জন্য এনেছে। বললো "মা এই গরমে শাড়ি পরে শোওয়া বড্ড কষ্টকর। এবার থেকে নাইটি পরেই শোবেন। গরমের কষ্ট কিছুটা কম হবে , আর হালকা লাগবে"।

আদুরে গলায় বনানী জিজ্ঞেস করে,

- বলোনা খুব খারাপ দেখাচ্ছে আমাকে?

- আরে দূর। রাত পোশাকের আবার ভালো মন্দ কি? এতো ভালোই হলো। গরমে কষ্ট অনেক কমবে। তবে দেখতেও মন্দ লাগছে না। বয়সটা বেশ কমে গেছে বলে মনে হচ্ছে তো।

পাখার গতি বাড়িয়ে বনানী শুয়ে পড়লো। সত্যিই বেশ হালকা লাগছে। নতুন পোশাক পেয়ে মনটাও বেশ খুশী খুশী লাগছে। সোনালী হলুদ রঙ যে তার পছন্দের বৌমা কেমন করে জানলো? একথা মনে হতেই ধীমানকে জিজ্ঞেস করলো বনানী,

- এই রঙ যে আমার পছন্দের তা বৌমা কেমন করে জানলো বলোতো?

- বনানী, বৌমা তোমাকে ভালোবাসে। তাই তোমার পছন্দ অপছন্দ সবই খেয়াল রেখেছে। আর তুমি তো বৌমার দোষ দেখতেই ব্যস্ত তাই আজ পর্যন্ত ওর পছন্দটা জানার কোনও চেষ্টাও করনি। তুমি বৌমার উপরে কতো রাগ করো। তাও দেখো, গরমে তোমার কষ্টের কথা ভেবে তোমার জন্য নাইটি নিয়ে এসেছে। এমন না যে ও তোমাকে আগে এসব পোশাক পরতে দেখেছে। বরং ও তোমাকে এ পোশাক পরতে শেখাচ্ছে যাতে গরমে তোমার কষ্ট কম হয়, ঘুমোতে সুবিধা হয়। কতো উদার মন বলোতো বৌমার ? তোমার কি কখনো মনে হয়েছে ওর পছন্দমতো কিছু কেনার কথা ? কখনো ওর পছন্দের কথা জেনেছো, নাকি জানার চেষ্টা করেছো ? একটা নতুন মানুষ আমাদের এখানে তার নতুন জায়গায় এলো, আমরা যদি ভালোবেসে তাকে আপন করে না নিই তাহলে সে কেমন করে নতুন পরিবেশে নিজেকে মানিয়ে নেবে বলো?

- ভালোবাসি তো। এই তো সেদিন গরমে প্রচও ঘেমে নেয়ে গেল। বললাম পাখার তলায় গিয়ে বোসো। আমি রান্না করে নিচ্ছি।

- এমনটা তুমি কদিন করেছো বলো? বড়ো জোর একদিন কি দুদিন, তাই না?

ধীমান বনানীকে নিজের কাছে টেনে নিয়ে বলে,

- বৌমা ওদের বাড়ির সব আদর যত্ন সমস্ত স্বাচ্ছন্দ্য ছেড়ে আমাদের ছেলেকে ভালোবেসে আমাদের বাড়িতে এলো, কতো আশা নিয়ে। সব মেয়েরাই অনেক আশা নিয়ে আসে শ্বশুরবাড়ি। কিন্তু এখানে এসে ও কি পাচ্ছে বলো? ওদের বাড়িতে জামাকাপড় কাচার, বাসনপত্র ধোওয়ার ঘরদোর পরিষ্কারের জন্য আলাদা লোক আছে। এবাড়িতে তাকে সবকিছুই নিজেকে করতে হচ্ছে। ওর কি এসব আগে অভ্যাস ছিল বলো? ছিল না তো ? ওর বাবা মা কাকা কাকিমা মেয়ের এসব কষ্ট দেখতে পারবে না বলে আসে না পর্যন্ত। ওবাড়ি গিয়ে একবেলা আসতে দেরি হলে তুমি কতো রাগ করো। সবসময় তোমার মুখ ভার থাকে। কখনো তার সঙ্গে ভালো করে কথা পর্যন্ত বলোনা তুমি। একবার ভেবে দেখোনা যে তোমার এরকম ব্যবহারের জন্য কিংশুক নিজের স্ত্রীর কাছে, স্ত্রীর পরিবারের কাছে কতটা ছোট হচ্ছে। তুমি নিজেই কি ওর পরিবারের সঙ্গে, ওর মা বাবার সঙ্গে মন খুলে কথা বলতে পারো?

- না, পারি না, ওনারাও বললেন না সেভাবে আমার সঙ্গে কথা।

- ওনারা নয়, তুমিই পারো না কথা বলতে। কেন পারোনা জানো সে কথা? যেহেতু তোমার মধ্যে অপরাধ বোধ কাজ করছে।

- অপরাধবোধ? কিসের অপরাধ?

- অপরাধটা কি জানো? অপরাধটা হলো তুমি ওনাদের মেয়েকে ভালোবাসতে পারোনি। খারাপ ব্যবহার করো তার সঙ্গে। তাই তাঁদের সঙ্গে কথা বলতে তোমার সংকোচ বোধ হয়।

বনানী কোনো কথা খুঁজে পায় না। সত্যিই তো কথা গুলো। তাই চুপ থাকলো বনানী, শুনলো শুধু। অশান্তি এড়াতে যে কথা গুলো বলতে পারেনি ধীমান, এতদিন ধরে অপেক্ষার আগুনে পুড়েছে ধিকিধিকি করে, আজকে সেই কথা গুলো বলতে পেরে, বলা ভালো বনানীর চোখের সামনের ভুলের পর্দাটা সরিয়ে দিতে পেরে খুবই স্বস্তি অনুভব করলো সে।

খানিক চুপ থেকে শান্ত অভিমানী গলায় বনানী বললো,

- তুমি শুধু আমার দোষগুলোই দেখতে পাও। প্রথম দিকে কতো বেলায় ঘুম থেকে উঠতো। কোনো কাজেই হাত লাগাতে চাইতো না। যেন আত্মীয় বাড়ীতে বেড়াতে এসেছে। ওর বাপের বাড়িতে ও যেভাবেই থাকুক না কেন, এখন তো সে এ বাড়িতে এসেছে। এখনকার মতোই চলতে হবে, দায়িত্ব নিতে হবে। এটা তো তার নিজেরই সংসার।

- বনানী রাগ কোরো না। তুমি মায়ের দৃষ্টি দিয়ে সব কিছু দেখবার চেষ্টা করো, তবেই বুঝতে পারবে। বৌমা তো এখান থেকে চলে যাবে বলে আসেনি। থাকবে বলেই এসেছে, তাই তো? সময়ে সে সব মানিয়ে নেবে। এখানে আসার সঙ্গে সঙ্গেই এই বিরুদ্ধ পরিবেশ, তোমার কঠিন মেজাজ কিভাবে মানিয়ে নিতে পারবে বলো? আর এখন তো ধীরে ধীরে সবই মানিয়ে নিচ্ছে। তবুও তোমার কঠিন মেজাজের পরিবর্তন নেই। ভালোবাসো বনানী। তোমার শাশুড়ি ননদরা তোমার সঙ্গে কি ব্যবহার করেছে সেসব ভুলে যাও। বদলাও নিজেকে। তোমার মনে তোমার শাশুড়ির প্রতি যে বিতৃষ্ণার জন্ম হয়েছে তুমি নিশ্চয়ই চাইবে না বৌমার মনেও তোমার প্রতি ওরকমই বিতৃষ্ণার জন্ম হোক, তাই তো? তাহলে তো তোমাকে বদলাতে হবে বনানী। বদলাও।

খানিক নীরব থেকে ধীমান আবার বলে,

- এখনকার দিনে মানুষের একটি কি দুটি সন্তান। তাঁরা অনেক আদর আহ্লাদ স্বাধীনতায় বেড়ে ওঠে। শ্বশুর বাড়িতে শ্বশুর শাশুড়ির তাদের স্বাধীনতায় হস্তক্ষেপ করে, কঠিন মেজাজ দেখায়। আর তারা তা সহ্য করতে পারে না বলেই বর্তমানে পরিবারগুলো ভেঙে যাচ্ছে। আর দোষ দিচ্ছে কি বৌকে? যে বৌমা এসে ছেলেকে পর করে দিলো। ভেবে দেখনা তাঁরা কি তাদের ছেলের অত্যন্ত প্রিয় বৌকে কখনো ভালোবেসে আপন করে নিতে চেষ্টা করছিলো? সে কথার কিন্তু কোনো জবাব পাওয়া যাবে না। একবার ভেবে দেখো বনানী, তোমার জন্য কতগুলো মানুষ অসুবিধায় আছে, সংকোচে আছে।

- আমার জন্যে সকলের কিসের সংকোচ ?

- আজ বৌমার পরিবারের সঙ্গে এই পরিবারের কতো মধুর সম্বন্ধ হতে পারতো, শুধু তোমার ব্যবহারের জন্য দুই বাড়ীর মধ্যে মধুরতা তৈরি হতে পারে নি। তোমার কারণে বৌমা এখানে মনে মনে দুঃখী থাকে তাই কিংশুক শ্বশুরবাড়িতে সংকুচিত থাকে। তোমাকে কিংশুক মুখ ফুটে কিছু বলতে পারে না। বৌমাকেই বুঝিয়ে শান্ত রাখে। ভেবে দেখো, বৌমার প্রতি তোমার অসন্তোষের কারণে, তুমি কি ধীরে ধীরে তোমার ছেলের কাছ থেকে দূরে সরে যাচ্ছো না? ভাবতে পারবেনা বনানী, ভগবান আমাদের জন্য ঘর সাজানোর মতো একটা সুন্দর মেয়ে পাঠিয়েছেন? পারোনা তুমি তাকে ভালোবেসে আপন করে নিতে?

ধীমানের বুকে মাথা ছুঁইয়ে, কান্না ভেজা গলায় বনানী অস্ফুটে বললো,

- পারবো ।

সকালের পড়ানো শেষ করে জলখাবার তৈরি । মাঠে জলখাবার পাঠিয়ে দিয়ে নির্ঝরী শাশুড়িকে জলখাবার দিয়ে নিজেও জলখাবার খেয়ে নিলো। আজকে ভাত মাটির উনুনে বসালে

বনানী বললো,

- আমি উনুন শালে বসে জ্বালানি দিচ্ছি। তুমি বরং তরকারি টা দেখো।

রান্নাঘর থেকে নির্ঝরী শুনতে পেলো, শাশুড়ি মা গান করছেন "আলোকের এই ঝরনাধারায় ধুইয়ে দাও আপনাতে এই লুকিয়ে রাখা ধূলায় ঢাকা... , ধুইয়ে দা ....আ...ও । নির্ঝরী অবাক হয়ে শোনে। গানের গলা তো ভারী মিষ্টি। যতদিন এবাড়িতে বৌ হয়ে এসেছে কখনো শাশুড়ি মায়ের গলায় গুনগুনিয়ে গানও শোনেনি সে। গান গাইতে গাইতে তিনি আপন মনে উনুনে জ্বালানি দিচ্ছেন। মনে মনে খুশি হয় নির্ঝরী। কতদিন পরে আজ শাশুড়ি মাকে সে খুশি দেখছে। গান শেষ হলে নির্ঝরী জিজ্ঞেস করলো,

- মা আপনি এতো সুন্দর গাইতে পারেন ? আগে গান শিখতেন?

- না না, আমাদের সময়ে গ্রামে গঞ্জে আর গানের মাস্টারমশাই কোথায় ছিলেন যে গান শিখবো? পড়াশোনা যতটুকু হয়েছে এই ঢের। ঐ রেডিও শুনেই আমাদের গানের চর্চা। আর পূজা পার্বণে মাইক বাজলে গান শোনা। গান খুব ভালোবাসতাম। ছোটবেলায় খুব গাইতাম। এখানে এসে সব বন্ধ হোলো। বাড়ির বউ কাজ কর্ম করতে করতে গান করার জো ছিল না। শাশুড়ি ননদরা তাহলে নিন্দার ঝড় বইয়ে দেবে। আজ ফাঁকা বাড়িতে হঠাৎ বেরিয়ে এলো গানখানা।

খুব আবেগ নিয়ে নির্ঝরী বললো ,

- মা, এবার থেকে আপনি আবার গাইবেন। এখন ফোনে সব পুরানো দিনের গান পাওয়া যায়। পছন্দের গান গুলা আমাকে বলবেন, আমি আপনাকে খুঁজে দেবো। আপনি আবার গান শোনা অভ্যাস করবেন আবার গাওয়া অভ্যাস করবেন। কতো মানুষ আছেন যাঁরা কখনো গান শেখার কোনো সুযোগই পাননি। কেবল শুনে, অভ্যাস করে শিল্পী হয়েছেন।

- আর শিল্পী হয়ে কাজ নেই মা।

- মা আপনি নিজের জন্য, নিজের ভালো লাগার জন্য গাইবেন। একটা গান গেয়ে ফেললে মনে কতটা আনন্দ হয় বলুন। যে কথা, আবেগ আমরা ভাষায় প্রকাশ করতে পারিনা, একটা গান সেকথা কতো সুন্দর করে প্রকাশ করে দেয়। তাই এখন আবার গান শোনা ও গাওয়া অভ্যাস করবেন।

সন্ধ্যাবেলায় প্রয়োজনীয় কাজগুলো সারা হলে নিজের ও শাশুড়ির জন্য চা মুড়ি নিয়ে নির্ঝরী শাশুড়ি মায়ের কাছে গিয়ে বসলো। চা খেতে খেতেই ইউটিউব খুলে কিভাবে গান খুঁজতে হয় এবং গুগল এ গিয়ে কিভাবে গানের কথা খুঁজতে হয় শিখিয়ে দিলো। এর আগে বনানী কখনো ইউটিউব নিজহাতে খোলেনি। ওর ছোট কিপ্যাড ফোন। নিজের হাতে ইউটিউব চালাতে শিখে বনানী কিশোরীর মতো খুশি হলো। একের পর এক পছন্দের গান বের করে আর শোনে। আর অব্যক্ত আনন্দে উচ্ছ্বসিত হয়ে ওঠে। কাউকে আনন্দ দিলে নিজের ভিতরে যে অনির্বচনীয় আনন্দের অনুভূতি হয় এটা নির্ঝরী এমন করে আগে কখনো বোঝেনি। আজ অনুভব করলো সেই অপূর্ব উপলব্ধিকে। সদ্য সম্পর্কে জড়ানো দুই অসমবয়সী, গান আর খুশীতে নিজেদের অজান্তে কখন যেন অনেকটা সন্ধ্যা যাপন করে ফেললো। এতো আনন্দের উচ্ছ্বাসে দুজনেই ভুলেছে রাতের রান্না। হঠাৎ খেয়াল পড়লো বেশ দেরি হয়ে গেছে এই গানের চক্করে। এবার রান্না না বসালে বাড়ি ফিরে ছেলেরা কেউই খাবার পাবে না। তাড়াতাড়ি দুজনে উঠে রান্নাঘরে যায়। বনানী ভাত বসালো। উনুনে জ্বালানি ঠেলতে ঠেলতে পুরানো দিনের অনেক গানই মনে আসছিলো তার। মনে মনে গুনগুন করতে করতে ভাত ফুটে উঠলো।

দুদিন পর নির্ঝরী একটা হেডফোন আনিয়ে দিয়েছে, যাতে বনানী নিজের মনে গান শুনতে পারে। প্রত্যেক সন্ধ্যায় চা খেয়ে ধীমান বাজারে গেলে বনানী চা মুড়ি নিয়ে গান শুনতে বসতো। পুরানো দিনের কিছু সিনেমার গান, আধুনিক বাংলা গান, কিছু রবীন্দ্রসঙ্গীত ওর নিজের পছন্দমতো। নিজের মনে সেসব শোনে। এসময় নির্ঝরী আগামীকাল ছাত্রীদের কি কি পড়াবে, সেসবে চোখ বুলিয়ে নেয়। এছাড়া নিজের কিছু টুকিটাকি কাজ সেরে রাখে। যেদিন এসব কাজ থাকে না সেদিন যায় শাশুড়ি মায়ের কাছে, দুজনে একসঙ্গে বসে গান শোনে। এইভাবে দুজনের মধ্যে ধীরে ধীরে সখ্যতা বাড়তে থাকে, পরস্পরের কাছে আসে তারা। এইভাবে কখন যেন বনানী তার বৌমাকে 'নিরু', 'তুই' বলতে আরম্ভ করেছে। গান শুনতে শুনতে কখনো বলে,

- যা চিরুনীটা নিয়ে আয়, ভালো করে আঁচড়ে চুলটা বেঁধে দিই। কতো ভালো চুল তোর, ভালো করে না আঁচড়ালে জট পাকিয়ে যাবে বুঝবি।

এখন আর বনানীর নিজের ইচ্ছে মতো রান্না করে না। নির্ঝরী যখন জিজ্ঞাসা করে,

- মা কি রান্না হবে আজকে?

- তুই বল কি হবে? দেখ না কি কি সবজি আছে।

এখন বনানীর সঙ্গে কথা বলতে নির্ঝরীর আগের মতো সঙ্কোচ বোধ হয় না। বনানীও অনেকটা উদার হয়েছে নিরুর প্রতি। শ্বশুরবাড়িতে এখন আর অতটা দম বন্ধ লাগছে না নিরুর। ওবাড়িতে কয়েকটি মেয়ে মাঝে মাঝে ওর কাছে নাচের মহড়া নিতে আসতো। প্রতি বছর দূর্গা পূজার কিছুদিন আগে থেকে এই মহড়া জোর কদমে চলতো। কদিন ধরেই ওরা নিরুকে ফোন করছে। নিরু ফোন ধরছে না। এখন সে ঠিক করতেই পারেনি কবে যাবে। নিরু কয়েকটি নাচের ভিডিও লিংক ওদের পাঠিয়েছে। তবুও আজকে সন্ধ্যায় ফোন এলো। সবকটা মেয়ে একসঙ্গে আছে, আজকে নিরুদিকে ফোন করেই যাবে, করেই যাবে, যতক্ষণ না নিরুদি ধরবে ফোন, ততক্ষণ। গান শুনতে শুনতে বনানী বললো,

- ধর না ফোন টা। কখন থেকে বাজছে ফোনটা।

অগত্যা ফোন ধরতেই সকলেই উচ্ছ্বসিত হয়ে সমস্বরে,

- নিরুদিইঈ।

- এই একজন একজন বল। কি হয়েছে কি? আমি তো সব লিঙ্ক পাঠিয়েছি। অভ্যাস কর।

- প্লীজ নিরুদি এসোনা একবার। আমরা যে ঠিকমতো পারছি না। বুঝতেও পারছিনা কি মাথা মুন্ডু সাপ ব্যাঙ করছি। প্লীজ এসো।

- কি করে যাই বল। পড়ানো আছে, আরো কতো কাজকর্ম আছে। এতো আগে থেকে কি যাওয়া যায়? পূজোর সময়ে তো যাবই।

মেয়েগুলো ভীষণ অসহায় বোধ করে। মন খুব খারাপ হয়ে গেলো ওদের। নিরুদির ভরসাতেই, নিরুদির তালিমেই ওদের মঞ্চে ওঠা শুরু। এখন মঞ্চে উঠতে ওদের কোনো ভয়ই নেই। প্রতি বছর নাচের তালিম নিরুদিই দেয়। এবছর কে ওদের নাচের তালিম দিয়ে আত্মবিশ্বাস জোগাবে? বনানী জিজ্ঞেস করলো,

- কে রে নিরু? কে ফোন করেছিলো? তুই এরকম দুঃখী দুঃখী হয়ে চুপ করে গেলি কেন? বল আমাকে।

সংক্ষেপে নিরু জানালো সবকথা। শুনে বনানী কিছুক্ষণ ভাবলো।

- অতো ভাবতে হবে না। তুই মহালয়ার আগেরদিন চলে যা। এমনিতেই মহাষষ্ঠী থেকে লক্ষ্মীপূজো পর্যন্ত ছুটি দিতে হবে। তুই একসপ্তাহ বেশি ছুটি দে। পড়াতে হয় তো সপ্তাহে তিনদিন করে। ওটা পড়ে এসে পড়িয়ে দিবি।

সমাধানটা খুব পছন্দ হয় নির্ঝরীর। বাপের বাড়ি গিয়ে বেশীদিন থাকতে কোন মেয়ে না চায়? মনটা খুব খুশি খুশি লাগছে, এমন এক সহজ সমাধান পেয়ে, তাও আবার শাশুড়ি মায়ের দেওয়া সমাধান। যিনি নিজেই নিরুর বাপের বাড়িতে গিয়ে একবেলা দেরি হলে মুখ গোমড়া করে থাকতেন। কোন এক অজানা জাদুতে যেন সবকিছু ভালো হয়ে যাচ্ছে। মনে মনে পরমেশ্বরকে ধন্যবাদ জানায় নির্ঝরী। মহালয়া এখনও প্রায় পঁচিশ দিন বাকি। এখানকার কাজকর্ম সব গুছিয়ে ফেলতে হবে। অনেক গুলো দিন ওখানে থাকতে হবে, তাই গোছগাছও করতে হবে ঠিক করে। দুপুরে বিশ্রামের সময় কিংশুক এসব শুনে বললো,

- একটা গোরুর গাড়ি ভাড়া করে দেবো, অতগুলো দিন থাকবে অনেক জামাকাপড় বয়ে নিয়ে যেতে হবে তো? আমার বাইকে অতো ধরবে না। সব গোরুর গাড়িতে ধরে যাবে। আবার সময় মতো ঐ গোরুর গাড়ি পাঠিয়ে দেবো চলে আসবে কেমন? টাটা। বাআআঈ।

বলেই পড়াতে চলে গেল। নির্ঝরী রেগে গেলেও দুকথা শোনানোর আর ফুরসৎ পেলো না। নির্ঝরী এখন মনে মনে দূর্গা পূজায় বাপের বাড়ি যাবার জন্য প্রস্তুতি নিতে থাকে। একদিন রাতে কিংশুক বিছানায় বিশ্রাম নিচ্ছিলো, নির্ঝরী রাতের সব কাজ গুছিয়ে ঘরে এলো। কিংশুক মশারী টাঙিয়ে রেখেছিলো। নির্ঝরী শুতে শুতে বললো,

- আজ এখনও ঘুমাওনি কেন? ঘুম আসছে না? কি ভাবছো এমন করে মাথার উপরে হাত রেখে?

- ঝরী ?

- হুঁ

- তোমার জন্য ভাবছি। ঝরী, তোমার খুব কষ্ট হচ্ছে এখানে থাকতে? অনেক পরিশ্রম হচ্ছে তাই না?

- হঠাৎ এমন কথা বলছো কেন কি হয়েছে?

- কিছু না। আমার খুব খারাপ লাগে। তুমি তো অভ্যস্ত ছিলে না এতো পরিশ্রম করতে। এখানে তোমাকে অনেক পরিশ্রম করতে হচ্ছে।

- অভ্যাস ছিল না ঠিকই। এখন অভ্যাস হয়ে গেছে। আর এ কাজগুলো তো করতেই হবে। নিজেরা খাবো তাই রান্না করতেই হবে। খাওয়া হলে বাসনপত্র এঁটো হয়, ধুতেই হবে। মানুষ যেখানে বসবাস করে সেখানটা পরিষ্কার পরিচ্ছন্ন রাখতেই হবে। বাপের বাড়িতে করতে হোতো না এসব কাজ, ওটা মা কাকিমার সংসার ছিলো। এটা তো আমার নিজের সংসার। আমার নিজস্ব দায়িত্ব বোধ আছে এখানে। সবকিছু নিজের অন্তরের তাড়নায় করি। ও নিয়ে তুমি ভেবোনা। তাছাড়া তোমরা সকলে সাহায্য করো, আমি একা তো করিনা তাই না?

কিংশুক কিছুটা আশ্বস্ত হয় মনে মনে। তার ঝররী এবাড়িকে আপন করে নিতে পেরেছে।

- তোমায় একটা কথা বলবো ঝরী, রাখবে আমার কথা ?

- এভাবে বলছো কেন? তোমার কোন কথা আমি অমান্য করেছি বলো?

- নিশ্চয়ই অমান্য করো না তুমি। তবুও জিজ্ঞাসা করছি তোমাকে। রাখবে তো আমার কথা?

- হ্যাঁ হ্যাঁ রাখবো। বলো তুমি।

- আমার একজন প্রোফেসর বর্তমানে তিনি বি.এড কলেজের প্রিন্সিপ্যাল হয়েছেন। তিনি তোমার কথা বলছিলেন।

- মানে? তিনি আমাকে চিনলেন কি করে?

- মানে আমাদের বিয়েতে তিনি নিমন্ত্রিত অতিথি হিসেবে এসেছিলেন। তুমি যে মাস্টার্স করেছো, বি.এড করোনি উনি জানেন। তোমাকে বি. এড এ ভর্তি করে দিতে বলছিলেন। আসলে এখনকার বেসরকারী বিএড কলেজগুলোতে এভাবেই ছাত্র ছাত্রী ভর্তি করতে হয়। কলেজের সংখ্যা বেশি তাই ছাত্রছাত্রী ভর্তি হওয়া বেশ চাপের, প্রতিযোগিতাও বলতে পারো।

- না না। ওসব দরকার নেই। অনেক খরচ। অতো টাকা বাবাকে চাইতে পারবোনা আমি। এই আমার বিয়েতে অনেক খরচ করেছেন তিনি। আর ওবাড়ি থেকে অতো টাকা এখন চাওয়া যাবে না। আর এতো সব কাজ সামলে কিভাবে যাবো ক্লাসে? আর বিএড করেই বা কি হবে? যারা করেছে তারাই এখনো বসে আছে। শুধু শুধু পয়সা নষ্ট করার কোনো যুক্তি নেই।

- থামো এইবার। সব প্রশ্ন হয়ে গেছে বলা? আমি জানতাম প্রশ্নের ফুলঝুড়ি ছুটবে। তাই আগেভাগেই জিজ্ঞাসা করেছিলাম "রাখবে তো আমার কথা ?" তোমার আসলে ভরসাই নেই আমার উপরে, তাই এতো কথা বলছো। শোনো তবে, প্রথম কথা তোমাকে এর জন্য কোনো টাকা পয়সাই তোমার বাবার কাছে চাইতে হবে না। স্যার বলেছেন টাকাটা কিস্তিতে দেবার ব্যবস্থা করে দেবেন। এককালীন দিতে হলেও আমার অসুবিধা নেই, দিতে পারবো আমি। ও নিয়ে ভেবোনা।

- সংসার ফেলে কিভাবে ক্লাস করতে যাবো?

- ঝরী সংসার একটা এমন জায়গা যেখানে জীবনের সমস্ত আয়ু দিয়ে যদি কাজ করে যাও তাহলেও কম হয়। ঐজন্যই তো মানুষ মরবার সময় দুঃখী হয়। তার কাজ বাকী থেকে গেলো বলে। যতো তুমি সময় দেবে ততো দিতেই থাকবে। সংসারের সকল কাজের মধ্যেই আমাদের নিজস্ব পড়াশোনা, সংস্কৃতি বিষয়ক কাজ করতে হবে। পরে দেখবে এ কাজও তুমি সংসারের প্রয়োজনেই করেছো। সব হয়ে যাবে ঝরী, শুধু তুমি মানসিক ভাবে প্রস্তুত হও, যে তুমি বিএড করবেই। সঙ্কল্প করো, যতো বাধাই আসুক, তুমি সামলে নিয়ে এই পড়াশোনা করবেই। সুযোগকে কাজে লাগাতে হবে ঝরী। সব সুযোগ সবসময় আসে না। তবে তুমি মাকে এবিষয়ে এখন কিছু বোলো না। সময়মতো আমিই বলে দেবো।

- কিন্তু বিএড করেই বা কি লাভ বলো? এখন তো নিয়োগই হচ্ছে না কোথাও।

- আজকের দিনে দাঁড়িয়ে তুমি কি বলতে পারো আগামীকাল কি হবে? নিশ্চই পারো না বলতে তাই না? সময় সবসময় পরিবর্তন হচ্ছে। একরকম পরিস্থিতি সবসময় থাকে না। আমাদের প্রস্তুত থাকতে হবে সবসময়। হঠাৎ যদি কোনো সুযোগ আসে, আমাদের অযোগ্যতার কারণে সে সুযোগ যেন হাতছাড়া না হয়ে যায়। বুঝেছ রাজকন্যে? নাও এবার ঘুমিয়ে পড়ো। শুভ রাত্রি।

নির্ঝরীর ঘুম আসে না। পরের পর যেন চাপ বেড়েই চলেছে। এখন শাশুড়ি মা তার প্রতি প্রসন্ন আছে। এরপর দিনের অনেকটা সময় যখন সে কলেজে কাটাবে তখন কি আর প্রসন্ন থাকবেন তার উপর? তাঁরও তো চাপ বাড়বে। কলেজে গেল সে তো ঠিক ভাবে সংসার দেখাশোনা করতে পারবে না। শাশুড়ি মায়ের উপরই বর্তাবে বাড়তি কাজের চাপ। টিউশন পড়ানো, নিজের পড়াশোনা , বাড়ির রান্না এতোকিছু কেমন করে সামলানো যাবে? নিজের মনকে জিজ্ঞাসা করে উত্তর না পেয়ে চিন্তা ত্যাগ করে ঘুমিয়ে পড়াই বুদ্ধিমানের কাজ বলে মনে করলো নির্ঝরী।

পরের দুদিন সকালে পড়াতে বসে নির্ঝরী দুই ছাত্রীকে জানিয়ে দিলো এই তিন সপ্তাহ সপ্তাহে চারদিন করে পড়তে আসতে হবে। হঠাৎ একদিন করে বেড়ে যাওয়ায় ছাত্রীরা অবাক হয়ে যায়। কথা প্রসঙ্গে জানতে পারলো ম্যাম নাচ জানেন, এবং তার মহড়া দিতে তিনি পূজার একসপ্তাহ আগে ছুটি দেবেন। দুই ছাত্রীই খুব আনন্দ পেয়েছে ম্যাম নাচ জানেন শুনে। দুদিন পর বিকেলে দুই ছাত্রীর মা এসে নির্ঝরীকে অনুরোধ করলো তাদের মেয়েদের নাচ শেখানোর জন্য। মেয়েদের সঙ্গে যাবার কেউ নেই, তাই ইচ্ছে থাকলেও দূরে কোথাও নাচ শেখার জন্য পাঠাতে পারেনি। সব শুনে নির্ঝরী বলেছিলো,

- দুর্গাপূজার পর জানাতে পারবো।

তবুও মায়েরা তাকে অনেক অনুরোধ করে গেল। তাঁদের মেয়েরা যে বড্ড নাচ শিখতে আগ্রহী।

কিছুদিন আগে নির্ঝরী নিজেই চাইছিলো নাচ শেখাতে। আর আজকে সে নিজেই সিদ্ধান্ত নিতে পারে না। হঠাৎ যে তার উপর নতুন চাপ আসছে।

13

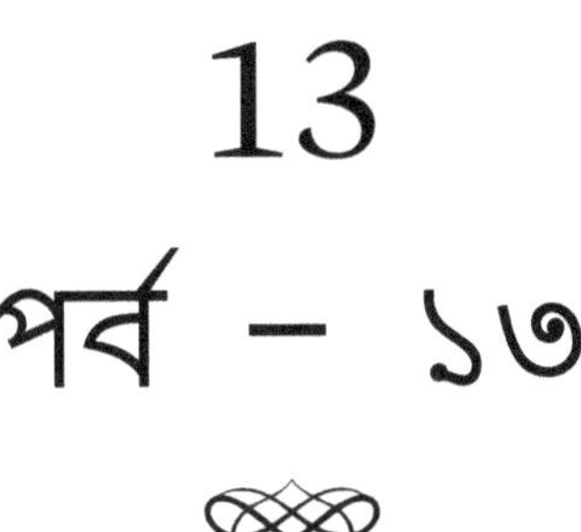

পর্ব – ১৩

এখন নির্ঝরী ও বনানী পরস্পরের কাছে সাবলীল। বনানী উনুনে জ্বালানি দিতে দিতে, কড়াইতে খুন্তি নাড়াতে নাড়াতে, কলঘরে স্নানে গিয়ে গুনগুনিয়ে গান করে। যে মানুষের কথায় কথায় মেজাজ বদলে যেতো আজ তিনি সম্পূর্ণ অন্য মানুষ। বনানীর বহুদিনের গান শেখার ইচ্ছা পূর্ণ হয়েছে, খুব সহজ পদ্ধতিতে, স্বাধীনভাবে। সংসারের গুমোট আবহাওয়া কেটে গিয়ে খোলা বাতাস বইতে শুরু করেছে। শাশুড়ি মায়ের খুশি দেখে নির্ঝরীও খুশি। প্রত্যেক মানুষের একটা নেশা আছে, শুধু সেই নেশার সঙ্গে মানুষের যোগাযোগ হয়ে গেলেই সে মগ্ন হয়ে যায় নিজেতে, মশগুল থাকে সেই নেশার মধ্যে। জগতের অন্য কোনো চাওয়া পাওয়ায় আর তার মন থাকে না। বনানী তার নেশার সঙ্গে যোগাযোগ করতে পেরেছে, তাই সেই গানের নেশায় সে মশগুল, প্রসন্ন হয়েছে সে।

এখনকার অনেক আধুনিক রান্না বনানী তার বৌমার কাছে শিখতে চায়। অত্যন্ত হিসেব করে চলতে অভ্যস্ত বনানী এখন মাঝেমধ্যে সংসারে একটু বেশিই খরচ করে ফেলে। দুজনের এই সখ্যতায় ধীমান ও কিংশুক দুজনেই মনে মনে আনন্দিত। স্বস্তি পেয়েছে তারা। আর খুশি হয়েছে নির্ঝরীর বাবা। সব বাবা মা সন্তানকে সুখী দেখতে চায়। নির্ঝরী স্বস্তির শ্বাস ফেললেও মাঝে মাঝে ভীষণ ক্লান্ত বোধ করে। সুখের সঠিক মানে সে বুঝে উঠতে পারে না। সুখ বলতে সে এখন বুঝেছে, মানিয়ে চলা, অন্যদের কাছে গ্রহণযোগ্য হয়ে ওঠা। যেন প্রতি মুহূর্তে পরীক্ষা দিতে দিতে চলা। বিয়ের পর থেকে ক্ষণে ক্ষণে শাশুড়ি মায়ের মুখ ভার দেখতে দেখতে ক্লান্ত নির্ঝরী আজ আশ্বস্ত হয়েছে, সে এতদিনে শাশুড়ি মায়ের কাছে গ্রহণযোগ্য হতে পেরেছে। হঠাৎ সম্বিত ফিরে পেলো বনানীর ডাকে।

- এই নিরু পরের লাইনটা কি রে?

- কোনটার পরের লাইন?

- ও মা, তুই কোথায় ছিলি এতক্ষণ? কি এতো ভাবছিলি? আমি যে গানটা গাইছিলাম তুই শুনিসনি?

- না মা আমি খেয়াল করিনি।

- এই গানটা " চলে যেতে যেতে দিন বলে যায়, আঁধারের শেষে ভোর হবে, হয়তো পাখির গানে গানে" এর পরটা আর মনে করতে পারছিনা। বলনা রে।

- এই মুহূর্তে আমারও ওইটুকুই মনে পড়ছে মা।

"

- ওহ্ তোরও মনে পড়ছে না ? দ্যাখ না আমি রোজ শুনছি কিন্তু কিছুতেই মনে রাখতে পারছি না।

দুপুরে খাওয়া দাওয়া সেরে নির্ঝরী ঘরে এলো । কিংশুক পড়ার টেবিলে নিজের পড়াশোনায় ব্যস্ত।

- আমাকে একটা মোটা দেখে ডায়েরী এনে দেবে? পুরোনো বছরের হলেও চলবে।

- কি করবে ঝরী ডায়েরি দিয়ে? রোজ ডায়েরি লিখবে? ডায়েরী লেখা খুব ভালো অভ্যাস। ঠিক আছে এনে দেবো।

- হ্যাঁ কতো কিছুই লিখে রাখার দরকার পড়ে । খুটিনাটি সবকিছু মনে রাখা সম্ভব হয় না সবসময়।

কিংশুক একটা মোটা ডায়েরী এনে সেদিন সন্ধ্যায় নির্ঝরীকে দিলো । পরদিন সন্ধ্যায় চা খেয়ে ধীমান বাজারের দিকে গেলে নির্ঝরী দুকাপ চা ছোটো দু বাটীতে মুড়ি আর ডায়েরীটা নিয়ে বনানীর কাছে গিয়ে বসলো । বনানী তখন কানে হেডফোন দিয়ে গান শুনতে বসেছে । নির্ঝরী আসায় খুব খুশি হলো । ডায়েরীর দিকে চোখ পড়তে বললো,

- এ সময় আবার খাতাপত্র নিয়ে এলি কেন? সারাদিনের পর এটুকুই তো ফুরসৎ পাই একটু নির্ধান্দায় বসবার জন্য। সরিয়ে রাখ তোর খাতাপত্র। এই নে গান শুনতে শুনতে চা থা।

এই বলেই বনানী নিজের কান থেকে হেডফোনের একটা অংশ খুলে নির্ঝরীর কানে গুঁজে দিলো। কিছুক্ষণ দুজনে গান শুনতে শুনতে চা মুড়ি শেষ করলো । হেডফোন খুলে নির্ঝরী কাপ বাটি কলতলায় রেখে হাত ধুয়ে এলো।

- মা আপনার পছন্দের কয়েকটি গান বলুন।

- গান আমার সবই পছন্দের।

হঠাৎ নির্ঝরীর দুপুরের গানটা মনে পড়লো। গুগল এ গিয়ে লিখলো "চলে যেতে যেতে...." লিরিক্স। পুরো গানটা মোবাইলের পর্দায় ভেসে উঠলো। ডায়েরীতে পুরো গানটা লিখে দিলো নির্ঝরী। এরপর বনানীকে শিখিয়ে দিলো কিভাবে গানের কথা খুঁজতে হয়। চার পাঁচটা গান নির্ঝরী নিজেই লিখে দিলো ডায়েরীর পাতায়।

- মা, এবার যখন এই গানগুলো শুনবেন ডায়েরীটা খুলে শুনবেন। তাহলে সুরের সঙ্গে কথাও মুখস্থ হয়ে যাবে। এইভাবে সমস্ত পছন্দের গানের কথা খুঁজে ডায়েরীতে লিখে রাখবেন। আর ডায়েরী তে কথা গুলো দেখতে দেখতে গান শুনবেন। তাহলে ভুলে যাবার সম্ভাবনা থাকবে না।

বনানী ছোট্ট বালিকার মতো উচ্ছ্বসিত হয়ে ওঠে। খুশিতে নির্ঝরীর থুতনি ধরে চুমু খায়।

- ও মা.. , বেশ ভালো বুদ্ধি তো।

কপট আদেশের সুরে নির্ঝরী বলে,

- অনেক গান তো হোলো। এরপর রান্নাঘরে না গেলে আপনার ছেলেরা উপোস থাকবে, খেয়াল আছে?

- ওমা তাই তো রে । খেয়ালই নেই গানেগানে । হ্যাঁ রে চল্ চল্ তাড়াতাড়ি ।

রাতের রান্নার জন্য উনুন ধরাতে বসলো বনানী।

প্রত্যেক দিন দুপুরে খাওয়া দাওয়া সেরে নির্ঝরী নিজের ঘরে বিশ্রাম নিতে আসে ঠিকই কিন্তু বিশ্রাম সে পায় কোথায় ? ঘর দুয়ার মুছে সকালে তাড়াহুড়ো করে স্নান পূজা সেরে চা করে সকলকে চা দিয়ে, কোনোরকমে নিজে একটু চা খেয়ে পড়াতে বসে। ঘর দুয়ার অধিকাংশ দিনই কিংশুক

মোছার লাঠি দিয়ে মুছে, শতরঞ্জি বিছিয়ে দিয়ে পড়াতে চলে যায়। ঐ শতরঞ্জিতে সুস্মিতা অথবা কুসুম এসে পড়তে বসে। নিজের ঘর দুপুরে খাওয়ার পরে একটু গুছিয়ে রাখার সুযোগ পায় নির্ঝরী। কিংশুকের পড়ার টেবিল, জামাকাপড় গুছানো, ইস্ত্রি করা এসব করতে করতে দুপুর গড়িয়ে বিকেল হয়ে যায়। কোনোদিন একটু বিশ্রাম পায় কোনোদিন পায় না। তারপর সন্ধ্যা নামে। প্রদীপ জ্বেলে ঠাকুর প্রণাম সেরে চা করে সকলকে দেওয়া। পরের দিন ছাত্রীকে কি পড়াতে হবে, সেসব একটু চোখ বুলিয়ে নিতে হয়। এতো কাজের মধ্যেও কয়েকটি ফোন এলে কথা বলতেই হয়। আবার রাতের রান্না, পরিষ্কার পরিচ্ছন্ন করা। রাতে শরীর আর পারে না। কোনোরকমে বালিশে মাথা ঠেকলেই একেবারে ঘুমের অতলে। নিজেকে মনে হয় যেনো নিয়তির হাতে দম দেওয়া পুতুল। ইদানীং মাঝে মাঝে বিভিন্ন জিজ্ঞাসা জাগছে তার মনে। ছোট থেকে যা ভাবা হয়, কল্পনা করা হয়, সংসার জীবনে প্রবেশের পর তা যেন মেলে না। সব হিসাব যেন কেমন গরমিল হয়ে যায়। যতদিন বিয়ে হয়নি ততদিন নিজেকে রাণীর মতো মনে হোতো। অন্যদের নিজের ধর্তব্যের মধ্যেই আনেনি কখনো। কারোও জানার পরিমাণ যে ওর থেকে বেশি হতে পারে সে কথা কখনোই মনে হয়নি। আজকে বাস্তবের মাটিতে দাঁড়িয়ে বোঝা যাচ্ছে তার জানার পরিমাণ কতো কম। আর অজ্ঞানতার পরিমাণ কতো বেশি। নীরবে দৈনন্দিন অভিজ্ঞতার মধ্য দিয়ে জ্ঞানলাভ করাই একমাত্র পথ বলে বুঝেছে এখন। বাস্তব আর কল্পনা কতো অমিল আজ জানা যাচ্ছে। আগে রাতের পর রাত জেগে কতো কথা হোতো কিংশুকের সঙ্গে। মনে হোতো এই রাত যেনো না ফুরোয়। আর এখন....।

বিয়ের আগের রাতে পর্যন্ত ফোনে ভিডিও কলে কতো কথা, কি পোশাক পরবো, কি কি আনন্দ করবো, কখন কি হবে কতো উন্মাদনা। যেদিন বিয়ের সব উৎসব শেষ হলো, দুজনে এক ছাদের নিচে বসবাস করতে পারলো তখন থেকেই সমস্ত ছবি বদলে গেল। কথা বলার সময় কখন? বাইরে যতটুকু সময় কিংশুক থাকে তাতে তো কোনো প্রয়োজন থাকে না ফোন করার। বিয়ের আগে, সময় কে আনন্দ উল্লাসের জন্য ব্যবহার করা হয়েছে। এখন সময় কে প্রয়োজন, সময়মতো সব কাজ সামলে নেবার জন্য। তবুও সময়কে পাওয়া যায় না। সময় আপনার গতিতে চলে যায় নিরন্তর। নিয়তি যেনো তার পাতা ফাঁদে প্রত্যেককে ফেলে জীবন শেখাবে, শেখাবেই, শিখতেই হয় প্রত্যেককে। তাই বিয়ের আগে এতো কাল্পনিক মধুরতার আয়োজন করে। জীবনের শিক্ষা না হলে মুক্তি নেই কারোও।

বিয়ের আগে মনে হোতো সে বোধহয় সবচেয়ে বেশি সৌভাগ্যবতী, তার জন্য সবকিছু বিশেষভাবে হচ্ছে এবং ভবিষ্যতেও বিশেষ ভালো হবে। অন্য সকলের এতো বেশি ভালো হয়নি হবেও না কখনো। তার স্বামী তাকে সকলের স্বামীদের থেকে অনেক বেশি ভালোবাসবে, তার জন্য সমস্ত স্বাচ্ছন্দ্য এনে দেবে। কিন্তু নাহ্‌, বিশেষ করে কোনোকিছুই তার জন্য হয়নি। কারো জন্যই বিশেষভাবে কিছু হয়না। মানুষ মাত্রেই তার মন-বুদ্ধি-শরীর নামক যন্ত্রের বাঁধনে সীমাবদ্ধ পরমেশ্বরের হাতের পুতুলমাত্র। তিনি যার জন্য যতটুকু বরাদ্দ করেন সে ততটুকুই পায়, তার অধিক পেয়ে যাবার কোনো প্রশ্নই নেই।

"স পর্যগাচ্ছুক্রমকায়মব্রণ-
মস্নাবিরং শুদ্ধমপাপবিদ্ধম্‌।
কবিমনীষী পরিভূঃ স্বয়ম্ভূ-
র্যাথাতথ্যতোহর্থান্‌
ব্যদধাচ্ছাশ্বতীভ্যঃ সমাভ্যঃ।। (ঈশোপনিষদ্‌ মন্ত্র, ৮)।।

- অর্থাৎ, পরমেশ্বর সর্বত্র পরিব্যাপ্ত, সকল জুড়ে শুধু তিনিই আছেন, তিনি উজ্জ্বল, শরীরহীন, ক্ষতহীন, স্নায়ুহীন, শুদ্ধ ও অপাপবিদ্ধ। তিনি কবি (অতীত দ্রষ্টা) মনীষী (ঋষি, মহাপুরুষ) সকলের উপরে বিদ্যমান, তিনি স্বয়ম্ভূ। তিনি প্রত্যেকের কর্ম অনুসারে তার কর্তব্য বিধান করেন, এমনকি সৃষ্টিকর্তা ব্রহ্মাকেও কর্তব্য, তিনিই নির্ধারণ করেন।। (ঈশোপনিষদের মন্ত্র, ৮)

নির্ঝরী এখন বুঝতে পারে, সকলের মতো সেও নিয়তির ফাঁদে বলি হওয়া এক প্রাণী। আলাদা বা বিশেষ কিছুই না। তবুও সবাই বিয়ের উৎসবে কতো আনন্দ করে, বাবা মায়েরা সাধ্যমত সাধ্যাতীত শ্রম অর্থ খরচ করে আলোর রোশনাই দিয়ে বিয়ের উৎসব পালন করেন। এ যেন নিয়তির ফাঁদে বর কন্যাকে বলি দেবার উৎসব। যেমন প্রতিদিন মৃত্যুকে দেখেও মানুষ নিজেকে অমর ভাবে, বিয়ের উৎসবও তেমনই। অন্যদের বিয়ে নামক নিয়তির হাতে বলি হতে দেখেও প্রত্যেক অবিবাহিত ভাবে তার জন্য এরকম কিছু হবে না, খুব ভালো কিছু হবে। ভালো আর নতুন করে কি হতে পারে? যেমন ইমারত গড়া হয়ে গেলে, সেই ইমারতে বাতাস ঠিকমতো চলাচল না করলেও কিছু করার থাকে না, এ যেন তেমনই। তবে বর্তমানে বিয়ে তো .....!

নির্ঝরীর হঠাৎ মনে হলো সংসার যেন ইঁদুর কল। ইঁদুর কলে ভালো থাবার দিয়ে ইঁদুরকে প্রলোভন দেওয়া হয়, সেই প্রলোভনে পড়ে ইঁদুরটি থাবার খেতে গিয়ে মরণ ফাঁদে পড়ে যায়, তার আর বেরোনোর উপায় থাকে না। সুন্দর সুন্দর কথা, রঙিন স্বপ্নে গড়া ভালোবাসা নামক অলীক বস্তুলাভের আশায় মানুষ বিয়ের ফাঁদে পড়ে। বিয়ের পর সেসব সুন্দর কথা, রঙিন স্বপ্ন, অনুষ্ঠানের শেষে সানাইয়ের সুর মিলিয়ে যাবার মতোই মিলিয়ে যায়। কলে পড়া ইঁদুর আর বিবাহিত মানুষদের একরকম অবস্থা, এটা ভাবতে গিয়ে হঠাৎ আপনমনে হাহাহা করে হেসে উঠলো সে। পুরুষদের অবস্থা আরও একটু উপরে। যেই বিয়ে হলো সংসারে নানারকম প্রয়োজন আরম্ভ হলো, অলীক স্বপ্ন দেখা যুবকটি সে সব প্রয়োজন পূরণের দৌড়ে সামিল হয়। ভালোবাসার অনুভূতি, ভালোবাসাকে অনুভব করার মতো সময় এবং মন দুটোই কোথায় যেন উড়ে যায়। তবে পুরুষরা বিয়ের পর নিজের বাড়িতে বাবা মায়ের সঙ্গে থাকতে পারে। মেয়েরা চিরপরিচিত বাবা মায়ের বাড়ি ছেড়ে অন্য বাড়িতে চলে যায়। তাই মেয়েদের ক্ষেত্রে জীবনযুদ্ধ আরো একটু কঠিন ও রুক্ষ হয়ে যায়। অন্য বাড়ির মানুষদের সঙ্গে খাপ খাওয়াতে হয়। অনেক সময় এটা অনেক কষ্টকর হয়ে যায়। তবে অনেক মেয়ে বাপের বাড়ির থেকে শ্বশুরবাড়িতে বেশী ভালোবাসা স্বাচ্ছন্দ্য ও সুবিধা পায়। আবার অনেক মেয়ের কাছে তো শ্বশুরবাড়ির মানুষজনই হেনস্থার স্বীকার হয়। সবরকম দৃশ্যই আছে এই পৃথিবীতে।

নির্ঝরী প্রত্যেক দিন তার মধ্যে শুভ চিন্তার বীজ বপন করে চলে, প্রতিদিন স্বপ্নগুলোকে সাকার রূপ দেবার চেষ্টা করে। তাই পূর্বের মতো দিবাস্বপ্নে ভেসে বেড়ানো আর হয়না। তবে হয়তো তার পূর্বে দেখা দিবাস্বপ্নগুলোও একদিন সাকার হয়ে উঠবে, ভবিষ্যৎই বলতে পারে সে কথা। বাপের বাড়ি থেকে অনেক কাঁঠাল আর বাতাবি লেবুর বীজ এনে ছড়িয়ে দিয়েছিলো পুকুর পাড়ে। বর্ষায় জল পেয়ে সেগুলোর অনেক চারা বেড়িয়েছে। সময়ের সঙ্গে এরাও একদিন বড়ো হয়ে নিশ্চই ফুলে ফলে ভরে উঠবে। বীজের নিয়মই তাই, বৃক্ষ হয়ে ফুলে ফলে ভরে ওঠা।

দুর্গাপূজার মহালয়ার আগেরদিন দুপুরে কিংশুক নির্ঝরীকে নিয়ে দেবীপুরের পথে রওনা হলো। নির্ঝরীকে বাবার বাড়িতে পৌঁছেই বাড়ি ফিরবে সে। আকাশে পেঁজা তুলোর মতো মেঘের দল, চারিদিকে সোনার মতো রোদের মধ্যে কাশফুলের দুলে দুলে নাচ দেখতে দেখতে চোখ জুড়িয়ে যাচ্ছিলো, গ্রাম বাংলার কি অপরূপ সৌন্দর্য। লাল মাটি, বাংলার রূপ পেরিয়ে শহরতলী এই

দেবীপুর। পৌঁছানোর সঙ্গে সঙ্গেই বাড়িতে আনন্দের হিল্লোল বইছে। খবর পেয়ে নাচের মেয়েরা চলে এলো সঙ্গে সঙ্গে। প্রচও খুশি হলো ওরা নিরুকে দিকে পেয়ে। ওদের চিন্তা দূর হলো। সামান্য চা জলখাবার খেয়েই কিংশুক বেরিয়ে যাবে বাড়ির পথে। এমন সময় কোথেকে মম উদয় হোলো কিংশুকের সামনে। কোনোরকমে কিংশুকের সঙ্গে খেজুরে আলাপটা সেরে নিলো,

- দাদাই ভালো আছো তো? আজকে থাকবে তো? থাকতেই হবে।

- না সোনা আমার কাজ আছে। আবার সপ্তমীর দিন সকালে চলে আসব। তখন থাকবো তোমাদের সঙ্গে। কেমন?

- ও আচ্ছা।

বলেই মম উধাও। চা জলখাবার খেয়ে কিংশুক সকলকে প্রণাম করে উঠানে নামলো।

- জুতোটা কোথায় রাখলাম আবার?

- ঝরী, ঝরী আমার জুতোটা কোথায় তুলে রাখলে আবার ? জানোই তো আমি এখুনি বেরোব।

- তোমার জুতো? আমি কেন তুলে রাখবো? আমি তো জানি তুমি এখুনি বেরিয়ে যাবে।

- তাহলে কোথায় গেলো জুতোগুলো? এখুনি এখানে ছিল।

এরপর নির্ঝরী আর কিংশুক দুজনেই জুতো খুঁজতে লাগলো। কোথায় জুতো? নির্ঝরী ডাকলো,

- মম, মম? কোথায় গেলি? তোর দাদাইয়ের জুতোগুলো দেখেছিস?

কোথায় মম? সারা বাড়িতে তারও তো চিহ্ন নেই। এবার সবাই বুঝে গেল ব্যাপারখানা। জুতোর খোঁজ আরম্ভ হতেই মম, চুপচাপ সরে পড়েছে। অগত্যা কিংশুক ব্যাগ রেখে জামাকাপড় বদলে নিলো। নির্ঝরী মনে মনে খুব খুশি হলো। তারও মন চাইছিল না, এভাবে কিংশুক এবাড়িতে এসে তাকে পৌঁছে দিয়েই চলে যাক।

দাদাইকে মম খুব ভালোবাসে। এমনিতেই দাদাই এবাড়িতে আসার সময় পায় না। এসেই যখন পড়েছে, আজকে যাওয়া যাবে না। কিন্তু সে একটা ছোট মানুষ । তার কথা কেউই শুনবে না। তাই জুতোগুলো সরিয়ে দেওয়া ছাড়া আর তার কোনো সহজ উপায় জানা ছিলো না , দাদাই কে আটকানোর জন্য। কিন্তু এবার কি হবে? বাড়ি ঢুকলেই দিভাই পিটতে পারে। তবে দাদাই হয়তো পিটতে দেবে না দিভাইকে। দাদাইয়ের মনটা দিভাইয়ের থেকে বেশি ভালো। এখন অপেক্ষা করে, একটু সন্ধ্যা নামলে, চুপচাপ বাড়ি গিয়ে পড়তে বসতে হবে । তাহলে কেউ কিছু বলতে পারবে না।

সন্ধ্যা নামলে মম বাড়ি ফিরে চুপচাপ পড়তে বসে গেল লক্ষ্মী মেয়ের মতো । বাড়ি বেশ শান্তই আছে। রাতে চুপচাপ খাবার টেবিলে বসে গেল খেতে। কারোও দিকে না তাকিয়ে একমনে খেয়ে নিল। বেশ অবাক কাণ্ড। দিভাই তাকে দেখলো, কিন্তু পিটলো না, বকলোও না। কেন, কি কারণ হতে পারে?

রাতে ঘুমাতে গিয়ে নির্ঝরী বললো,

- জানো তো তুমি চলে যাচ্ছিলে, আমার একেবারে ভালো লাগছিল না। মন খারাপ হয়ে গিয়েছিলো। ভাগ্যিস মম জুতো লুকিয়ে রেখেছিল।

বলেই হেসে উঠলো।

- ঝরী, তুমি কি মম এর মতো বাচ্চা হয়ে গেলে? তুমি জানো আটকে গেলাম মানে, ভোরে উঠতে হবে। এই চিন্তায় রাতের ঘুমটাও ঠিকমতো হবে না। ভোরে উঠে, বাড়ি পৌঁছেই পড়াতে যাওয়া।

- ধ্যেৎ, তোমার শুধু ব্যস্ততা।

বলেই নির্ঝরী কিংশুককে কপট রাগ দেখিয়ে ধাক্কা দিয়ে সরিয়ে দিয়ে, নিজে উল্টো দিকে মুখ করে শুয়ে পড়লো।

মেয়েরা আগেই নাচগুলো রপ্ত করেছিলো। নির্ঝরী ওদের আরো সুন্দর করে অভ্যাস করাতে আরম্ভ করলো। কোথাও মুদ্রা কোথাও শরীরের ভঙ্গিমা বদলে সর্বাঙ্গসুন্দর করার চেষ্টা করলো। এখন শুধু মঞ্চে দেখানোর পালা।

কিংশুক সপ্তমীর সকালে এসে দশমী কাটিয়ে আজ সকালে বাড়ি চলে গেছে। প্রায় দশ বারো টা দিন নির্ঝরী মেয়েদের সঙ্গে সঙ্গে ব্যস্ত থেকেছে, বাড়ির কারো সঙ্গে কথা বলার সুযোগই পায়নি । ভাইবোনের জন্য পছন্দমতো মুখরোচক থাবারও করবার সুযোগ পায়নি। ঠাকুমার সঙ্গে বসে একটুও কথা বলতে পারে নি। আজ একাদশী,আজ পরিবেশ শান্ত হয়েছে। মাইক লাউড স্পীকার সব যে যার ঘরে ফিরেছে। এবার দু দণও সবার সঙ্গে প্রাণ খুলে কথা বলে নিতে হবে। দুপুরে বিশ্রাম নিতে ঠাকুমার ঘরে এসে অনেক কথা হোলো তবে নির্ঝরী যা শুনতে চায় সে সব কথা হোলো না। বেলা পড়ে এলো। বাইরে থেকে কারা যেনো ডাকছে,

- বড়দি, ও বড়দি। ঘুমোচ্ছেন বড়দি?

- নিরু যা, দালানের দরজা বোধহয় বন্ধ আছে খুলে দে। ঠাকুমায়েরা এসেছে। দৌড়ে যা।

মৃন্ময়ী উঠে পরনের এলোমেলো শাড়ি সামলাতে সামলাতেই বললো

- সীতা, তরী, মনু, অনুরাধা, নন্দিনী সব আয় আয়। আমি তোদের জন্যই অপেক্ষা করছি। প্রতি বছর এই দিনে তোরা অবশ্যই আসবি, এ আমি জানি। নিরু চা বসাও ঠাকুমাদের জন্য।

- বড়দি এতো ব্যস্ত হবেন না, চা বসাতে হবে না।

- দূর দূর, আমি কেনো ব্যস্ত হবো? চা তো নিরু করবে। আমি একা কেনো নেবো নাতনির তৈরি চায়ের স্বাদ, তোরাও নে। আর এখন তো নিরুর তৈরি চা আমাদের কাছে দুষ্প্রাপ্য।

- কেন কেন?

- ওর চায়ের স্বাদ তো এখন শ্বশুরবাড়ির মানুষদের জন্য।

- হ্যাঁ হ্যাঁ তাই তো, তাই তো। নিরু তো এখন আর আমাদের না।

চা করতে করতে নিরু শুনতে পায় ওদের কথাবার্তা। মেয়েরা যে কাদের আপন, সেটাই জিজ্ঞাসা জাগে মনে। বিয়ের পরই মেয়ে পর, বিয়ের আগেও কি আপন থাকে মেয়েরা? প্রথম থেকেই পরের বাড়ীতে পাঠানোর প্রস্তুতি নেয় বাবা মায়েরা। বিয়ের পর মেয়েদের পরকে আপন আর আপনকে পর বানানোর খেলায় অংশীদার হয়ে যেতে হয়। এ এক প্রকৃতির অমোঘ নিয়ম। না যায় পরকে আপন করা, না যায় আপন কে পর করা । বেশীরভাগ মেয়েই এই খেলাকে মেনে নিয়ে, বুঝে নিয়ে অংশগ্রহণ করে, তারা টিকে যায় শেষ পর্যন্ত।যারা আবেগে ভাসে, না পারে আপনজনেদের পর করে দিতে, না পারে পরকে আপনজন হিসাবে মেনে নিতে, তারাই হয়তো পারেনা এ খেলায় শেষ পর্যন্ত টিকে থাকতে।

সকলে মৃন্ময়ীকে শুভ বিজয়ার প্রণাম করলো। মৃন্ময়ী একবার উঠে একটা বড়ো প্লেটে কিছু মিষ্টি আর কুচো নিমকি এনে সকলকে দিলো। ওরা সকলে ছোট ছোট টিফিন বক্সে মৃন্ময়ীর জন্য নারিকেলের নাড়ু এনেছে। এ বস্তুটি এই বিজয়া উপলক্ষেই পাওয়া যায়। নারিকেল এখন বেশ দুষ্প্রাপ্য বস্তু হয়ে দাঁড়িয়েছে। নির্ঝরী চা নিয়ে এলো। সবগুলো ঠাকুমাকে প্রণাম করলো। সকলে আশীর্বাদ করলো।

সন্ধ্যা নামলো। মৃন্ময়ী কলঘরে গেল। পূজার শাড়ি পরে গোপালের ঘরে গেল। গোপালকে সেবা দিয়ে জপ আহ্নিক সারলো। ইউটিউব খুলে বসলো হরিনাম সংকীর্তন দেখতে। মৃন্ময়ী এসব জ্ঞান লাভের আশায় দেখে না। দেখে, ধর্মের নামে কতো ভুল তথ্য মানুষের মধ্যে প্রচার করা হচ্ছে। নির্ঝরী ঠাকুমার সঙ্গে অনেক কথা বলতে চায়। আর তো মোটে চার পাঁচটা দিন, তারপর বাবা দিয়ে আসবে শ্বশুরবাড়ি। আবার যখন এখানে আসতে পারবে, তখন কথা হবে ঠাকুমার সঙ্গে। ফোনে ঠিক এসব গভীর জ্ঞানের কথা হয় না। তবে ঠাকুমাকে নিজের জগৎ থেকে বিচ্ছিন্ন করতেও মন চাইছে না। হরিনাম দেখছে দেখুক এখন।

রাতে কলঘর থেকে ফিরে মৃন্ময়ী হাত পা মুছে বিছানায় উঠে থানিক আশ্বস্ত হয়ে বসলো। নিজের শ্বাস প্রশ্বাসের উপর মনোসংযোগ করে সমতায় আনার চেষ্টা করলো। ধীরে ধীরে শ্বাস প্রশ্বাস ক্ষীণতর হতে থাকে। গভীর নিদ্রায় মানুষের যতটা বিশ্রাম লাভ হয়, শুধু এভাবে শ্বাস প্রশ্বাস সমতায় এলে মানুষের তার থেকেও বেশি বিশ্রাম লাভ করতে পারে। ঘুমানোর পরেও মানুষের মাথায় পূর্বের জমে থাকা দুশ্চিন্তা জেগে থাকে, তাই গভীর ঘুম হয়না। শ্বাস প্রশ্বাস সমতায় এলে এভাবে বিশ্রাম নিলে সমস্ত দুশ্চিন্তা কোথায় গায়েব হয়ে যায়। তবে এটা অভ্যাসের দ্বারা রপ্ত করতে হয়। নির্ঝরীর ঘুম আসছে না। আপনমনে শুয়ে থাকে। ছোটবেলা থেকেই জেনেছে, ঠাকুমা যখন চুপ থাকবে তখন পাশে থাকলে তাকেও চুপ থাকতে হবে। পরমা, মিতা রান্নাঘরের কাজ সেরে যে যার ঘরে চলে গেছে। পাড়া এখন শান্ত। নীরবতা ভেঙে মৃন্ময়ী বললো,

- কি গো দিদিভাই কি ভাবছিস? এতদিন এখানে এসেও ঠাকুমার সঙ্গে ঠিকমতো কথা বলতে পারছিস না। সময়, সময় দিদিভাই। সময়ের অপেক্ষা। আমাদের সকলকে ঠিক সময়ের জন্য অপেক্ষা করতে হয়। তবে সচেতনও থাকতে হবে, না হলে সময় কখন এসে চলে যাবে, বোঝা যাবে না। জানি আমি অনেক জিজ্ঞাসা জমেছে তোমার মধ্যে।

- ও মা, তুমি কেমন করে জানলে গো? ঠাকুমা তুমি কি জ্যোতিষবিদ্যা জানো ?

- না না তা কেনো? কাছের মানুষকে বুঝতে গেলে জ্যোতিষবিদ্যা জানতে হয় না। বয়সের অভিজ্ঞতায় অনেক কিছু এমনিতেই জানা যায়। আর তোমাকে তো আমি এই দুই হাতের তালুতে পালন করেছি। তুমি আমার কাছে এই দুই হাতের তালুর মতোই জানা। তোমার প্রত্যেক শ্বাস প্রশ্বাসের গতি প্রকৃতি, শরীরের মনের বাক্যের সকল ভাষা, আমি বুঝতে পারি। আবার তুমি আমার রক্তের সম্পর্কের, তোমাকে চিনবো জানবো না তো কাকে চিনবো জানবো বলো? আমাদের হাতে আর দুদিন আছে তার পরদিন লক্ষ্মীপূজা। আর একদিন পরে তোমায় ফিরতে হবে।

- হ্যাঁ ঠাকুমা। তাই তো মনে হচ্ছে তোমার সঙ্গে কবে আর কথা বলতে পারবো? সময় কোথায় ?

- আজকের রাত না হয় আমরা দুজনে জেগেই কাটাবো, কথা বলে। কি তাহলে হবে তো?

নিরু অত্যন্ত আনন্দিত হয়ে ধড়মড়িয়ে উঠে বসে বললো,

- তাই ঠাকুমা, আমরা সারারাত কথা বলবো জেগে জেগে? তাহলে তো খুব মজা হবে। কথা বলতে বলতে ভোর হয়ে গেলে আমি তোমাকে চা করে দেবো।

নাতনির খুশিতে মৃন্ময়ী খুশি হয়। এইরকম দিনের অপেক্ষায় ছিলো সেও। তার কথা তার নাতনি আনন্দের সঙ্গে শুনতে চাইছে এর থেকে বেশী আনন্দ আর কি হতে পারে। বেঁচে থাকার সুখ তো এমনই। মৃন্ময়ী বললো,

- রাতের আঁধারে চারিদিক শান্ত হলে, আশা আকাঙ্খা ভর্তি মানুষের মনগুলো ঘুমিয়ে শান্ত হলে, জাগ্রত মানুষের মন সৃষ্টিশীল হয়। যোগীরা, সৃজনশীল মানুষেরা তাই গভীর রাতে জেগে থাকে। যোগী যোগ সাধনা করেন আর সৃজনশীল মানুষেরা সৃষ্টি করেন। কারণ এসব অনাসৃষ্টির ভাবতরঙ্গগুলি সব শান্ত থাকে। বাবা বলতেন রাতে জাগে যোগী আর ভোগী। ভোগী মানে ভোগবিলাসী। হয় বেশি খেয়ে দেয়ে বদহজমে শরীর আইঢাই করছে ঘুমোতে পারছেনা, আর নয়তো অনেক টাকা পয়সা ধনদৌলত সঞ্চয় করেছে কিভাবে সেসব সংরক্ষণ করবে সে চিন্তায় তাদের ঘুম আসে না।

খিলখিলিয়ে হেসে উঠলো নিরু। ফিসফিসিয়ে বললো,

- আর চোরেরা কেন জাগে? তারা তো চোর, চুরি করে। তারা তো যোগীও নয় ভোগীও নয়, আর সৃজনশীলও নয়।

- এটা বুঝতে গেলে বয়সের দরকার। চোরেরাও সৃজনশীল। মানুষের সারাজীবন ধরে জমিয়ে রাখা ধনদৌলত, কেমন এক মূহুর্তে হাপিস করে দেয় বলো ? এর জন্য কতো সূক্ষ্ম ভাবে ভাবতে হয়, না হলে প্রাণ সংশয়। এ এক বিশেষ শিল্পকলা বটে। আর পূর্বে বেশীরভাগ ডাকাত, ডাকাতি করতো গরীবদের সাহায্য করবার জন্য। ধনীরা টাকা পয়সা সঞ্চয় করে রাখতো গরীব খেতে পেতো না। তাই তারা সে সব লুঠ করে গরীবদের বিলিয়ে দিতো। রঘু ডাকাত, বিশে ডাকাত, ভবানী ডাকাত, বিদেশি রবীন হুড এরা এরকমই ডাকাত ছিলেন। আর ইংরেজ আমলে বিপ্লবীরা, ধনীদের বাড়িতে ডাকাতি করতো অস্ত্রশস্ত্র কেনা ও বিপ্লবী দল চালানোর টাকা জোগাড়ের জন্য। এ তো দেশের সেবা।

- হুঁ, বুঝতে পারছি।

- জগৎ শান্ত হলে ঐশ্বরিক সত্তা সক্রিয় হয়।

নির্ঝরী এসব শুনতে শুনতে ঘোরের মধ্যে চলে যায়। ঠাকুমার কথা গুলো কেমন যেন আকাশবাণীর মতো শোনায় তার কানে। সামান্য নীরব থেকে মৃন্ময়ী বললো,

- আমি জানি তোমার জিজ্ঞাসাগুলোকে। তোমার মনে অনেক প্রশ্ন। তুমি বিয়ে সম্বন্ধে একপ্রকার ভেবেছিলে আর এখন দেখছো তা সম্পূর্ণ অন্যরকম। তোমার কল্পনার সঙ্গে কোনো মিল খুঁজে পাচ্ছো না। তাই তো?

আরো একবার অবাক হোলো নির্ঝরী। ঠাকুমা কেমন করে জানলো এ কথা? সত্যিই তো বলছে ঠাকুমা। মুখে কিছু না বলে মৃন্ময়ীকে বলতে দিলো সে।

- তোমাদের প্রজন্মের সকলেরই একরকম অবস্থা। বিয়ের পরবর্তী অবস্থার ভাবনা নিয়ে তোমরা এতই মশগুল থাকো যে বিয়ের পর তার অন্যরকম রূপ দেখে তোমরা একেবারে মুষড়ে পড়ো। অনেকে তো তাল সামলাতে না পেরে এর থেকে পালানোর কথা চিন্তা করে ফেলে। ডিভোর্স তো এখন একটা বহু ব্যবহৃত শব্দ। ভাবে বোধহয় ডিভোর্স করলেই পরিত্রাণ মিলবে। তাই কি কখনো হতে পারে? হয় না। নিজেকে পরিবেশের সঙ্গে খাপ খাওয়াতে শিখতে হয়। পরিস্থিতির সঙ্গে সঙ্গে বদলাতে হয় নিজেকে। একটা পুরাতন গান আছে,

"নাচতে যদি না শেখো তো উঠান হবে বাঁকা।

আর বন্ধু যদি না চেনো তো চলতে হবে একা"।

মানুষের মধ্যে যখন ভালোবাসা, মমতা এসব কমে যায় তখন সম্পর্কের মধ্যে বিদ্বেষ উৎপন্ন হয়। তোমরা এখনকার বাচ্চারা সম্পর্কের গুরুত্ব বোঝোনা। সমাজ থেকে এমনকি নিজের থেকেও

তোমরা বিচ্ছিন্ন।ধৈর্যের বড়ো অভাব তোমাদের মধ্যে।তোমরা বিশ্বের খবর রাখতে আগ্রহী। সামনের মানুষের খবর রাখতে বড্ড সময়ের অপচয় হয় তোমাদের। কোরোনা ভাইরাস চীনদেশ থেকে এসে এখানে ধৈর্য ধরে নিজেকে খাপ খাইয়ে নিয়ে দিব্যি ভয়ঙ্করী থেকে ঘরের অসুখটি হয়ে গেলো। আমার বিশ্বাস তোমরাও পারবে সঠিক সময়ে নিজেদের খাপ খাইয়ে নিতে।

মৃন্ময়ী বলে চলে, নীরব শ্রোতা হয়ে যায় নির্ঝরী ।

- বিয়ের উন্মাদনায় সকলে বিয়ে করতে বসে, তখন মনে হয় এসব রীতি রেওয়াজ কোনোমতে পালন করে বিয়ে সেরে ফেলতে হবে। এই রীতির অর্থ, এসব পালন করার কারণ জানতে কেউই কৌতূহলী হয় না। মুনি ঋষিদের কি কোনো কাজই ছিল না যে এরকম পদ্ধতিতে বিয়ের প্রথা বানিয়ে গেছেন? আর এখনকার ব্রাহ্মণরা কোনোমতে দক্ষিণা নিয়ে, নমো নমো করে মন্ত্র পড়ে বিয়ে দিয়ে পালাতে পারলে বাঁচে। ব্রাহ্মণ হলো জ্ঞানী জাতি। যজমানকে সঠিক ভাবে সব কিছু বলে যাওয়া তার কর্তব্যের মধ্যে পড়ে। এখন তো এমন অনেক ব্রাহ্মণ আছে যাঁদের সংস্কৃত অক্ষর পরিচয়টুকুও হয়নি। কোনো শাস্ত্রীয় জ্ঞান, শাস্ত্রীয় পঠনপাঠন তো তাদের কাছে অনেক দূরের বস্তু। তাঁরা মানুষকে কিভাবে জানাবে এসব বৈদিক রীতি নীতির অর্থ? প্রাচীন ঋষিরা বৈদিক রীতিনীতির মাধ্যমে বিজ্ঞান বলে গেছেন। এই বিজ্ঞান কেবল মানুষের জন্য তো বটেই, সমস্ত জীবের, সমস্ত সৃষ্টির কল্যাণের জন্য, সৃষ্টিকে রক্ষার জন্য।

- ঠাকুমা বলো আমায়। আমি শুনতে চাই। তুমি ছাড়া এসব আমাকে বলে দেবার কেউ নেই।

- সাংখ্যদর্শন হলো ভারতের আদি দর্শনশাস্ত্র। আজকের দিনের আধুনিকতম সকল ভারতীয় দর্শনের উৎপত্তি এই সাংখ্য দর্শন থেকে। সাংখ্য দর্শন তাই সব শাস্ত্রের পিতা। মহর্ষি কপিল এই সাংখ্য দর্শনের দ্রষ্টা। বলা হয় ভারতীয় শাস্ত্র ঈশ্বর থেকে এসেছে, মুনি ঋষিরা ধ্যানের মধ্য দিয়ে সেই সকল মন্ত্রকে দর্শন করেছেন এবং শিষ্যদের শিখিয়েছেন। মনে করা হয় কপিল মুনি এই পশ্চিমবঙ্গের দক্ষিণ চব্বিশ পরগনায় গঙ্গাসাগরে, সাগর সঙ্গমে বসে তপস্যা করে এই আদি দর্শনশাস্ত্র কে ধ্যানের মাধ্যমে জেনেছিলেন। তাই গঙ্গাসাগর এতো পবিত্র স্থান। কপিল মুনির মন্দির আছে সেখানে। তবে মানুষের মধ্যে সঠিক ভাবে এ সম্পর্কে প্রচার নেই। ফলে এ জায়গার উন্নতি সেভাবে হয়নি। গঙ্গাসাগর আমাদের অতি পবিত্র স্থান।

- ঠাকুমা জানো তো আমার মনে হয় এ সম্পর্কে কেউ জানে না। কাউকে কখনো বলতে শুনি নি।

- জানে অনেকেই। প্রচার নেই। এখন তো মানুষ শাস্ত্র থেকে, পরম্পরা থেকে দূরে চলে যাচ্ছে ক্রমশঃ। এই সাংখ্য দর্শন অনুসারে, প্রকৃতি আর পুরুষের মিলনে এই জগৎ সৃষ্টি হয়েছে। পরমেশ্বর হলেন সেই আদি পুরুষ, আর আদিশক্তি মহামায়া হলেন প্রকৃতি। সংসারের ক্ষেত্রেও তেমনি অনুষ্ঠানের মধ্য দিয়ে জাগতিক নারী আর জাগতিক পুরুষের সাক্ষাৎকার করানো হয় তাদের এক বন্ধনে বেঁধে দেওয়া হয়। তার আগে আভ্যুদয়িক অনুষ্ঠান করে বিগত পিতৃপুরুষদের পূজা করা হয়, তাদের কাছে আশীর্বাদ চাওয়া হয়। আবার নান্দীমুখ অনুষ্ঠানের মধ্য দিয়ে দেবতাদের পূজা করা হয় ও আশীর্বাদ চাওয়া হয়। সকলের আশীর্বাদ নিয়ে অগ্নিকে অর্থাৎ 'তেজ'কে সাক্ষী করে সংসারজীবনে প্রবেশ করতে হয়। বিয়ের সময় পুরুষকে যাঁতি দেওয়া হয় হাতে কেন ?

- জানি না ঠাকুমা।

- যাঁতি দিয়ে সমস্ত বাধা ছিন্ন করতে করতে শক্তির (energy) কাছে পৌঁছায় , শক্তিকে (energy) লাভ করে । নববধূ হলো শক্তির প্রতীক। শক্তির অর্থাৎ নববধূ রূপী কন্যার হাতে

থাকে কাজললতা। সেই কাজললতায় থাকে জ্ঞানাঞ্জন বা জ্ঞানকাজল। পুরুষের চোখে প্রকৃতি বা শক্তি (এখানে বিয়ের কনে) জ্ঞান কাজল এঁকে দেয়। পুরুষের তখন জ্ঞানের চোখ খোলে। এই মায়ার জগৎকে ঐ পুরুষ তখন জ্ঞানের চোখ দিয়ে দেখে। দেখে এই জগৎ যাকে সে 'আমি', 'আমার' বলে জেনেছিলো এতদিন যাবৎ, আসলেই সেই জগৎ হলো ঈশ্বরের লীলাক্ষেত্র। ঈশ্বর ভিন্ন আর কিছুই নেই। সব কিছু ঈশ্বরের থেকে, ঈশ্বর দিয়ে, ঈশ্বরের জন্য সৃষ্টি হয়েছে।

ধড়মড়িয়ে উঠে বসলো নির্ঝরী। এমন কথা সে আগে কখনো শোনেনি। হাসি ঠাট্টায় আনন্দে উচ্ছাসে ভরপুর, বিয়ের অনুষ্ঠানের মধ্যে যে এতো গভীর অর্থ লুকিয়ে আছে, এ তার কল্পনার অতীত ছিল। বললো,

– ঠাকুমা, এতো কিছু অর্থ লুকিয়ে আছে এই আচার অনুষ্ঠানের মধ্যে? আমি তো ভাবতেই পারছি না।

– তবে হ্যাঁ এখন তো ঐ কাজললতায় জ্ঞানকাজল ভরা থাকে না।

– তবে কি ভরা থাকে ঠাকুমা?

– বর্তমানে তো ঐ কাজললতায় , মোহ কাজল ভরা থাকে। সেই মোহ কাজলের রঙ এতো গাঢ় যে বিয়ের পরে পুরুষ কখনো কখনো নিজের বাবা মাকেও চিনতে পারে না, নিজের ভালো মন্দও বুঝতে পারে না।

নির্ঝরী বুঝতে পারে না এ কথার সঠিক অর্থ। ঠাকুমা কি তাকেই উদ্দেশ্য করে বলছে? কিন্তু সে তো কিংশুককে এমন করেনি, কিংশুক তো তার কথামতো চলেও না। সে নিজেই বরং কিংশুকের কথা শুনে চলে। তবুও নিজেকে সমর্থন করবার জন্য অস্ফুটে বললো,

– কিন্তু কিংশুক তো মোহ কাজল পরেনি। আমি ওকে মোহ কাজল পরাইনি। আমি এরকম না।

মৃন্ময়ী বুঝতে পারলো, নিরু এখনও শিশুর মতো, অপরিণত বুদ্ধি। তবে এই সুযোগে ওকে সদুপদেশ দেওয়া যাবে।

– তবে কেমন তুমি? তোমারও তো ঐ একই সমস্যা, কিংশুকের মাকে নিয়ে। কিছুতেই মানিয়ে নিতে পারছো না । বিয়ে হলো কেবল অবস্থার পরিবর্তন। সকল পরিবর্তনের সঙ্গে খাপ থাইয়ে নিতে পারলেই জীবন এগিয়ে যেতে পারে। ঐ পরিবর্তনের সঙ্গে তোমার মন যত বেশী বিদ্রোহ করবে তত বেশি তুমি তোমার লক্ষ্য থেকে দূরে সরে যাবে। মাঝে মাঝে মানুষ অবস্থার এই পরিবর্তনকে মেনে না নিয়ে এত বেশি বিদ্রোহী হয়ে ওঠে যে তার জীবনের লক্ষ্য কি ছিল সেটাই ভুলে যায়। তার আর জীবনের লক্ষ্যে পৌঁছানো হয়ে ওঠে না। তোমাকেই খুঁজে নিতে হবে নিরু, কোন পথ ধরে এগোলে তুমি তোমার পূর্ণতার লক্ষ্যে পৌঁছাতে পারবে।

– কোনপথে যাব ঠাকুমা, আমার সামনের কোনো পথই যে আমি দেখতে পাচ্ছি না।

– এ পথ কি এভাবে চোখে দেখতে পাওয়া যায় দিদিভাই? রাধারাণীর লক্ষ্য ছিল কৃষ্ণকে পাওয়া। কৃষ্ণই ছিল তাঁর ধ্যানের কেন্দ্র। তাঁর শাশুড়ি, ননদ (জটিলা ,কুটিলা) তাঁকে সর্বদা পাহাড়ায় রাখতেন। কিছুতেই কৃষ্ণের কাছে যেতে দিতেন না। তাঁরা দুজনে ঘুমিয়ে পড়লে রাধারাণী চুপিসারে কৃষ্ণের কাছে যেতেন। তাঁর পায়ের শব্দে যাতে শাশুড়ি ননদের ঘুম না ভেঙে যায়, সেজন্য মাটিতে জল ঢেলে তার উপর দিয়ে পা টিপে টিপে চলবার অভ্যাস করতেন । অভ্যাসই যোগ, অভ্যাসই তপস্যা। লক্ষ্যে পৌঁছানোর জন্য নীরবে নিভৃতে নিরন্তর প্রচেষ্টা করতেই হবে। (যোগদর্শনের দৃষ্টিতে এই গল্পের ব্যাখ্যা আলাদা)। সংসারের নির্দিষ্ট কর্তব্য গুলো ঠিক

মতো পালন করে নিজের লক্ষ্যের দিকে, নিজের পূর্ণতার উদ্দেশ্যে যাত্রা করতে হয়। কর্তব্য লঙ্ঘন করে কেউ পূর্ণ হতে পারে না। নদী সমুদ্রের দিকে চলে পূর্ণতার উদ্দেশ্যে । রাধারাণী (জীব), কৃষ্ণের (পরমাত্মার) কাছে যায় নিজের পূর্ণতার লক্ষ্যে। প্রত্যেক মানুষেরও নিজের পূর্ণতার জন্য প্রযত্ন করা উচিত। এটাই মানবজীবনের উদ্দেশ্য। এটাই সাধনা, এটাই কালযাপন। নিত্য নতুন আকাঙ্খার উৎপত্তি, সেসব পূরণের জন্য দৌড়ে বেড়ানো উদ্ভ্রান্তের লক্ষ্য। এবং উদ্ভ্রান্তের লক্ষণও বটে।

- ঠাকুমা?

- উঁ ।

- বলো।

- পূর্বে গুরুকুলে পড়াশোনা হোতো। ভারতের শিক্ষা ব্যবস্থা ছিল গুরুমুখী। অর্থাৎ গুরু তাঁর বিদ্যা শিষ্যদের দিয়ে যাবেন। গুরুর কাছে শিষ্যরা ওতপ্রোতভাবে থেকে তাঁর সকল বিদ্যাকে আয়ত্ত করবে। এ এক পরম্পরা। শৈশবে গুরুর কাছে গিয়ে প্রথমে গুরুর কাছে নাড়া বাঁধতে হতো । এ ছিল একধরনের সমর্পণ। মা বাবা গুরুর কাছে ছেলেকে সমর্পণ করে দিতো। সে একরকম পূজার অনুষ্ঠান। এখন সেই পূজাই সংক্ষিপ্ত হয়ে হাতেখড়ি পূজা হয়েছে। শৈশবে আমাদের পড়াশোনা আরম্ভ হবার আগে ব্রাহ্মণের কাছে বসে খড়িপেন্সিল হাতে নিয়ে প্রথম লিখতে শেখানো হয়। হাতে খড়ি ধরানো হয়। ব্রাহ্মণ শিশুটির হাতের উপর হাত দিয়ে 'অ' লেখেন আর মুখে বলেন 'অ লিখ '। এর পরদিন থেকেই নিয়মিত ভাবে লেখা পড়া শুরু হয়।

- ঠাকুমা?

- হুঁ

- হাতেখড়ি তো আমি জানি। আমারও তো রাঙাকাকুদের বাড়িতে হয়েছিল। সেদিন সরস্বতী পূজা ছিল। উপোস থাকতে হয় হাতেখড়ির সময়। ওহঃ কি কষ্ট, খিদে পেয়ে গিয়েছিল খুব জোরে। কিন্তু ঠাকুমা হাতেখড়ির সঙ্গে বিয়ের কি সম্পর্ক?

- হাতেখড়ি যেমন পড়াশোনার পাঠশালায় প্রবেশের অনুষ্ঠান, তেমনি সংসার নামক পাঠশালায় প্রবেশের অনুষ্ঠান হলো বিবাহ। বিবাহ হলো সংসারকে (জগৎ সংসার) পাঠ করার হাতেখড়ির অনুষ্ঠান। নারী পুরুষ উভয়ের একত্রে সংসার পাঠের মধ্য দিয়ে সত্যকে (পরম তত্ত্বকে/পরমাত্মাকে) জানার জন্য অঙ্গীকারবদ্ধ হবার অনুষ্ঠান। এই সত্য থেকেই আমাদের সৃষ্টি। এই সত্যেই আমাদের স্থিতি। এই সত্যেই আবার লয় হবার উদ্দেশ্যে আমাদের নিরন্তর চেষ্টা। জগৎ সর্বদা আমাদের আহ্বান করছে "এসো জানো আমাকে, আমিই সেই দর্পণ (আয়না), যেখানে পরমেশ্বর প্রতিফলিত হচ্ছেন সর্বদা, আমিই (জগৎ) সেই পরমেশ্বরের পরম প্রকাশ। চোখের সামনে যা দেখছো তা পরমেশ্বরেরই রূপ"।

ক্ষণিক নীরব হয়ে যায় মৃন্ময়ী। তারপর আবার আপনমনে বলে,

- আজকের মেয়েরা অসহায়। তাদের সামনে কোনো আদর্শ নেই, নেই কোনো সঠিক পথ দেখানোর, সঠিক জীবনবোধের মানুষ। বেশীরভাগ মেয়ে অল্প বয়সে দুটো ভালো কথা শুনে, পড়াশোনার ক্ষতি করে প্রেমে মশগুল হোলো। বাড়ির গুরুজনেরা মানলে ভালো না মানলে বাড়ি থেকে চলে গেল। পরিবারের সম্মান, মা বাবার সম্মান এসব কথা আর মাথাতেই থাকলোনা। সকলের অমতে বিয়ে হোলো। নিজের বাড়ির প্রত্যেক সদস্যকে শত্রু মনে হোলো। ঐ ছেলেটি তখন পরম মিত্র। যদি ছেলেটির পরিবার মেনে নেয় তাহলে তাঁরাও মিত্র হলেন। প্রথমদিকে ঐ

শ্বশুরবাড়ি স্বর্গ মনে হোলো। কয়েক দিন পর.....

বড়ো একটা দীর্ঘশ্বাস পড়লো মৃন্ময়ীর। নীরবতা দেখে নিরু অধৈর্য্য হয়ে ওঠে,

- আমি জানি এসব। চোখের সামনে দেখতে পাচ্ছি। তবুও তুমি বলো। আমি শুনতে চাই তোমার কাছ থেকে। তারপর বলো।

- তারপর কয়েকমাস যেতে না যেতেই প্রথমে শাশুড়িমা, তারপর শ্বশুর, একে একে শ্বশুরবাড়ির সব লোকজনকে শত্রু বলে মনে হতে থাকলো। অনেক ক্ষেত্রে তাঁদের ভুল ভ্রান্তি নিশ্চয়ই থাকে, তবে সবক্ষেত্রেই না। তারপর নিজের স্বামীকেও শত্রু মনে হোলো। আর তারপর নিজের বাবা মা কে আবার পরম প্রিয় বলে মনে হতে লাগলো। নিজের পরিবার পরিজনেদের সঙ্গে সম্পর্ক নতুন করে মিষ্টি লাগতে থাকে। এরপরের ঘটনা আরও মজার।

একথা বলেই মৃন্ময়ী হাহাহা করে হেসে উঠলো।

- হাসছো কেন বলো না। থামছো কেন?

- তারপর আবার সেই পূর্বের বাপের বাড়িতে ফিরে আসা। তারপর কয়েকবার শ্বশুরবাড়ি ফিরে যাবার ডাক আসে। কন্যেটি জিদ করে বসে থাকে। নিজেদের সপক্ষে যুক্তি খাড়া করতে উভয়পক্ষকে অনেক সত্য মিথ্যার গল্পের মধ্য দিয়ে চলতে হয়। আশেপাশের যে সমস্ত পরিচিত, আত্মীয়পরিজনদের খাওয়া দাওয়া ছাড়া কোনো কাজকর্ম থাকে না, তাঁরা ঐ সব সত্য মিথ্যা গল্প নিয়ে অবসর সময় কাটানোর একটা সুবর্ণ সুযোগ লাভ করে। সামান্য ঘটনা বিভিন্ন মুখে নিত্যনতুন রূপ ধারণ করে। মেয়ের বাবা মা ভাবেন, 'সত্যিই তো তাদের মেয়ে কতো কষ্ট পেয়েছে শ্বশুরবাড়িতে। না হয় কমবয়সে একটা ভুল করেই ফেলেছে। যাক্ গে এবারের মতো ক্ষমা করে দিই'। এরপর একটা বিবাহ বিচ্ছেদের মামলা হয়। এখানেও সত্য মিথ্যার আলো আঁধারী খেলা চলে। পুলিশ, আইনজীবী এঁদের সুবিধা হয় টাকা লুটের। এঁরা জানে যে যত বেশি উভয়পক্ষকে পরস্পরের বিরুদ্ধে খেপিয়ে রাখতে পারবে ততই তাঁদের লাভের পরিমাণ বেশি হবে। এটাই এঁদের লাভজনক বুদ্ধি। বরপক্ষ এবং কন্যাপক্ষ এইসব সুমিষ্টভাষী পুলিশ আর আইনজীবীকেই তখন অত্যন্ত আপনার জন বলে ভাবতে থাকে। উভয়পক্ষকে দিয়ে এঁরা পরের পর মামলা সাজানো করায়। কারণ যত বেশি মামলা তত বেশি লাভ হবে এঁদের। মামলা মানে তো শুধু সত্যি মিথ্যে গল্প সাজিয়ে পরস্পরকে অসম্মান করা। ক্ষণিকের ভালোলাগা দিয়ে শুরু হয়ে যে সম্পর্ক বিয়ে পর্যন্ত গড়িয়েছিল, তার পরিণতি হলো উভয়পক্ষের মা বাবা ও পরিবারের অসম্মানে। অধিকাংশ ক্ষেত্রেই মেয়েপক্ষ একটি বড়ো অঙ্কের টাকা দাবী করে ছেলেপক্ষের কাছে। ঐ মামলায় ভালোবাসা কে নিলামে চড়িয়ে বড়ো অঙ্কের টাকা পেয়ে বেশ কয়েকদিন মেয়েটি নিজেকে খুব বুদ্ধিমতি বলেই মনে করে। আসল কাহিনী এরপর শুরু হয়। অনেক টাকা জেতার আনন্দ ধীরে ধীরে ফিকে হতে থাকে। এই ভারতীয় সমাজে বিবাহ বিচ্ছিন্না নারী আজও নিরাপদ নয়, সম্মানীয় নয়। যখন চারপাশের মানুষের জিজ্ঞাসা আরম্ভ হয়, তাকে নিয়ে অনেক মতামত দেওয়া আরম্ভ হয়, পুরুষতান্ত্রিক সমাজের বিভিন্ন বাধার সম্মুখীন হয়, তখন সেসবের মোকাবিলা করতে করতে মেয়েটি ক্লান্ত হয়। ততদিনে সে দেখতে পেয়ে গেছে চারিপাশ তার জনশূন্য। এখন আর সে মা বাবার আদরের কন্যা নয়। সকলের উপেক্ষা সে মর্মে মর্মে উপলব্ধি করতে পেরেছে। তখন অনুভব করে তার কোথায় ভুল ছিল, কিভাবে সে নীরব থেকেও, কেবল বুদ্ধিমত্তা দিয়ে সমস্যা সমাধান করতে পারতো। অনেক অনেক চিন্তা তখন মাথায় ভিড় করে আসে, যে চিন্তাগুলো আগে আসলে হয়তো জীবন অন্যরকম হতো। "সব পাখি ঘরে আসে, সব নদী ফুরায় এ জীবনের সব লেনদেন।

থাকে শুধু অন্ধকার মুখোমুখি বসিবার....."

ততদিনে হয়তো ছেলেটি কষ্ট পেতে পেতে মেয়েটিকে ভুলে নতুন করে বাঁচার চেষ্টা করছে । মেয়েটির তখন শুরু হয় একা পথ চলা । নদী প্রথমে চড়াই উৎরাই পেরিয়ে মধ্য জীবনের সমতলভূমিতে আসে, সাবলীলভাবে চলে । বিবাহ বিচ্ছেদের পর জীবনের প্রায় মধ্য অবস্থায় এসে অধিকাংশ মেয়েদের জীবনের পথ চড়াই উৎরাই হয়ে যায় । যাঁদের স্বামী শ্বশুরবাড়ি সত্যিই নির্মম তাঁদের কথা তো আরও বেদনার ।

অথচ যে সম্পর্ক ভালোবাসা দিয়ে আরম্ভ হয়েছিল তা তো ভালবেসেই জীবনের শেষ দিন পর্যন্ত চলতে পারতো? বর্তমান সময় বড়ো অস্থির । আমাদের সময়ে নারীদের স্বাভিমানই ছিল তাঁদের প্রকৃত সম্পদ । স্বাভিমানই ভারতীয় নারীকে বিশ্বের দরবারে শ্রেষ্ঠ নারীর মর্যাদা দিয়েছে ।

- স্বাভিমান মানে? স্বাভিমান কি ঠাকুমা? কেমন ছিলো সেকালে মেয়েদের স্বাভিমান? কিভাবে আসে মেয়েদের মধ্যে সেই স্বাভিমান? চুপ করে গেলে কেন? বলো না ঠাকুমা।

মৃন্ময়ী নীরব হয় । কোথা থেকে শুরু করবে ভাবতে থাকে । নিরু আজকের প্রজন্মের মেয়ে । ভারতে জন্ম হলেও প্রকৃত ভারতীয় শিক্ষা সংস্কৃতি এখনকার বাচ্চাদের থেকে অনেক দূরে । ওরা কেমন করে জানবে ভারতীয় নারীর মাহাত্ম্য? বর্তমানে নীতিশাস্ত্র, পুরাণগাথা এসব তো পড়ানো হয় না । কিছুদিন আগে পর্যন্ত প্রায় অধিকাংশ বাড়িতে রামায়ণ, মহাভারত, ভাগবত পাঠ হতো । এছাড়া বিভিন্ন ছোট ছোট যাত্রাদল গ্রামে গ্রামে ঘুরে পৌরাণিক যাত্রাপালা গাইতো । এখন সেসব নেই । চোখ ঝলসানো বিদেশি সভ্যতা আমাদের গিলে খেয়ে ফেলেছে । বর্তমান ছেলেমেয়েদের আর দোষ কোথায়? বাল্যবিবাহ বন্ধ করার জন্য আইন হয়েছে । বিভিন্ন সহৃদয় মানুষ তাঁদের নিজেদের মতো করে বাল্যবিবাহের কুফল সম্পর্কে মানুষের মধ্যে চেতনা জাগানোর চেষ্টা করছেন । এখানে জিজ্ঞাসা হলো বাল্যকাল কি কেবল বাল্যবয়সের মধ্যেই সীমাবদ্ধ ? অপরিণত বুদ্ধি তো একপ্রকার বাল্যাবস্থাকেই বোঝায় । শৈশব থেকে ঠিকমতো শিক্ষা না পেলে মন বুদ্ধি অপরিণত থেকে যায় । পৌরাণিক নারীরা আধ্যাত্মিক বলে বলীয়ান ছিলেন । জাগতিক এমন কোনো শক্তি নেই যা নারীর অধ্যাত্ম শক্তির থেকে বলীয়ান । বর্তমান নারী সেই শক্তি সম্পর্কে জানে না । তাই নারী তার দেবীত্বও জানেনা । সতী, তাঁর সমস্ত সত্তা পরমেশ্বরকে সমর্পণ করে পরমেশ্বরী হয়েছিলেন । তাঁর নশ্বর দেহ পর্যন্ত অলৌকিক মহিমা প্রাপ্ত হয়েছিল । মৃত্যুর পরে তাঁর দেহের অংশ যেখানে যেখানে পড়েছিল সেগুলিও আজ অলৌকিক স্থান । তীর্থস্থান । সতীর একান্নপীঠ । হতে পারে সতী কোনো নির্দিষ্ট নারী । ‘সৎ’ শব্দও স্ত্রীলিঙ্গে ‘সতী’ হয় । সৎ মানে যার বিনাশ নেই । সতী হলো অবিনাশী শক্তি । যে শুভ শক্তির কখনো বিনাশ হয় না । মানবী রূপে সতীর নশ্বর দেহ পর্যন্ত অবিনাশী, অলৌকিক । নিজের সমস্ত সত্তা পরমেশ্বরে নিবেদন করে তিনি দেহের নশ্বরতাকেও পার করেছিলেন । প্রত্যেক নারীর একজন মানব স্বামী থাকলেও , সমগ্র জগতের স্বামী বা প্রভু একজন। পরমেশ্বর, পরব্রহ্ম। তিনি সকল জীবের স্বামী, প্রভু। তাঁকে সমস্ত সত্তা সমর্পণ করলে মানবের নশ্বর দেহও পরম পবিত্র ও অলৌকিক হয়ে যায়।

রাত অনেক গভীর। চিন্তায় ছেদ টানে মৃন্ময়ী। নিরু গভীর ঘুমে । ধীরে ধীরে ওঠে মৃন্ময়ী। কলঘরে যায় । এখনই ঘুম আসবে না । কলঘর থেকে এসে অর্ধ পদ্মাসনে বসলো । শ্বাস প্রশ্বাসের গতিতে মনোসংযোগ করলো । ক্রমশঃ শ্বাসের গতি ক্ষীণ হতে থাকলো । সারাদিনের সমস্ত কোলাহল মাথা থেকে মুছে গেল । শুয়ে পড়লো মৃন্ময়ী।

বাড়িতে শারদীয় লক্ষ্মী পূজা হলো। আর একদিন পরে নিরুকে সত্যপদ শ্বশুরবাড়িতে দিয়ে আসবে। আগের দিন দুপুরে বিশ্রামের সময় মৃন্ময়ী নিরুকে কাছে পেয়ে বললো,

- এ জগৎ তার আপনার নিয়মে চলে। পরমেশ্বর পরিচালনা করেন। মানুষ হলো বুদ্ধিযুক্ত জীব। প্রত্যেক মানুষের উচিত তার বুদ্ধিকে সঠিক পথে চালনা করা। আমার গুরুমশাই বলতেন অবসর সময়কেও সঠিকভাবে ব্যবহার করা উচিত খালি রাখা উচিত না। খালি জায়গা খালি থাকলেই ময়লা জমবে। খালি মাথাও তেমনি।খালি জমিতে চাষী বীজ বপন করে। তুমিও অবসর (খালি) সময়ে বীজ বপন করো। শুভ চিন্তার বীজ, শুভ ইচ্ছার বীজ। এভাবেই মন বুদ্ধি সঠিক দিশা (পথ) পাবে। যেমন শস্য বা ফুল, ফলের বীজ বপন করলে নির্দিষ্ট সময় পর ফুলে ফলে ভরে গিয়ে চাষীকে সমৃদ্ধ করে, তেমনি অবসর সময়ে রোপন করা এই শুভ চিন্তার , শুভ ইচ্ছার বীজও একদিন ফুলে ফলে ভরে গিয়ে তোমাকে সমৃদ্ধ করবে। তুমি দেখো করবেই। তবে সময় লাগবে। নিরন্তর সকলের কল্যাণের কথা চিন্তা কোরো। ওতেই তোমার কল্যাণ হবে।

নিরু এখন ঠাকুমার কথা কেবল শোনে তা না, স্মৃতির পাতায় ছাপিয়ে নেয়। যে কথা এই মুহূর্তে সঠিকভাবে অনুধাবন হলো না বটে, তার বিশ্বাস নির্দিষ্ট সময়ে সে সব কথা ঠিকই বুঝতে পারবে।

এর পরদিন বাবার সঙ্গে নির্ঝরী পৌঁছে যায় শ্বশুরবাড়ি। শুরু হয় রুটিন মাফিক জীবন। বিভিন্ন পরীক্ষার প্রস্তুতি, নিজের পড়া আর পড়ানো, এই ছিল কিংশুকের রুটিন। সকালে পড়ানো, সারাদিন সংসারের কাজ এই ছিলো নির্ঝরীর রুটিন। এভাবেই কেটে যাচ্ছিল দিনগুলি।

"মা দেখোনা মা, বোনি কতো দুস্টু করছে। দেখো মাটি খাচ্ছিলো। হাঁ কর বোনি, হাঁ কর"। বাচ্চা মেয়েটার হাঁ মুখের দিকে তাকাতেই ঘুম ভেঙে গেলো নির্ঝরীর। বাচ্চা দুটিকে এর আগেও স্বপ্নে দেখেছে সে। ওরা তাকে 'মা' বলে ডাকে কেন? ওরা কারা? কোথায় থাকে ওরা? অনেক জিজ্ঞাসা মনের মধ্যে ভিড় করে আসে। উঠে পড়লো সে। বিছানা থেকে নেমে বারান্দায় আসে। বাইরে ঘন অন্ধকার। কিছুই ঠাওর হয় না। কেবল অন্ধকারময় গাছগাছালির আবছা অবয়ব। আমাদের জীবনের মতো। এরকম অন্ধকারের মতোই জীবন, কিছুই ঠিক করে দেখা যায় না। মানুষ নিজের জন্য সন্তানদের জন্য কতো কিছুই ভাবে। কতো ভবিষ্যৎ পরিকল্পনা করে। সেসব ভাবনা যেন এই নিশ্ছিদ্র অন্ধকারে দেখা গাছগাছালির অবয়বের মতো অস্পষ্ট। বারান্দা থেকে এসে কলঘরে যায় সে। হাতে মুখে ঘাড়ে সামান্য জল দেয়। টেবিলে ঢাকা দেওয়া জলের গ্লাস থেকে নিঃশব্দে জল খেয়ে আবার বিছানায় আসে। কিংশুক গভীর ঘুমে। ওর এখন ভীষণই ব্যস্ততার মধ্য দিয়ে দিন কাটছে। কেবল রাতটুকুই সে বিশ্রাম নিতে পারে।

এই দুটি প্রাণ, আনন্দে, বিষাদে, সুখে অসুখে বিশ্রামহীন হয়ে দিন যাপন করছিল। তাদের অদেখা ভবিষ্যৎও অপেক্ষা করছিলো, ওদেরকে দেখা দেবার জন্য। পরমেশ্বর এদের মধ্য দিয়ে অনেক কিছু সৃষ্টি করতে চাইছিলেন। যা করতে অনেক ধৈর্য, নিষ্ঠা অধ্যবসায় লাগবে। তারই পূর্ব প্রস্তুতি পরমেশ্বর, তাদের সংসার যাপনের মধ্য দিয়ে করিয়ে নিচ্ছিলেন। যাতে তারা নির্বিঘ্নে পরবর্তী কঠিন কাজগুলো অবলীলায় করতে পারে। দৈনন্দিন সংসার যাপনের মধ্য দিয়ে যে নিষ্ঠা, অধ্যবসায়, ধৈর্য অর্জন হয় তা আর অন্যভাবে হয় না।

14

পর্ব – ১৪

"মা ,ও মা, দেখো বোনি সব ফেলে দিচ্ছে। কিচ্ছু খাচ্ছে না, ওকে তুমি বকোনা, আমার কথা শুনছে না"। একটা প্রায় বছর ছয় সাতেকের ছোট্ট বালকের পাশে একটা প্রায় বছর আড়াই তিনের ফুটফুটে ছোট্ট মেয়ে। দুই জনেই নির্ঝরীর দিকে তাকিয়ে। ছেলেটি চোখে আকুতি নিয়ে নির্ঝরীর দিকে তাকিয়ে, মেয়েটির চোখে বেপরোয়া দৃষ্টি। একমাথা ঝাঁকড়া চুলের ফাঁক দিয়ে সে তাকিয়ে আছে নির্ঝরীর রায় ঘোষণার অপেক্ষায়। কেমন যেন মমতা অনুভব করলো নির্ঝরী বাচ্চাদুটির প্রতি। কে ওরা? ঘুম ভেঙে গেল। বাচ্চাদুটিকে এতো আপনার জন মনে হচ্ছে কেন? বিছানায় উঠে বসলো সে। কিংশুক চোখ মেলে তাকালো।

- কি হোলো ঝরী? বসে আছো কেন? ঘুমাবে না? শুয়ে পড়ো সোনা, রাত এখন অনেক বাকী। জেগো না শরীর খারাপ করবে। শুয়ে পড়ো।

তবুও নির্ঝরী বসে থাকলো। একই স্বপ্ন ঘুরে ফিরে কেন আসছে ? এই স্বপ্নের বাচ্চা দুটির সঙ্গে তার যোগসূত্রই বা কি? বিছানা থেকে নেমে ধীরপায়ে বারান্দায় যায়। অনুভব করলো তার পাশে কিংশুকও নীরবে দাঁড়িয়েছে। দুজনেই চুপচাপ থাকলো কিছুক্ষণ। নীরবতা ভেঙে কিংশুক বললো,

- কি হয়েছে ঝরী? মন খারাপ? মন খারাপের স্বপ্ন দেখেছো?

নির্ঝরী অস্ফুটে বললো ,

- স্বপ্ন দেখেছি, তবে খারাপ ভালো জানিনা।

- স্বপ্ন? কি স্বপ্ন? বলো আমায়!

- একটা স্বপ্ন বিভিন্ন ভাবে মাঝে মাঝে ঘুরে ফিরে আসে। আজকেও দেখলাম।

- ও এই কথা? সে তো হতেই পারে। আমরা সর্বক্ষণ কতো কিছুই চিন্তা করি। অপরিণত চিন্তাগুলো স্বপ্নের রূপে ঘুমের মধ্যে ফিরে আসে। অপরিণত চিন্তা মানে বোঝো?

মাথা নাড়ে ঝরী। অর্থাৎ সে জানে না।

- যে চিন্তাগুলো আমরা পুরোপুরি করে উঠতে পারিনা, পুরো চিন্তা করার সুযোগ হলো না ছেদ পড়ল, সেগুলো হলো অপরিণত চিন্তা। চলো শুয়ে পড়ো।

- এখন ঘুম আসছে না। কারা ওরা?

- কারা ঝরী? কাদের কথা বলছো তুমি?

- দুটো বাচ্চা। একটা মেয়ে আর একটা ছেলে। আমার স্বপ্নে ওরাই আসে, বারবার। আমাকে মা বলে ডাকে। প্রায়ই আসে ওরা।

- বাহ্ এতো দারুণ ব্যাপার ঝরী? এর জন্য তুমি মন খারাপ কোরো না। ভবিষ্যতে যারা আসবে আমাদের কাছে , যারা তোমাকে 'মা' বলে ডাকবে এ তাদেরই স্বপ্ন। ওরা আমাদের ভবিষ্যৎ ঝরী। এ নিয়ে মন খারাপ নয়, আনন্দ করো। সময় হলেই ওরা আসবে এই তোমার আর আমার মাঝে। নাও চলো এখন ঘুমাবে।

- কবে আসবে? বলোনা কবে আমরা আনবো ওদের ? কতগুলো দিন তো চলে গেলো। এখনো কি আমরা ওদের আনার কথা ভাবতে পারি না? বলো না।

অনেক আবেগ নিয়ে নির্ঝরী কথাগুলো বলে চললো। ভিতরে ভিতরে কিংশুক বেশ অসহায় বোধ করে। কিন্তু সে বালিকার মতো সরল ঝরীকে চেনে, তার আবেগের সবটুকু সম্পূর্ণ ভাবে অনুভব করতে পারে। তাই খুব শান্তভাবে বললো,

- অবশ্যই ভাবতে পারি ঝরী। কিন্তু ভেবে দেখো তো তুমি কি এখন এ ব্যাপারে প্রস্তুত হতে পেরেছো? আমি তো এখনও পারিনি ঝরী এ ব্যাপারে প্রস্তুত হতে। আমার তো মনে হয় তুমিও প্রস্তুত নও। এই পরিবেশে তুমি কি সাবলীল হতে পেরেছো? নতুন নতুন মানুষগুলোর সঙ্গে, নতুন পরিবেশের সঙ্গে এখনও সম্পূর্ণভাবে সাবলীল নও তুমি। অবশ্যই চেষ্টা করছো নিজেকে সাবলীল করতে।

চুপ থাকে নির্ঝরী । সত্যিই তো দুজনের কেউই এখনও প্রস্তুত নয়। এ কথা ভাবার মতো সময়ই আসেনি এখনো। কিংশুককে এ কথা বলে বিব্রত করার জন্য লজ্জিত হলো সে। পরিবেশটা ভারী হয়ে ওঠার আগেই কিংশুক বললো,

- ঝরী, তোমরা মেয়েরা অনেক কোমল। সামান্য কারণেই তোমরা নিজেদের মন মেজাজ বদলে ফেলতে পারো। এভাবেই তোমরা নিজেদের প্রকাশ করতে পারো, নিজেদের চট জলদি হালকা করে নিতে পারো। আর এইজন্যই তোমাদের মনের কোমলতা বজায় থাকে। আমরা ছেলেরা বাইরের জগতের সঙ্গে খাপ খাওয়াতে গিয়ে, জীবনে প্রতিষ্ঠার জন্য লড়াই করতে গিয়ে, জীবন কে গোছাতে গিয়ে, পরিবারের সকলকে ভালো রাখার প্রচেষ্টায় নিজেদের কেমন করে প্রকাশ করতে হয় ভুলে যাই। তার মানে এই নয় যে, আমরা ভাবতে জানি না, আমরা কষ্ট পাই না, বা আনন্দিত হই না। আমাদের ভিতরেও কোমল জায়গা আছে, কিন্তু তা প্রকাশের সুযোগ সুবিধা খুব কম। আমিও অনেক স্বপ্ন দেখি জানো? তবে সবই জাগ্রত অবস্থায়।

- তুমিও স্বপ্ন দেখো? জেগে জেগে? কি স্বপ্ন দেখো তুমি,? বলো না!

ছোট বালিকার মতো জানতে চায় নির্ঝরী । কিংশুক বললো,

- সে অনেক স্বপ্ন। পরমেশ্বর যদি কখনো সেসব পূরণের সুযোগ ও সামর্থ্য দেন, তখন দেখতে পাবে। স্বপ্নগুলোই মানুষের এগিয়ে চলার ঠিকানা। কাউকে বলে দিতে নেই। কেবল নিরন্তর প্রচেষ্টা করে যেতে হয়, সেখানে পৌঁছানোর। বুঝেছো রাজকন্যে? তবে ঘুমিয়ে ঘুমিয়ে আমিও একটা স্বপ্ন দেখি। ঘুরে ফিরে মাঝে মধ্যেই আমি সেই স্বপ্নটা দেখি।

- তাহলে অন্তত এই ঘুমের মধ্যে দেখা এই স্বপ্নটা আমাকে বলো।

- উঁহু তাও বলা যাবে না। কারণ এই স্বপ্নটাও যাতে আমি সাকার রূপ দিতে পারি তার জন্যও আমি পরমেশ্বরের কাছে প্রার্থনা করি। এটাও গোপন থাকবে, বলা যাবে না।

- একটুখানি বলো, না হলে ঘুমাবো না।

ঝরীর এমন বালিকা সুলভ কথায় হাসি পেলো কিংশুকের।

- আচ্ছা একটুখানি বলছি। প্রায়শই আমি একটা মহাদেবের মন্দিরের স্বপ্ন দেখি জানো। জানি না কোথায় সেই মন্দির। প্রায়ই আমি ঘুমের মধ্যে স্বপ্নে সেই মন্দিরে পৌঁছে যাই। স্বপ্ন না, যেন জীবন্ত সত্য। আমি এই শরীরে, মনে সেই সে সময়কার অবস্থা সম্পূর্ণভাবে অনুভব করি। ঘুম ভাঙ্গার পরেও সেই অনুভূতি আমার সমস্ত শরীর মন জুড়ে থাকে অনেকক্ষণ পর্যন্ত। এই স্বপ্নটা আমাকে মনে প্রাণে অনেক শক্তি যোগায়। আমি অনেক পরিশ্রম করলেও তাই কোনো ক্লান্তি অনুভব করি না কখনো। যেন আমার মধ্যে ভরপুর শক্তির সঞ্চার করানোর জন্যই মহাদেব ঐ স্বপ্নের দেশে নিয়ে যান।

- নির্ঝরীর মনের গুমোট কখন কেটে গেছে, সে টেরও পায়নি। কিংশুক ঝরীকে চেনে। অল্পেই মন খারাপ, চুপ হয়ে গেলো, আবার সামান্য খুশির কথায় ওর মন খারাপ কোথায় যেন উড়ে যায়।

- ঘুমাও ঝরী, ঘুমাও ঘুমাও। সকালে উঠতে দেরি হয়ে যাবে। চলো ঘুমিয়ে পড়ো।

একটা নাচের ক্লাস আরম্ভ করবে ভেবেছিলো নির্ঝরী। নাচ একটা আনন্দময় শরীর চর্চা। ক্লাসটা আরম্ভ করলে একই সঙ্গে নিজের শরীর চর্চা, নাচের মহড়া দুই কাজই হতে পারতো। এছাড়া বাড়তি একটু পয়সাও হাতে আসতো। রোজ সকালে পড়ানো তারপর সংসারের কর্তব্য গুলো পালন করার পর সময় থাকে না এসম্পর্কে ভাবার। তবে নাচের ক্লাস সপ্তাহে একদিনই হয়। কুসুম, সুস্মিতা আর ওদের মায়েরা অনেক অনুরোধ করেছে তাকে নাচ শেখানোর জন্য। এটা নিয়ে এবার ভাবতেই হবে।

কিংশুক ক্রমাগত পরীক্ষা দিয়ে যাচ্ছিলো যেভাবেই হোক চাকরি পেতেই হবে। বেশীরভাগ লিখিত পরীক্ষায় সে উত্তীর্ণ হয়ে গেলেও, এখনো কোনোটাতেই ইন্টারভিউয়ের ডাক পায়নি সে। গবেষণার জন্য নেট পরীক্ষার জুনিয়র রিসার্চ ফেলোশিপ এর জন্য পরীক্ষা দিয়েছিল। খুব তাড়াতাড়ি ফলাফল ঘোষণা করে দিয়েছে। সুযোগ পেয়েছে কিংশুক। যাক এও ভালো। ফেলোশিপের (ছাত্রবৃত্তির) টাকাটাও কম না। চল্লিশ হাজার টাকার উপর। এবার সে আর চাকরির জন্য চেষ্টা করবে না। অন্যান্য পড়াশোনা ত্যাগ। সুযোগ যখন পাওয়া গেছে সম্পূর্ণভাব এবার গবেষণায় মনোযোগ দিতে হবে।

কয়েকদিনের প্রচেষ্টায় সে নিজের পছন্দের বিশ্ববিদ্যালয় খড়গপুর আই আই টি তে গবেষণার কাজে যোগদান করলো। তবে ক্লাস আরম্ভ হতে মাস খানেক দেরি। সব ব্যবস্থা হয়ে গেছে, এবার বাবা মাকে আর ঝরীকে জানাতে হবে। আর প্রস্তুতি নিতে হবে, গোছাতে হবে সব বইপত্র, প্রয়োজনীয় জিনিসপত্র। নিয়মিত বাড়িতে এলেও প্রায় পাঁচ বছর মন প্রাণ দিয়ে গবেষণার জন্য ওখানেই স্থিতু হতে হবে।

এরই মধ্যে একদিন কিংশুক সকালের টিউশন পড়িয়ে এসেই বললো,

- ঝরী, তাড়াতাড়ি তৈরি হয়ে নাও বেরোতে হবে এক্ষুনি।

- কোথায়?

- ওহ হো প্রশ্ন কোরো না। আগে তৈরি হও তাড়াতাড়ি।

হন্তদন্ত হয়ে কিংশুকও তৈরি হয় তাড়াতাড়ি। ঝরীকে নিয়ে বেরিয়ে পড়লো সে। বনানীকে সামনে পেয়ে কেবল বললো,

- মা, একটু পরেই ফিরে আসবো। বেরোচ্ছি একটু।

বি.এড কলেজের ক্যাম্পাসটা বড্ড সুন্দর। বাড়ি থেকে খুব বেশি দূরেও না। নির্ঝরী ভীষণ অবাক হয়। কিছুদিন আগে বি.এড এ ভর্তি নিয়ে কিংশুক আলোচনা করেছিল বটে। সেদিনের পরে আর এ নিয়ে কোনো চর্চাই হয়নি। অথচ নির্ঝরী এসে বুঝেছে যে আগে থেকেই কিংশুক সমস্ত ব্যবস্থা করে রেখেছে। নির্ঝরীকে কেবল কয়েক জায়গায় সই করতে হোলো। এছাড়া আর কোনো কাজই ছিল না। প্রথম থেকেই নির্ঝরীর মার্কশিট, সার্টিফিকেটের ফাইল কিংশুকের কাছেই থাকে। তাই কখন নিজের মতো করে বি.এড কলেজে এসে কাগজপত্র প্রস্তুত করে গেছে নির্ঝরী জানতেও পারেনি। প্রায় একমাস দেরি আছে ক্লাস আরম্ভ হতে।

তার ছেলে গবেষণায় সুযোগ পেয়েছে এজন্য বনানী খুশি ছিল। এছাড়া চল্লিশ হাজারের উপর ছাত্রবৃত্তি পাবে এটাও অনেক আনন্দের খবর। নির্ঝরী বেশ ভয়ে ভয়ে আছে শাশুড়ি মাকে কিছুই জানাতে সাহস পাচ্ছে না সে। কিংশুকের কথা উপেক্ষা করতে পারছে না। কতো আশা নিয়ে সে কলেজে ভর্তি করে দিয়েছে। কলেজে যাবে না, তা তো আর হয়না। আবার এ জন্য শাশুড়ি মা দুঃখ পাবেন, ক্ষুব্ধ হবেন সেটাও মানতে পারছে না। কিংশুক ঝরীর মনের অবস্থা বুঝলেও এ প্রসঙ্গে কোনো কথা বলছে না। এক্ষুনি হয়তো জিদ করবে 'কলেজে যাবনা'। তাই চুপচাপ থাকাই ভালো। কয়েকদিন পরে তাকেও চলে যেতে হবে। তারও ক্লাস আরম্ভ হয়ে যাবে। সপ্তাহে শুক্রবার রাতে এসে সোমবার ভোরে চলে যেতে হবে। ভেবেছিল টিউশনি গুলা ছেড়ে দেবে। ছাত্ররা ছাড়লো না। শনিবার রবিবার তাকে ক্লাস নিতেই হবে। বাকি ক্লাস ওদের অনলাইনে করিয়ে দিলেই হবে। অগত্যা ছাত্রদের কথা রাখতেই হবে। এতে অবশ্য টিউশন পড়ানোর রোজগারটাও থেকে যাবে তার। নির্ঝরীর ক্লাস আরম্ভ হবার কয়েকদিন আগে কিংশুকই তার মাকে সব জানালো। নীরব হয়ে শুকনো মুখে বনানী সবই শুনলো। বললো না কিছুই। মুখে কিছু না বললেও মনে মনে অত্যন্ত ক্ষুব্ধ হোলো। নিজের কপালকে দোষারোপ করা ছাড়া আর নিজের দুর্ভাগ্যের কথা ভেবে বিলাপ করা ছাড়া আর কী -ই বা করার আছে তার।

যখন নির্ঝরীর ক্লাস আরম্ভ হোলো তখন কয়েক দিন কিংশুক বাড়িতে ছিল। হাতে হাতে মা আর ঝরী দুজনকেই কিছু সাহায্য করতে পেরেছে। তার অনুপস্থিতিতে কিভাবে সামলাবে ঝরী, তাই নিয়ে সামান্য দুশ্চিন্তাও হয়েছে। তারপর ভেবেছে , মানুষ অভ্যাসের দাস। প্রয়োজনে মানুষ সবই পারে। ঝরীও ঠিক পারবে।

ধীমান খুব খুশি। যেমন খুশি নিজের ছেলের জন্য, তেমনই খুশি তার বৌমায়ের জন্য। সে হাসিমুখে সব গ্রহণ করেছে, গ্রহণ করতে পারে সে। সব কিছুই পরমেশ্বরের অপার করুণায় চলছে। পরমেশ্বরের নিয়মের ভালো মন্দ বিচার করবার সে কে? পরমেশ্বরের কৃপায় তার পরিবার ক্রমশঃ উচ্চশিক্ষিত পরিবার হয়ে উঠছে এতেই সে খুশি। বনানী অনেক অভিমান নিয়ে ধীমানকে বলে,

- তুমি তো খুশি হবেই তোমার আর কি? তোমাকে তো আর সংসার সামলাতে হয় না। এখন সব ঝক্কি আমায় সামলাতে হবে। সকলে তো রোজ রোজ কলেজে পাঠশালায় বেরিয়ে পড়বে, আমারই কোথাও যাবার জায়গা নেই। সংসার সংসার করেই জীবন চলে গেল।

- জীবন এখনো আছে, চলে গেল কোথায় ? আর কে বললো তোমার কোথাও যাবার জায়গা নেই? নিশ্চই আছে। কিন্তু রোজ রোজ যাওয়া আসার ধকল, পড়াশোনা করার ধকল, এসব কি তুমি সামলে উঠতে পারবে? মানুষ বৃদ্ধবয়সেও কতো কিছু পড়াশোনা করছে, কতো কিছু হাতের কাজ শিখছে। এখন তো শেখার বিষয় অফুরন্ত। আর তুমি তো মাঝবয়সী। আবার শুরু করো তোমার পছন্দমতো পড়াশোনা বা অন্য কোনো কিছু শেখা।

- মরণ, তিন বোঝা কাঠ শ্মশান ঘাটে এগিয়ে গেছে। এখন কাঁধে ব্যাগ ঝুলিয়ে কলেজে যেতে বলছো?

- বাজে কথা ছাড়ো বনানী। আসলে এসব শিখতে তুমি প্রস্তুত নও। তোমার শরীর বা মন কোনোটাই এর জন্য তৈরি নেই। নিজেও কিছু করবে না অন্যকে এগিয়ে যাবার পথও তুমি করে দিতে চাও না। সংসারের ঝক্কি একটা অজুহাত মাত্র। সংসার বলতে তো এই পোড়া পেটের জন্য রান্না, ঘর দুয়ারের পরিচ্ছন্নতা , কিছু বিধিনিষেধের গণ্ডি, আর পালপার্বণে আনন্দ উৎসব। আসল সমস্যা তোমার মনে। মনের ভিতরের রাস্তাটা পরিষ্কার করো! তার মধ্য দিয়ে সকলকে অবাধে এগিয়ে যেতে দাও । দেখবে সকলের পদধ্বনিতে তোমার ভিতরের পথ ক্রমশঃ চওড়া হয়ে যাচ্ছে। একবার বোঝো বনানী, আমাদের এই পরিবার এই মহল্লার সব পরিবারের থেকে শিক্ষায় সংস্কৃতিতে বেশি উন্নত হচ্ছে। আগামী দিনের এই উজ্জ্বল আলোটাকে তুমি কি দেখতে পাচ্ছো না বনানী? আমাদের সময়টা অন্যরকম ছিল। দুনিয়াটা এতো জটিল ছিল না। ডিজিটাল ছিল না, সামাজিক মাধ্যম ছিল না, এতো অর্থনৈতিক চিন্তা ছিলো না, এতো অস্থিরতাও ছিল না। দুনিয়া এখন মানুষের হাতের মুঠোয়। তার সঙ্গে যন্ত্রণাও যে অনেক বেড়েছে বনানী। আজকের ছেলেমেয়েদের নিশ্চিন্ত হবার উপায় নেই। সর্বদা দৌড় দৌড় আর দৌড়। কতো রকমের চিন্তা সবসময় তাদের মাথায়। আমরা ওদের চিন্তার ভাগ নিতে পারবো না ঠিকই। কিন্তু ওদের এগিয়ে চলার পথে হাসিমুখে পাশে দাঁড়াতে তো পারি ? কিগো পারি না বলো?

বনানী তার এই মানুষটার উপর অনেক অভিমান দেখায় বটে কিন্তু তার এই মানুষটাই তাকে কি যেন এক জাদুবলে শান্ত করে দেয়। তার কথায় যেন সে অপার সুখ অনুভব করতে পারে।

কিংশুক পৌঁছে গেছে খড়্গপুর আই আই টি তে। সেখানে তার বিলাসবহুল থাকার ব্যবস্থা। বাবা মা ভাই আর নির্ঝরীর অভাব ছাড়া এখানে কোনো অভাব নেই।

নির্ঝরী কদিন একা একা অসহায় বোধ করলেও ধীরে ধীরে সামলে নেয় সবকিছু। পড়ানো, নিজের কলেজে যাওয়া, নিজের পড়াশোনা করা, এসব নিয়ে এতো ব্যস্ততা থাকে যে মন খারাপ করার মতো বিলাসিতা করার সময় থাকে না। এর মধ্যে বহুদিন ধরে পরিকল্পনায় থাকা নাচের ক্লাস শুরু করতে পেরেছে । নাচ হলো আনন্দে পূর্ণ শারিরীক প্রযত্ন । এতে সারা সপ্তাহের ব্যস্ততার গুমোট কেটে যায় তার। সপ্তাহে একদিন নিজের সুবিধা মতো দুই ছাত্রীকে ডেকে নেয়। নাচের মহড়া চলে দেড় দুই ঘন্টা মতো। তারপর কিছু আলাপ আলোচনা চলে নিজেদের মধ্যে।

নির্ঝরীর কলেজে ভর্তি হওয়া নিয়ে বনানী, কপট অভিমান দেখিয়ে মুখ ভার করে থাকলো কদিন । তারপর কখন যেন স্বাভাবিকও হয়ে গেলো।

আজ কয়েকদিন যাবৎ নির্ঝরীর কিছু নিজের জিনিসপত্র কেনার দরকার পড়েছে। এখন সপ্তাহ শেষে কিংশুকের উপর ভরসা করে থাকলে হবে না। নিজেরটা নিজে করে নিতে হবে। কিংশুক বাড়ি এসেও পড়ানো, অন্য অনেক কাজে ব্যস্ত থাকে। তাকে এতো ঝামেলা দেওয়া যাবে না। আজ বাজারে যেতে হবে। বনানী প্রথমে রাজি না হলেও নির্ঝরীর একান্ত অনুরোধে রাজি হয়ে গেলো । কলেজ থেকে ফিরে একটু বিশ্রাম নিয়েই তারা দুজনে বাজারে গেল। নিজের প্রয়োজনীয় জিনিসপত্র কেনার পরে সবজি বাজারে গিয়ে পছন্দের সবজি কিনে, সংসারের টুকিটাকি জিনিসপত্র কিনলো। এরপর এগরোলের দোকান থেকে এগরোল কিনে একটা বনানীকে আর একটা নিজে নিয়ে খেতে থাকলো । বনানী এভাবে কখনো রাস্তায় দাঁড়িয়ে খাবার খায়নি। ভীষণ ইতস্তত বোধ করে সে। নির্ঝরীর খেয়াল হলো সেদিকে। তাই বনানীর হাতে ধরে থাকা এগরোল মুখের মধ্যে দিয়ে বললো,

- হাঁ করুন। এবার মুখে পুরুন। কারো দিকে তাকানোর প্রয়োজন নেই। এবার কামড় দিন।

এভাবে দুতিন কামড় মুখে চালান করার পর বনানীর ইতস্তত বোধ কখন যেন গায়েব হয়ে গেলো । তারপর দুজনে গেল একটা ফুচকার দোকানে। সেখানেও নির্ঝরী বনানীর হাতে ধরে যত্ন করে শিখিয়ে দিলো কিভাবে টক জলে ভরা ফুচকা সাবধানে মুখে পুরতে হয়। হঠাৎ বনানী অনুভব করলো কি যেন এক জটিল বাঁধন তার ভিতরে থানিক আলগা হয়ে গেল । আজকের সন্ধ্যাটা তাই তার কাছে ফুরফুরে বাতাসের মতো হালকা মনে হোলো।

এভাবেই সংসারের টুকিটাকি জিনিষপত্র কেনার অছিলায় বনানী আর নির্ঝরী সপ্তাহে একদিন, কখনো বা দুদিন বেরিয়ে পড়তো বাজারের পথে। বনানী মনে মনে অপেক্ষা করে থাকে এই দিনের জন্য। এখন বনানী রাস্তায় দাঁড়িয়ে মুখরোচক খাবার খেতে সাবলীল হয়ে গেছে। তখন দুজনেই যেন সমবয়সী হয়ে ওঠে। পছন্দের কিছু দেখতে পেলে উচ্ছ্বাসে বলে ওঠে,

- ঐ দ্যাখ নিরু, চল্ চল্ কিনি।

শাশুড়ি বৌমার মধ্যে মা মেয়ের সম্পর্ক গড়ে ওঠা কিছুটা কঠিন হয়, কিন্তু সম্পর্কের যত্ন নিলে সখ্যতা নিশ্চয়ই গড়ে উঠতে পারে। সখ্যতা হলে সম্পর্কের জটিল বাঁধন কেটে গিয়ে মুক্তির স্বাদ আসে। মানুষ সম্পর্কের জটিলতা ছেড়ে এই মুক্ত জীবনকেই খোঁজে, যেটাকে সখ্যতা বলে। এদের দুজনের মধ্যে এখন দায়ভার যুক্ত সম্পর্কের গুমোট নেই। আছে মুক্ত বাতাসের মতো ফুরফুরে ভাব। মনের ভিতরের রাস্তাগুলোকে উন্মুক্ত করে দিলেই জীবন সহজ হয়ে যায়। অধিকাংশ মানুষ তা না করে মনের ভিতরে প্রত্যেক রাস্তায় টোল ট্যাক্সের অফিস বসিয়ে রাখে। এতে মনের ভিতরের রাস্তাগুলো সংকীর্ণও হয় , যানজটও (অর্থাৎ সম্পর্কে জটিলতা) বাড়ে । এখন নির্ঝরীর বাপের বাড়ি যাওয়া কমে গেছে। ছুটির দিনে ফুরসৎ পেলে শাশুড়ি মাকে সঙ্গে নিয়ে যায়। প্রথম প্রথম বনানী একটু সংকুচিত হোতো। এখন সাবলীল হয়ে গেছে। ছুটির দিনে কিংশুক পড়ানো নিয়ে ব্যস্ত থাকলেও, কৌশিক বাড়িতে থাকে। ধীমান আর কৌশিক নিজেদের মতো সেদিনটা চালিয়ে নেয়।

আজ শনিবার। গতরাতে কিংশুক এসেছে। কৌশিকও বাড়িতে। ও এখন মাস্টার্স করে বিভিন্ন চাকরির পরীক্ষার প্রস্তুতি নিচ্ছে। ইচ্ছে সিভিল সার্ভিস পরীক্ষায় বসার। কিংশুকের ছাত্রবৃত্তির (ফেলোশিপের) বড়ো অঙ্কের টাকার জন্য সংসারের সচ্ছলতাও কিছু বেড়েছে। দুইভাই বাড়িতে থাকলে বাড়ি বেশ জমজমাট থাকে। সেদিন গুলো বাড়িতে খাওয়া দাওয়ার পর্বটা বেশ জোরালো হয়। যদিও গবেষণায় সমস্ত মনোযোগের কারণে এসব বাহ্য আড়ম্বরে , ভালো খাওয়া, ভালো পোশাক পরা, এসবের প্রতি তার একেবারেই মন নেই। তবে বাড়ির সকলকে একসঙ্গে কাছে পেতে খুব ভালো লাগে।

খুব আস্তে আস্তে একটা ঘন্টা বাজার শব্দ আসছে। শব্দটা ক্রমশঃ বাড়ছে যেন। যেদিকে এগোচ্ছে সেদিক থেকেই ভেসে আসছে । তাই শব্দ ক্রমশঃ বাড়ছে। সামনে তো জঙ্গল। নিস্তব্ধ জঙ্গল। একটু এগোতেই পুরাতন মন্দির। এখানে বাতাসে একটা মৃদু সুগন্ধ। প্রাণ যেনো পবিত্র ভাবনায় পূর্ণ হয়ে যাচ্ছে এই সুগন্ধে । মন্দিরের সিঁড়িগুলো বেশ উঁচু উঁচু। যতই সিঁড়ি বেয়ে উপরে উঠছে ধূপের গন্ধ, বিভিন্ন ফুলের গন্ধ মন প্রাণকে ভরিয়ে তুলছে। মন্দিরের ভিতরে এক মহাদেবের মূর্তি। কালো লিঙ্গটিতে যেন সবেমাত্র পঞ্চামৃত মাখিয়ে স্নান করানো হয়েছে। যেনো সবেমাত্র পূজা শেষ হয়েছে। তখনও ঘন্টার শব্দ থামেনি। রেশ চলছে সেই শব্দের। কিংশুক চোখ বন্ধ করে স্থাণুর মতো বসে থাকে কিছুক্ষণ। ঐ পূজার পরিবেশ কে অন্তরে অন্তরে উপলব্ধি করে। শরীর যেন ক্রমশঃ হালকা হয়ে গেল । ভেসে চললো যেন শরীর। হঠাৎ ভীষণ ঠাণ্ডা অনুভূতি হোলো। চারপাশে

সাদা বরফ। একটা শ্বেত শুভ্র অতিশীতল পরিবেশ। একটা বরফের গুহার সামনে তার ভেসে চলা শরীর থামলো। গুহার ভিতর থেকে ওঙ্কার ধ্বনি ভেসে আসছে। সেই ওঙ্কার যেন কি এক শক্তিতে তাকে গুহার ভিতরে টানছে। গভীরে আরও গভীরে তার সমগ্র শরীর চলতে থাকে। ঠাণ্ডা আবেশ ক্রমশঃ বাড়তে থাকে। ওঙ্কার ধ্বনি আরও কাছে আসে। গুহার ভিতরে একটি ক্ষীণ প্রদীপের শিখা। মহাদেবের এক জ্যোতির্ময় লিঙ্গের সামনে এক দীর্ঘদেহী জ্যোতির্ময় মানব ধ্যানমগ্ন। তাঁর কন্ঠ থেকে ওঙ্কার সম্পূর্ণ গুহাকে নাদপূর্ণ করে রেখেছে। গুহার বাইরেও তরঙ্গায়িত হচ্ছে সেই নাদ। কিংশুক কখন যেন ভাবাবিষ্ট হয়ে ধ্যানের গভীরে নিবিষ্ট হয়ে যায় সেই গুহায়।

খুব ভোরে ঘুম ভেঙে যায় কিংশুকের সকালে বেশ তরতাজা অনুভব করে শরীরে মনে। যেন এক নতুন শরীর। এক ধ্যানগম্ভীর মূর্তি। বাক্য যেন বেরোতে চাইছে না মুখ থেকে। নিজেকে নীরব রাখতে প্রসন্ন লাগছে। এখন বাড়ি শান্ত। ঝরী গভীর ঘুমের প্রশান্তিতে। কিংশুক ধীর পায়ে ছাদে আসে। পূর্বাকাশে লালিমা, সূর্যদেবের রক্তিম তেজের প্রথম ছটা। সেদিকে তাকিয়ে পদ্মাসনে বসে পড়লো সে। লাল সূর্যকে নিজের দুই ভুর মাঝখানে অনুভব করতে করতে একটাই চিন্তা উঠছে মনে, 'একটাই স্বপ্ন ঘুরে ফিরে আসছে,কেন? কি সংযোগ আছে এই স্বপ্নের সঙ্গে তার জীবনের?

15
পর্ব - ১৫

দু'বছর কেটে গেল কোথা দিয়ে। বি.এড এর ফলাফল খুব ভালো হয়েছে নির্ঝরীর। প্রিন্সিপাল স্যার বললেন,

- কি করবে নির্ঝরী বসে থেকে, তুমি বরং এম.এড টাও করে নাও।

নির্ঝরী বুঝে উঠতে পারে না কি করবে। কিংশুক ফোনে বি.এড পরীক্ষার ফলাফল জেনেছে। বাড়িতে ফিরলে এ নিয়ে আলোচনা করবে বলেছে। সন্ধ্যায় শাশুড়ি মায়ের সঙ্গে চা খেতে খেতে আবেগের বশেই নির্ঝরীর মুখে এম.এড এর কথা বেরিয়ে পড়লো। পরক্ষণেই নিজেকে সামলে নেয় সে। ততক্ষণে বনানী শুনে ফেলেছে সে কথা। তার জবাব এভাবে শুনবে নির্ঝরী ভাবেনি কখনো।

- এই নিরু, অধ্যক্ষ মশায় তো ঠিকই বলেছেন। বসে থেকে তুই কি করবি? এক্ষুনি তুই চাকরিও পাবিনা, আর কিংশুকের গবেষণা এখনও প্রায় বছর তিনেক বাকী। যদি আগেও জমা করে তাহলেও অ্যাওয়ার্ড পেতে পেতে প্রায় তিন বছরই লাগবে। একদিন খেতে বসে ওর বাবাকে বলছিলো তাই শুনলাম। আমি আর এতো বিষয় কিভাবে জানবো বল?

- মা, আমি আবার কলেজে ভর্তি হলে আপনার উপর সংসারের চাপ পড়ে যাবে।

- ও মা সেকি। দু'বছর তো আমরা এভাবেই সংসার সামলে অভ্যস্ত হয়ে গেছি। কিরে গেছি তো অভ্যস্ত হয়ে না কি? তুই তোর সাধ্যমত চেষ্টা করেছিস সংসারের কর্তব্য করে পড়াশোনা করার। বাকিটা তো আমি সামলে নেবোই। আর তোদের বাবাও সময়ে অসময়ে অনেক সাহায্য করেছে। আরও একজন মানুষ আছে নিরু নিঃস্বার্থ ভাবে আমাদের সুখে দুঃখে সময়ে অসময়ে কাছাকাছি থেকে আমাদের অসুবিধা বুঝতে দেয় না। তোর পড়াশোনায় সেও তো কতো খুশি।

- হ্যাঁ মা বিনীতা পিসিমা। যেন ঠাকুরের আশীর্বাদ। এমন একজন সরল মানুষকে ভগবান আমাদের সঙ্গে রেখেছেন।

- তবে, তোর আর চিন্তা কি? যা আবার কলেজে ভর্তি হয়ে যা।

নির্ঝরী খুব খুশি হয় মনে মনে, শাশুড়ির এই স্বতঃস্ফূর্ত নির্দেশ পেয়ে। সপ্তাহ শেষে কিংশুক এসে নির্ঝরীকে এম.এড এ ভর্তি করে দেয়। আবার শুরু হলো নির্ঝরীর রুটিন মাফিক জীবন। মানুষের মন সংসারের বাহানায় কেবল আরাম চায়। নির্ঝরী পড়াশোনা ভালোবাসলেও এই রোজকার রুটিন মতো ঘোড়দৌড় থেকে মুক্তি পেতে চেয়েছিল। ভাবছিলো এবার সংসারে মন দেওয়া উচিত। আসলে মন যেন বিশ্রাম খুঁজছিলো।

এ সংসারে আছে কি? কেবল সংসার সংসার খেলা। সংসারের যিনি সৃষ্টিকর্তা তিনিই সংসার সামলাচ্ছেন। তিনি বাক্য আর বুদ্ধি দিয়েছেন, তার বলেই মানুষ 'আমি', 'আমি' করে । এই 'আমি' কোথা থেকে এলো, কেনই বা এলো কি ই বা তার আসল স্বরূপ সেসব জানার, চিন্তা করার প্রয়োজনও মনে করে না মানুষ । মেয়েরা পুতুল নিয়ে সংসার সংসার খেলা শুরু করে নিজেরাই একদিন সংসারের পুতুল হয়ে যায়। পুরো সময় দিয়েও সংসারের কর্তব্য পূরণ হয় না । খাওয়া দাওয়া, আত্মীয়তা সামলানো, বিধিনিষেধ পালন, পালাপার্বণ, আর অবসরে অন্যদের সম্বন্ধে সমালোচনা করা, এই তো গতানুগতিক সংসারের চেহারা। অবসর পেলেই মানুষ অন্যের সম্পর্কে ভালো অথবা খারাপ মন্তব্য নিয়ে থাকে। অন্যের সম্পর্কে সমালোচনার ফলে মনের অসুখ হয়, মন থেকে শরীরে বাসা বাঁধে সেই অসুখ ।এই ভাবে সমাজ সংসার অসুস্থ হয়ে পড়ে। অবসর যাপনও সঠিক ভাবে করতে হয়। হঠাৎ ঠাকুমার কথা মনে পড়ে। "অবসরে শুভ চিন্তার, শুভ ইচ্ছার বীজ বপন করতে হয়"। তাহলে পড়াশোনা তো একটা শুভ বীজই বটে। তাহলে তো ঠিকই করেছে সে পড়াশোনার মধ্যে নিজেকে জড়িয়ে রেখে। সিদ্ধান্ত নিলো আজকে বিকেলে নার্সারি যাবে সে শাশুড়ি মাকে নিয়ে।

বিকেলে বনানীর সঙ্গে বেরিয়ে নির্ঝরী অনেক কলমের গাছ কিনলো। আম আতা সবেদা পেয়ারা পেঁপে, জাম, লিচু, আর কিছু বারোমাসি ফুলের গাছ। অনেক বেলিফুলের চারা কিনলো। ভীষণ প্রিয় ওর বেলিফুলের সুগন্ধ। এরপর দুজনে এগরোল খেয়ে, আইসক্রিম খেতে খেতে রিকশায় উঠে বাড়ি আসে। পরেরদিন শ্বশুর মশাইকে সঙ্গে নিয়ে সুবিধা মতো জায়গায় সেসব গাছ বসানো হোলো। এখন সুবিধা সুযোগ হলেই নির্ঝরী গাছ কেনে। শ্বশুর মশাইকে সঙ্গে নিয়ে তাদের পরিচর্যা করে। গাছগুলো ঠিকমতো বড়ো হলে বাড়ির চারপাশে জঙ্গলের মতোই মনে হবে। সমস্ত গাছে গাছে পাকা ফল ভরে আছে আর বিভিন্ন পাখি এসে গাছে গাছে পাকা ফল খাচ্ছে আর আনন্দে নিজেরাই কলকাকলিতে ভরিয়ে তুলেছে সমস্ত বাগান, রোজই পাখিরা উৎসব করবে এ বাগানে ।একথা কল্পনা করেই মনটা খুশিতে ভরে ওঠে নির্ঝরীর।

কোথা দিয়ে আরো দুটো বছর চলে গেল। আর কয়েক মাসের মধ্যেই কিংশুক গবেষণা পত্র জমা করে দেবে। এতো তাড়াতাড়ি সচরাচর গবেষণা পত্র কেউ জমা করতে পারে না। যদিও তাড়াতাড়ি গবেষণা শেষ করার কারণে ছাত্রবৃত্তির টাকা কিছুটা বাতিল হবে। তা হোক, নির্দিষ্ট সময়ের পূর্বে কাজ শেষ করার মধ্যে একটা আলাদা আত্মবিশ্বাস আর আনন্দ আছে। নির্ঝরীর এম.এড এর পরীক্ষা শেষ হয়েছে। অনেক দিন ওবাড়ি যাবার সুযোগ পায়নি সে। ঠাকুমার কথা খুব মনে পড়ছে তার। ঠাকুমা এখন সেভাবে হাঁটাচলা করতে পারে না। বয়সের ভারে একটু শিথিল হয়েছেন। একটি ছোটো মেয়েকে সত্যপদ এনে দিয়েছে তার মায়ের সর্বক্ষণের সঙ্গী হিসেবে। সামান্য পরিবারের মেয়ে। কাজের প্রয়োজন ছিল। যাতে পড়াশোনা বন্ধ না হয় তাই মৃন্ময়ী মেয়েটিকে কলেজে ভর্তি করে দিয়েছে। আয়া নয়, বলা ভালো মৃন্ময়ীর শিষ্যা সে। ওর নাম 'অন্নদা' হলেও মৃন্ময়ী তাকে নিজের পছন্দমতো 'নিধি' নামে ডাকে। নিধিও এই কাজটি পাওয়ার জন্য নিজেকে অত্যন্ত সৌভাগ্যবতী বলে মনে করে। প্রথম দিকে সন্ধ্যায় বাড়ি চলে যেতো নিধি । কলেজে ভর্তি হবার পরে এখানেই থেকে গেছে । মাঝে মাঝে ছুটির দিনে বাড়িতে যায়। বাড়ি যেতে বললে মৃন্ময়ীকে বলে,

- তাহলে তোমার কাছে থাকবো কখন? কাজটাই তো করা হচ্ছে না তাহলে। আর দেখো ঠাম্মা আমি তোমার কাছেই থাকতে চাই। প্রয়োজন হলে তবেই বাড়িতে যাবো।

অনেক দিন পরে নির্ঝরীকে দেখে বাড়ির সকলে খুব খুশি হোলো। মৃন্ময়ী বললো,

- আমি তোকেই কদিন ধরে ভাবছি দিদিভাই। কতো ব্যস্ততার মধ্যে থাকিস, ব্যতিব্যস্ত হয়ে ছুটে আসবি সব কাজ ফেলে, এজন্য ফোন করিনা। যাক এসেছিস হয়তো মনে মনে ঠাকুর তোকে জানিয়ে দিয়েছে।

- কদিন ধরেই তোমার কথা মনে হচ্ছিল। তাই পরীক্ষা শেষ হতেই এলাম। বলো কেন আমার কথা ভাবছিলে।

- তুই যদি আমার নিধিকে একটু পড়া দেখিয়ে দিস তাহলে ওকে কোনো টিউশন পড়তে যেতে হবে না।

- বুঝলাম, কিন্তু এতো দূর থেকে কিভাবে পড়ানো সম্ভব হবে?

- ঐ যে এখন সব অনলাইনে যেভাবে পড়ে, সেভাবে হতে পারে না?

নিধি সঙ্গে সঙ্গে বললো,

- হ্যাঁ দিভাই তুমি চিন্তা করো না। আমি ঠাম্মার মোবাইল দিয়ে তোমার কাছে পড়ে নেবো।

নির্ঝরী খেয়াল করলো নিধিও তাকে মমের মতো করেই 'দিভাই' বলে কথা বলছে। মেয়েটির মধ্যে কি যেন এক মমতা আছে। এইটুকু সময়েই বড্ড 'মন কেমন করা আপন' বলে মনে হচ্ছে। মোবাইলের মধ্য দিয়ে যেমন পড়াশোনা হবে, মাঝে মাঝে নাহয় এখানে এসেও পড়িয়ে যাবে। এখন তো আর তাকে কলেজে যেতে হচ্ছে না। এই অছিলায় বাপের বাড়িও আসা হবে। এছাড়া পুরালো নোটস তার সব যত্ন করেই রাখা আছে এবাড়িতে। একদিন সময় নিয়ে এসে সেসব ওকে বের করে দিলেই হবে। বাড়িতে ধীমান আজকে একলা আছে। তাই বনানী তাড়া দিল,

- নিরু চল এবার। আর দেরি করিসনি। তোর বাবা একা আছে। আমরা পৌঁছলে সে বন্ধুদের সঙ্গে আড্ডা দিতে বেরোবে।

একথা শুনে সবাই একটু হেসে উঠলো। নির্ঝরী সকলকে প্রণাম করলো। বনানী মৃন্ময়ীকে প্রণাম করলো। নিধি নির্ঝরীকে প্রণাম করতে এলে, বুকে জড়িয়ে ধরলো সে। পরমা মিতা পথের বাঁকে ওদের অদৃশ্য হওয়ার মুহূর্ত পর্যন্ত তাকিয়ে রইল।

পরীক্ষার ফলাফল আগেই ঘোষণা হয়েছিল। আজকে নির্ঝরীদের কলেজে বার্ষিক অনুষ্ঠান। এখানে বিভিন্ন সাংস্কৃতিক অনুষ্ঠানের সঙ্গে বাৎসরিক কৃতী ছাত্রছাত্রীদের পুরস্কার বিতরণও হবে। নির্ঝরী বনানীকে সঙ্গে নিয়ে এই অনুষ্ঠানে এসেছে। পুরস্কার বিতরণী অনুষ্ঠানে সঞ্চালক বলছেন,

- নির্ঝরী রায়, এম.এড. উত্তীর্ণ হয়েছেন। তিনি বিগত বছরগুলির সকল ছাত্রছাত্রীদের তুলনায় সর্বোচ্চ নাম্বার পেয়েছেন। তাঁকে এখন মঞ্চে আহ্বান জানানো হচ্ছে। অনুগ্রহ করে মঞ্চে আসবেন নির্ঝরী রায়।

- নিরু তাড়াতাড়ি যা, ডাকছে তোকে।

- আপনিও চলুন। মা, আমার হাত পা থর থর করে কাঁপছে।

- এ মা, বোকা কোথাকার। তোকে ডাকছে তুই যাবি। তোর পুরস্কার। আমি গিয়ে কি করবো? তাড়াতাড়ি যা, দেরি করিস না।

- কিছু হবে না মা, আপনিও চলুন।

বনানী, নিরুকে ধরে মঞ্চে যায়। সত্যিই কাঁপছে নিরু। মঞ্চে উঠতে অনেকেরই হাত পা কাঁপতে থাকে।

মঞ্চে দাঁড়াতেই সঞ্চালক বললেন,

- নির্ঝরী রায়, তিনি বিগত বছরগুলির মধ্যে সর্বোচ্চ নাম্বার পেয়েছেন। মহাবিদ্যালয় কর্তৃপক্ষ এখন তাঁকে পুরস্কার দিয়ে সম্মানিত করবেন।

দুজন কলেজের ছাত্রী এসে নির্ঝরীকে একটি মালা ও একটি উত্তরীয় গলায় পরিয়ে দিলো। হাতে একটি পুষ্পস্তবক ও মেমেন্টো ও গলায় একটি মেডেল দিয়ে মহাবিদ্যালয়ের সভাপতি ওকে সম্মান জানালেন। পেলো আরও কিছু বই এবং ওর প্রাপ্য সার্টিফিকেট। এরপর সম্পাদক ও সভাপতি মশাই জানালেন আরও একটি সংবাদ আছে নির্ঝরীর জন্য। সভাপতি জানালেন,

- আমরা নির্ঝরী রায়ের নাম পাঠিয়েছিলাম ঊর্ধ্বতন কর্তৃপক্ষের কাছে। নাম মঞ্জুর হয়েছে। উনি এখন থেকে আমাদের কলেজেই প্রভাষক (লেকচারার) হিসাবে নিযুক্ত হবেন। অর্থাৎ এখন থেকে এখানেই উনি পড়াবেন।

ভীষণ হাততালির আওয়াজে পূর্ণ হলো চারিদিক। সঞ্চালক মশাই নির্ঝরীর হাতে শব্দ প্রক্ষেপণ যন্ত্র (মাইক্রোফোন) দিয়ে বললেন,

- নির্ঝরী দেবী, এখন আপনার কেমন লাগছে? উপস্থিত সকলে আপনার কথা শুনবে বলেই অপেক্ষা করে আছেন।

নির্ঝরী প্রস্তুত হয়। আরও একটু এগিয়ে আসে মঞ্চের সামনের দিকে।

- এই মহাবিদ্যালয়ের অধ্যক্ষ মহাশয়কে আমার প্রণাম জানাই। প্রণাম জানাই সম্পাদক মহাশয় ও সভাপতি মহাশয়কে, আমার সকল অধ্যাপক মহোদয়কে, মঞ্চে উপস্থিত সকল মাননীয় অতিথিবৃন্দকে। আজকে আমি যতটুকু সাফল্য অর্জন করতে পেরেছি তার জন্য এই মহাবিদ্যালয়ের অধ্যক্ষ মহাশয় ও অধ্যাপক মহাশয়দের অবদান অসীম। তবে যাঁর সবথেকে বেশি অবদান তিনি হলেন আমার শাশুড়ি মা। তিনি সর্বান্তঃকরণে না চাইলে, আমাকে সর্বপ্রকারে সাহায্য না করলে আমার পক্ষে এই সাফল্যটুকু পাওয়া সম্ভব ছিল না মোটেও। বিবাহিত মেয়েরা সকলেই এভাবে এগিয়ে যেতে পারে যদি তাঁরা এরকম শুভাকাঙ্ক্ষী শাশুড়ি মাকে পাশে পেয়ে থাকেন। প্রার্থনা করি আজকের দিনে প্রত্যেক মেয়ে যেন এরকম শাশুড়ি মা পান। তাহলে সমাজ সংসার বদলে গিয়ে এক নতুন যুগের সূচনা হবে। আমার আজকের এই প্রাপ্ত সকল সম্মান তাই আমার শাশুড়ি মায়ের প্রাপ্য।

বনানী লজ্জায় আনন্দে সংকুচিত হয়ে মঞ্চের একপাশে সিঁটিয়ে দাঁড়িয়ে আছে। নির্ঝরী এগিয়ে গিয়ে তার নিজের গলায় থাকা মালা, উত্তরীয় বনানীকে পরিয়ে দিলো। তার প্রাপ্ত পুষ্পস্তবক ও মেমেন্টো বনানীর হাতে তুলে দিয়ে বনানীর দিকে সামান্য মাথা হেলিয়ে ফিসফিসিয়ে বললো,

- সব আপনাকে দিলাম, আজকে যে চাকরিটা দিলো সেটাও দিলাম। ওটা করবার জন্য আপনাকেও আবার কলেজে ভর্তি হতে হবে।

বনানী ফিক করে হেসে ফেললো। মুহূর্তে ক্যামেরাবন্দি হলো সেই মুহূর্ত। দুজনে রিকশা চড়ে বাড়ি আসছে যেন নীরব দুই যাত্রী। বনানী আজ ভিতরে ভিতরে পূর্ণ, আনন্দে, উচ্ছ্বাসে পরিপূর্ণ সে। এরকম কিছু পাওয়া যেতে পারে এ তার ভাবনার অতীত ছিল। সে বুঝে উঠতে পারছে না, সে কি এমন করলো নিরুর জন্য, যার জন্য ভরা মঞ্চে এতোবড় সম্মান নিরু তাকে দিলো। সে তো কেবল নিরুকে কলেজে যাবার সম্মতি টুকুই দিয়েছে। আর নিরু নিজের এবং সংসারের সমস্ত কর্তব্য সামলে দিবারাত্র পরিশ্রম করে পড়াশোনা করেছে। নিঃশব্দে চোখে জল এলো বনানীর। শুধু সম্মতি টুকু দিয়েছে বলে এতো সম্মান। সময়ে অসময়ে অনেক বাধা দেবার চেষ্টাই করেছে সে। কিংশুকের বাবা তাকে না বোঝালে এই পড়াশোনাও নিরুকে করতে দিতে চায়নি সে। আজকে

বুঝতে পারছে বনানী শাশুড়িদের অমতের কারণে কতো মেয়েদের ভবিষ্যত নষ্ট হয়ে গেছে , প্রতিনিয়তই নষ্ট হচ্ছে। সামান্য সম্মতি দিলে যে এতবড়ো সম্মান পাওয়া যায় তা যদি বনানীর মতো সকল শাশুড়িরা উপলব্ধি করতে পারতো তাহলে কতো ভালো হতো। জগতের সকল সুখ সকল পূর্ণতা যেন আজ এক মুহূর্তেই পেয়ে গেছে সে।

সকালে চা মুখে দিয়ে প্রত্যেক দিনের মতো ধীমান ক্ষেতের দিকে যায়। মজুরদের কাজে লাগায়, কাজের তদারকি করে, অথবা সমস্ত ক্ষেতগুলো একবার ঘুরে দেখে আসে। আজ বাড়ি থেকে বেরোতেই রাস্তার মোড়ে একটা জটলা লক্ষ্য করলো ধীমান। এদের পাল্লায় পড়লেই সকালের সব কাজ পণ্ড হবে। ওদের পাশ দিয়ে সুড়সুড় করে কেটে পড়তে হবে। ওদের পাশ দিয়ে যখন এগোতে যাবে এমন সময় সকলে বলে উঠলো,

- আরে ধীমানদা যাচ্ছ কোথায়? আজকের কাগজটা দেখেছো? দ্যাখো দ্যাখো কার খবর বেরিয়েছে, কার ছবি ছেপেছে কাগজে।

- ওসব তোরা দ্যাখ, ওই নিয়ে থাক্‌। সকালটা মাটি করিসনি আমার।

শচীন বললো,

- ধীমানদা এ তোমারই জাদু। তোমার জাদুতেই এসব সম্ভব হয়েছে। দ্যাখো একবার তোমার জাদুটা।

- মেলা কাজ রয়েছে আমার। বকিসনি তোরা। আমার আর জাদু দেখিয়ে কাজ নেই।

শচীন আবার বললো,

- ধীমানদা তুমিই একদিন রাগ করেছিলে বৌদির উপরে। আর আজকে দ্যাখো বৌদি একজন ভালো শাশুড়ির খ্যাতি পেলো। দ্যাখো একবার বৌদির আর বৌমার ছবি ছেপেছে কাগজে । আর আমাদের বৌমা মঞ্চে দাঁড়িয়ে যা বলেছে সে সব কাগজে লিখেছে। তুমিই বৌদিকে বোঝাতে পেরেছো, শান্ত করতে পেরেছো, তাই এসব সম্ভব হয়েছে।

হঠাৎ ধীমান ফ্যালফেলিয়ে সকলের মুখের দিকে তাকালো। চিরকাল মাটী, বীজ, ফসল নিয়ে মগ্ন হয়ে থাকা সোজা সরল মানুষটা ওদের কথার অর্থ বুঝে উঠতে পারেনা। নিজের কানে ঠিক শুনলো সে? বনানী আর বৌমার ছবি ছেপেছে? ভালো খবর, বনানীর খ্যাতির খবর? সংসারের গণ্ডিতে বাঁধা গ্রাম্য বনানীর খবর? হাত বাড়িয়ে ধীমান বলল,

- কই দেখি।

কাগজখানা হাতে নিয়ে দেখলো "শাশুড়িমায়ের স্নেহে বৌমা অধ্যাপক" । ধীমান শুধু ছবি টুকুই দেখতে পায়। বনানীর কাঁধে উত্তরীয় গলায় মালা, হাতে পুষ্পস্তবক, মেমেন্টো তুলে দেবার মুহূর্তের ছবি। জটলার মধ্য থেকে একজন কাগজখানা নিয়ে জোরে জোরে পড়তে শুরু করলো। ধীমান দাঁড়িয়ে শুনলো সে সব কথা। মনে পড়লো বছর চারেক আগের কথা। একদিন সে বনানীকে বুঝিয়েছিল।সামনের দিনের উজ্জ্বল আলোটাকে দেখতে বলেছিলো। আজকে বড়ই উজ্জ্বল লাগছে সে আলো, চোখ ঝলসে যাচ্ছে, জল বেরিয়ে আসতে চাইছে চোখ দিয়ে। ধীমান পোড় খাওয়া মানুষ। নিজেকে সামলে নেয় সে। খুব আনন্দে হাস্যোজ্জ্বল হয়ে ওঠে তার মুখ । মনে মনে বলে 'তাহলে বনানী তোমার বিষদাঁত ভেঙে গেলো তো? ভরা বাজারে তুমি ভালো শাশুড়ির তকমা এঁটে নিয়েছো বনানী, আর তুমি কক্ষণো খারাপ শাশুড়ি হতেই পারবে না, উঁ কি বলো তাই তো' ? মনে মনে একথা ভেবে হো হো করে হেসে উঠলো সে। শচীন বললো,

- এরকম হেসে উঠলে যে?

- আমি তো এখন হাসবই, আনন্দ হচ্ছে খুব বুঝলি? এতো আনন্দের খবর দেখালি তুই আমাকে হাসবো না? যাই তোর বৌদিকে খবরটা দেখিয়ে আসি। কার কাগজ? খানিক পরে আমাদের বাড়ি থেকে নিয়ে যাস্।

কাগজ হাতে হাসি মুখে দ্রুত পায়ে ঘরে ঢোকে ধীমান।

- বনানী, দেখো বনানী কাগজে কি লিখেছে। তুমি খুব ভালো শাশুড়ি, দেখো তোমার আর বৌমার ছবি। পড়ো পড়ো। পড়ে দেখো কি লিখেছে, 'তোমার মতো শাশুড়ি মা থাকলে সমাজ সংসার বদলে যাবে, স্বর্গের মতো সুন্দর হবে'। আমি বলেছিলাম,স্ব আমার বৌমা খুব ভালো। আমার জীবন সার্থক হয়ে গেল বনানী। আমি ধন্য। দেখেছো বনানী ভালোবাসলে কি হয়? আমার মেয়ের সাধ মিটিয়েছে আমার বৌমা।

ছুটির দিনে কিংশুক বাড়ি ফিরলে সকলে মিলে খুব আনন্দ এবং খাওয়া দাওয়া হলো। বিনীতাও ওদের সঙ্গে সেই আনন্দে সামিল হোলো। একদিন ওবাড়ি গিয়ে বাড়ির সকল গুরুজনেদের প্রণাম করে আশীর্বাদ নিয়ে এলো নির্ঝরী। অধ্যাপনার কাজে যুক্ত হচ্ছে সে।

16

পর্ব – ১৬

খড়্গপুর আই আই টি তে যুক্ত হয়ে ভালোভাবে গবেষণা করলেই বিদেশের সঙ্গে একপ্রকার যোগাযোগ তৈরি হয়ে যায়। চূড়ান্ত ফলাফলের দিন যে মৌখিক পরীক্ষা হয়েছিল সেখানে লণ্ডন থেকে কয়েকজন অধ্যাপক অন্তর্জালের (ইন্টারনেটের) মাধ্যমে যুক্ত ছিলেন কিংশুকের বুদ্ধিমত্তা তাঁদের অত্যন্ত পছন্দ হয়েছিল। তার ফলে বিদেশের ছাত্রবৃত্তি পেয়ে গবেষণার সুযোগ পেয়ে গেল কিংশুক, দু বছরের চুক্তিতে। কিংশুক কাউকে না জানিয়ে কেবল ঝরীকেই জানালো সে কথা। নির্ঝরী বললো,

- এই তো কতদিন পরে বাড়িতে এলে। আবার চলে যাবে লণ্ডন ? তাহলে আমরা একসঙ্গে গুছিয়ে সংসার করবো কবে? তুমি বিদেশে, আমি দেশে। সেই একটি ধাঁধা আছে,

"তুমি আছো ডালে, আমি আছি খালে।

তোমার আমার দেখা হবে, মরণের কালে।।

বলো দেখি কি?

একথাগুলো বলেই খিলখিলিয়ে হেসে উঠলো ঝরী। কিংশুক এতক্ষণ শান্ত থাকলেও রেগে গিয়ে জোর চিৎকার করলো,

- ঝরী, তোমার কি বুদ্ধি হবে না কখনো? এসব কি বলছো তুমি?

হঠাৎ যেন পরিবেশ ভারী হয়ে গেল। তার কথার যে এরকম প্রতিক্রিয়া হতে পারে ভাবেনি। কুণ্ঠিত হলো নির্ঝরী। সদা ব্যস্ত স্বামীকে শান্ত রাখতে চেয়েছে সে সবসময়। একটা হাসির কথায় যে কিংশুক এতটা রেগে যাবে বুঝতে পারেনি। কিংশুক সামলে নেয় নিজেকে। কিছু সময় দুজনেই নীরব হয়ে যায়। নির্ঝরী ধীরে ধীরে বললো,

- ঐ ধাঁধাটার মানে হচ্ছে মাছ আর তেঁতুল। মানে তেঁতুল গাছের ডালে আর মাছ খালের জলে। মাছ দিয়ে তেঁতুলের টক রান্না হয় তাই মাছটা এরকম করে তেঁতুলকে বলেছে। এটাতে এতো রেগে গেলে কেন? খারাপ কি বলেছি?

মিনমিন করে কথাগুলো বললো নির্ঝরী। কিংশুক ভিতরে ভিতরে হেসে ফেললো।

- তুমি কি বড়ো হবে না ঝরী? তুমি বুঝতে পারছো না কেন, এখানে এ কথাটা ভালো শোনাচ্ছে না। আচ্ছা ছাড়ো। পরে ভাবলে বুঝতে পারবে। আসল কথা শোনো মন দিয়ে। এবার আমরা একসঙ্গে যাবো। তুমি যাবে আমার সঙ্গে লণ্ডন। কাউকে কিছু জানানোর দরকার নেই। সময়মতো

আমিই সকলকে জানিয়ে দেবো।

- মানে? আমার কলেজে নতুন চাকরি, এই বাড়ি, সংসার সব ছেড়ে এবার টই টই করতে বেরোবো? এমনিতেই সংসার করতে পারলাম কোথায়। গুছিয়ে সংসার করার স্বাদটাই আমি পেলাম না। সব এই তোমার জন্য। যবে থেকেকলেজে ভর্তি হলাম, সংসার আমার মাথায় উঠলো। সব চাপ মায়ের উপরে। তারপর আবার কলেজে পড়ালো। সংসারে কতটুকু সময় দিতে পারি আমি? মা কি ভাবছেন বলোতো? বয়সটা তো বাড়ছে ওনার না কি?

- আর কিছু বলবে? যা যা বলার আছে তোমার বলেই ফ্যালো।

- হঁ আর একটা কথা বলবো। (ফিসফিসিয়ে) যেতে হলে তুমি একা যাও। যাবার আগে আমার সংসারে নতুন অতিথিকে আহ্বান করে যাও। শুনেছো? কিগো, শুনতে পেয়েছো?

কেমন যেন আহ্লাদী মেয়ের মতো কথাগুলো বলে পাশ ফিরে শুয়ে পড়লো নির্ঝরী।

- শুভ রাত্রি।

একথা বলে কিংশুকও শুয়ে থাকলো, চুপ হলো বটে। কিন্তু নির্ঝরীকে বোঝাতেও হবে। নাহলে পরিকল্পনা করা যাবে না। প্রস্তুতি নিতে হবে সেইমতো। ঝরীকে সঙ্গে নিতেই হবে। বিয়ের পরে কটাদিনই বা শান্তি করে একসাথে কাটানো গেছে? কেবল প্রতিষ্ঠা হবার জন্য দৌড় দৌড় দৌড়।

- এই ঝরী, ঝরী? শুনেছো? তোমার সব প্রশ্ন করা হয়ে গেছে?

- রাতদুপুরে আবার কি প্রশ্ন? ঘুমোতে দাও। তুমিও ঘুমাও।

কিংশুক হাসলো মনে মনে। মেয়েগুলো যতই পড়াশোনা শিখুক, মহাকাশে উড়ে বেড়ালেও স্বামীর সঙ্গে কথাবলার সুর গড়পড়তা সকলেরই একরকম। দুনিয়ার যতো তেজ, দম্ভ, অভিযোগ সব তাদের স্বামীদের উপরে। বিচিত্র এই নারী জাতির মন। মেয়েরা হয়তো এভাবেই তার স্বামীকে পরোক্ষে সম্মান জানায়। ভাবে হয়তো স্বয়ং পরমেশ্বরই তার স্বামী হয়েছেন, তাঁর অসাধ্য কিছু নেই, তিনি সবই পারেন। তাই স্বামীর সাধ্যের বাইরে কিছু থাকতে পারে এ তারা ভাবতে চায় না। স্বামীর কোনো ঘাটতি হলে ভাবে, স্বামী ছলনা করছে তার সঙ্গে, ভাবে স্বামীর অসাধ্য কিছু থাকতেই পারে না। তখন তেজ দম্ভ জেগে ওঠে তাদের মনে। কিংশুক ঝরীর দিকে পাশ ফিরে শোয়।

- ঝরী, ঝরী, ঘুমিও না। প্লীজ কথা বলো। জরুরী কথা আছে তোমার সঙ্গে।

- এতো রাতে জরুরী কথা? কি কথা?

- ঐ যা তুমি বলছিলে, সংসার, দায়িত্ব, কর্তব্য, এসব কথা।

- ধ্যেএএৎ। তোমার মাথা খারাপ হয়েছে নিশ্চয়ই। ঘুম আসছে না? বকাচ্ছো আমায়?

- সত্যিই ঘুম আসছে না। এতদিন ধরে রাত জেগে জেগে গবেষণা করতে গিয়ে রাতের ঘুম সহজে আসতে চায় না সত্যি। তবে সেজন্য না। এই কবছর আমরা পরস্পর দরকারি কথাটুকু ছাড়া তো কথা বলিনি। বলার মতো ফুরসৎ বা স্থিরতা ছিল না দুজনেরই। তাই ভাবলাম এবার থেকে আমরা একসঙ্গেই থাকবো সব ব্যস্ততার মধ্যেও। কি, তুমি চাও না একসাথে থাকতে?

কিংশুকের কাছে সরে আসে ঝরী। বুকে মাথা ছুঁইয়ে বললো,

- ইঁম্ চাই তো। তবে মা বাবা, সংসার সব ছেড়ে যদি তোমার সঙ্গে আমিও চলে যাই তাহলে নিজের বিবেকের কাছে কি জবাব দেবো বলো? ওনাদের সাহায্য, আশীর্বাদ ছাড়া আমরা কেউ কি আজকের জায়গায় পৌঁছাতে পারতাম? এই বৃদ্ধ বয়সে ওনাদের ছেড়ে যাওয়া কি উচিত হবে?

- এই তো কতো প্রশ্ন মনের মধ্যে জমিয়ে রেখে ঘুমোতে যাচ্ছিলে বলো? এটা কি উচিত হচ্ছিলো বলো?

এই বলে কিংশুক হাসে।

- ভাল্লাগে না। হাসছো তুমি?

- হাসবো না। তোমার জবাবগুলোই বলছি শোন মন দিয়ে। প্রথমতঃ আমরা সারা জীবনের জন্য যাচ্ছি না। কেবলমাত্র দুবছরের জন্য যেতে হবে। সংসার ছেড়ে যাওয়া যায় না বললে, গুছিয়ে নাকি সংসার করতে হয়। বললে তো? সংসার কি এতই ছোট জায়গা ঝরী? প্রকৃত সংসার অনেক বড়ো জায়গা। সেখানে অনেক আত্মীয়, অনেক গুরুজন, অনেক বন্ধু, অনেক মানুষ। তাঁদের সকলের সেবা যত্ন করার জন্যই তো এতো পড়াশোনার প্রয়োজন, আমাদের কর্মের পরিধি, মনের পরিধি বাড়ানোর প্রয়োজন, এতো প্রস্তুতির প্রয়োজন। আরো কি যেন বললে? নতুন অতিথিকে আহ্বান জানাতে, তাই তো?

- হুঁ

- লজ্জা পাচ্ছ ঝরী। যখন ঝরঝর করে বলছিলে তখন লজ্জা পাচ্ছিলো না? হা হা হা (হাসি)। তুমি জানো ঝরী বর্তমান সময়ে একটা বাচ্চাকে পৃথিবীতে আনা, মানে অনেক বড়ো অপরাধ করা। বর্তমান পৃথিবী কি আমাদের বা আমাদের উত্তরসূরিদের জন্য বাসযোগ্য?জানো নিশ্চয়ই কতো ঋণের বোঝা মাথায় নিয়ে জন্মাচ্ছে বর্তমান শিশুরা? সব জেনেশুনেও আমরা শিক্ষিত মানুষগুলোও এক অজানা মোহে প্রতিনিয়তই নতুন প্রজন্মকে আহ্বান করেই চলেছি। অতএব বাচ্চার জন্ম দেওয়া এমন কিছু মহৎ কাজ নয় বর্তমানে, যে বিয়ে করেছো, তারপর সন্তান জন্ম দিতে হবে, দাদু ঠাকুমার কথা ভাবতে হবে। নিজেকে উৎপাদন যন্ত্র ভাবা বন্ধ করো ঝরী। বাঁধা গতে ভাবা এবং চলা বন্ধ করো। পড়াশোনা শিখে ভাবনা চিন্তার পরিশোধন করার দরকার। নিজেকে প্রস্তুত করো, আমার সঙ্গে তুমিও লন্ডন যাচ্ছো ব্যস। এটাই চূড়ান্ত সিদ্ধান্ত। কুয়োর ব্যাঙের মতো না থেকে, বাইরের জগৎ দেখার সুযোগ এসেছে তার সদ্ব্যবহার করো। শুভ রাত্রি।

কিংশুক এখানকার সমস্ত কাজ খুব তাড়াহুড়ো করেই সারছে। হাতে খুব বেশি সময় নেই। অফিসিয়াল কাজ সমস্তই প্রায় রেডি। কলেজে গিয়ে নির্ঝরী সব জানিয়েছে। যেহেতু চাকরীটা মাত্র কয়েক দিন করতে পেরেছে তাই আপাতত চাকরি সম্পূর্ণ ভাবে ছেড়ে দিতেই হচ্ছে। নির্ঝরীর রেজাল্ট খুব ভালো এবং সেই সঙ্গে ওর ব্যবহারও খুব সুন্দর। তাই অধ্যক্ষ মহোদয় খুব আফসোস করলেন। তবে বিদেশ থেকে ফিরে আসার পর পরিস্থিতি বুঝে তিনি পুনরায় চেষ্টা করবেন নির্ঝরীকে চাকরীতে নিয়োগ করবার জন্য।

আর মাত্র দশদিন বাকি কৌশিকের বিয়ে হতে। মা বাবাকে একা থাকতে হবে না আর। কৌশিক আরো একটু সময় চাইছিলো বিয়ে করতে। কিন্তু উপায় নেই। বৌদি থাকবে না, অতএব তার পরিবর্তে কাউকে থাকতেই হবে মা বাবার দেখাশোনা করার জন্য। নির্ঝরী এখন নিশ্চিন্ত মনে বেরোতে পারবে। নির্ঝরীর ছড়ানো বাতাবী আর কাঁঠালের বীজের গাছেদের এখন মুকুল এসেছে। ধীমান বলেছে, 'এতগুলো গাছের লেবু আর কাঁঠাল বিক্রি করেই একটা সংসার দিব্যি চলতে পারে'। বাড়ির চারপাশে এখন বিভিন্ন ফল ফুলের কলমে ভর্তি। অনেক কলমে আবার ফল, ফুলও আসছে। বাড়ি এখন বাগানবাড়ি। চারদিকে গাছে গাছে ভর্তি। নির্ঝরী এমনটাই চেয়েছিল। চারিদিকের আগাছা সরে গিয়ে একটা ফল ফুলের জঙ্গল হোক। ফুলের গন্ধে বাড়ি ম' ম' করুক। শীতের মরসুমে মরসুমি ফুল আর প্রজাপতিতে বাগান ভরে উঠুক। আর সারা বছর অন্য ফুলেরা

সুগন্ধে ভরিয়ে দেবে। ফলের গাছে পাখিরা বসে নিশ্চিন্তে পাকা ফল খাবে। পাকা ফলের আশায় ছোট বাচ্চারা বাগানে আসবে। কেউই তখন এ বাড়ি থেকে শূন্য হাতে ফিরবে না। বাগানের গাছের কিছু না কিছু তাঁর হাতে দিতে পারবে। আজ যেন নির্ঝরীর সেই স্বপ্ন পূর্ণ হবার পথে। গাছে গাছে নতুন মুকুলেরা যেন তারই পূর্বাভাস জানাচ্ছে তাকে।

লণ্ডন যাবার আগে নির্ঝরী বাপের বাড়িতে গিয়ে সকলের সঙ্গে বিশেষতঃ ঠাকুমার সঙ্গে দেখা করে এলো। সঙ্গে নতুন জা এষাকে এবং বনানীকেও নিয়ে গিয়েছিল। কিংশুক তো নিজেই আগ্রহ প্রকাশ করেছিল যাবার জন্য। অনেকদিন সে শ্বশুরবাড়ি যায়নি এবং এর পর সে আরও দু বছর যেতে পারবে না।

লণ্ডন শহরে এসে নির্ঝরীর বা কিংশুকের তেমন কোন অসুবিধা হয়নি। জলবায়ুর পরিবর্তনের জন্য প্রথম প্রথম মানিয়ে নিতে একটু অসুবিধা হয়েছিল বটে। তবে ধীরে ধীরে সব ঠিক হয়ে গিয়েছিল। ওরা দুজনেই ইংরেজি ভাষায় দক্ষ ছিল। তাই ওদেশের ভাষা বলতে বা বুঝতে অসুবিধা হয়নি ওদের। ভারতীয় এবং বাঙালি পরিবারের বসবাস এখানে অনেক। তাই ক্রমে সব সাবলীল হয়ে গিয়েছিল। বাকি থাকলো কিংশুকের গবেষণার কাজ। তাও নির্দিষ্ট সময়ের মধ্যে পূর্ণ করে অনেক রকম অভিজ্ঞতা সঞ্চয় করে ওরা দুবছর কাটিয়ে নিজের দেশে, নিজেদের বাড়িতে ফিরে এলো।

মাত্র কদিন পরেই নির্ঝরীর ভাই কল্যাণের শুভ বিবাহের অনুষ্ঠান। সব ব্যবস্থাই পাকা হয়ে ছিল। শুধু একমাত্র দিদি ও জামাইবাবুর বিদেশ থেকে ফেরার অপেক্ষায় বিবাহ অনুষ্ঠান বাকি ছিল। ত্রীশা নামের একটি খুব মিষ্টি দেখতে মেয়ের সঙ্গে মৃন্ময়ী, কল্যাণের বিয়ে ঠিক করেছে। এ বিয়েতে সত্যপদ এবং বাড়ির অন্যান্য সদস্যদের একটু অমত ছিল। তবে মৃন্ময়ীর উপর কারো কোনো কথা টেকেনি। কদিনের জন্য কল্যাণ ও ত্রীশার বিবাহের আনন্দ অনুষ্ঠানে অনেক আনন্দ উপভোগ হলো। আবার নিয়ম মাফিক জীবন শুরু হলো। লণ্ডন থেকে ফিরেই কিংশুক তার নিজের বিশ্ববিদ্যালয় খড়গপুর আই আই টি তে অধ্যাপনার কাজে যোগদান করলো। আবার সেই ব্যস্ততা। ছুটির দিনেও চলে সেই ব্যস্ততা। তার অনেক স্বপ্ন। জাগ্রত হয়ে দেখা স্বপ্ন। তা পূরণ করতে গেলে নিজের বাহুল্যতা আলস্য ত্যাগ করতেই হবে। সে যে তার ঝরীকে বলেছে "পরমেশ্বর যদি কখনো পূর্ণ করেন তবেই ঝরী দেখবে কিংশুকের স্বপ্নগুলোকে তার আগে সে বলবে না স্বপ্নগুলো সম্পর্কে"।

17

পর্ব – ১৭

দু তিন দিন হয়ে গেল বিনীতা আসছে না এ বাড়িতে। সবাই সেটা লক্ষ্য করেছে। কে জানে শরীর খারাপ হলো কিনা। নির্ঝরী উদ্বেগ নিয়ে জিজ্ঞেস করলো বনানীকে,

- মা, পিসিমা কেন আসছেন না? আজ তিনদিন হয়ে গেলো আসছেন না। শরীর খারাপ হয়নি তো?

- হ্যাঁ গো মা, আমারও সেই চিন্তাই হচ্ছে। আজ কিংশুকের বাবাকে বলতে হবে একবার দেখে আসার জন্য। আমরা ছাড়া কে বা আছে তার ? কোন ছোট বয়সে একটা মেয়েকে নিয়ে স্বামীহারা হয়েছে। তারপর ওর বাবা মা নিয়ে চলে এলো নিজেদের ভিটেতে। একে একে তাঁরাও গত হলেন। যতটুকু জমিজমা ছিল তার কিছুটা বিক্রি করে মেয়ের বিয়ে দিয়েছিলো। বাকিটা তোমাদের বাবা লোকজন দিয়ে চাষাবাদ করিয়ে, ফসল বিক্রি করে ওঁকে টাকা দিয়ে দেয়। সেসব পোষ্টাপিসে রাখে। তাই সময় সুযোগে খরচা করে। অভাব হয় তো নেই। একা মানুষ। ওঁর মেয়ে নয়নতারা। সেও একবছরের উপর হয়ে গেল....।

- হ্যাঁ মা সে তো জানি। আমরা তো তখন ওদেশে। আপনার ছেলের কাছে শুনেছি সে কথা । বাবা খবর দিয়েছিলেন ।

রোজ ই মানুষটা তার ভিটেতে বসানো গাছপালা থেকে কিছু না কিছু ফসল, শাক পাতা এ বাড়িতে নিয়ে আসে। কিছু সুখ দুঃখের কথা কয়। পড়শীদের আনন্দের সুখের দুঃখের খবর সে বয়ে আনে এবাড়িতে। সময়ে অসময়ে কিছু গেরস্থালি কাজে সাহায্য করে। একটা মানুষ, যে নিঃশব্দে এবাড়ির পাশে পাশে চলে। এঁরাও সকলে তাকে খুব ভালোবাসে। কিংশুক হয়তো দুটো কথা বলার সময় পায় না পিসিমার সঙ্গে, কিন্তু এই নিঃসঙ্গ মানুষটার জন্য সে আগে থেকেই কিছু ভেবে রেখেছে। নিজের সুবিধা মতো সে জানাবে পিসিমাকে। পড়ন্ত বিকেলে বিনীতা এলো, এলোমেলো, শিথিল গতিতে মুখ তার থমথমে, আষাঢ়ের জলভরা মেঘে পূর্ণ আকাশের মতো। তাকে দেখে সবাই থেমে গেল। কারো কাছে কোনো কথা ছিলো না সেসময়, যা তাকে বলা যায়। একটা আসন পেতে নির্ঝরী অস্ফুটে বললো,

- বসুন পিসিমা।

কোলের ছোট্ট দুবছরের নাতিকে কোলে নিয়ে বসলো বটে। সবাই কিছু শোনার অপেক্ষায় আছে। জিজ্ঞাসা করতে কারোরই সাহস হচ্ছে না। হয়তো হড়মুড় করে শ্রাবণ আসবে। এলোও

তাই।

কিংশুকের বিয়ের কিছু আগে নয়নতারার অর্থাৎ বিনীতার মেয়ের বিয়ে হয়েছিল। খুব ভালো ঘর আর বর। কোনো অভাব অভিযোগ ছিল না। সচ্ছল পরিবার। সুখেই ছিল নয়ন। সন্তান এলো না বহুদিন হয়ে গেল। গ্রামের মানুষ যা করে, এ ঠাকুরের দোরে ও ঠাকুরের দোরে ধর্না দেওয়া। মানুষ এসব করে ঠিকই তবে আসলে ঠাকুরের ওপরে বিশ্বাস নেই, যে তিনি নিশ্চয়ই কোনো কারণে সন্তান দিচ্ছেন না। হয়তো এর মধ্যে কোনো কল্যাণ আছে । কিন্তু না বার বার প্রার্থনাজানায়। গ্রামের মানুষ অনেক সমালোচনা করে নিঃসন্তান মেয়েদের সম্পর্কে। কোনো শুভ কাজে তাদের অধিকার দেওয়া হয় না, বঞ্চিত করে রাখে তাদের সব শুভ অনুষ্ঠানে। বন্ধ্যা (সন্তাহীনা) মেয়েরা তাই একটি সন্তান পাওয়ার জন্য আকুল প্রার্থনা জানায় ঠাকুরের কাছে। নয়নতারাও এর ব্যতিক্রম ছিল না। অবশেষে সন্তান এলো নয়নের গর্ভে। যথাসময়ে নয়নের কোল আলো করে সে সন্তান পৃথিবীর মুখ দেখলো। তবে নয়নের জীবনদীপ নিভে গেল। বিদায় নিলো সে পৃথিবী থেকে। সন্তানের মুখ দেখার সময় হলো না তার।

মেয়েদের অনেক সবল হতে হবে মনে প্রাণে। বর্তমান শিক্ষিতা মেয়েরাও মানসিক ভাবে এখনো অনেক দূর্বল। এখনও তাঁরা 'আমি বন্ধ্যা', 'আমি বিধবা, 'আমি স্বামী পরিত্যক্তা', 'আমি কালো', 'আমি বেঁটে', 'আমি কুৎসিত', 'আমি ঢ্যাঙা', 'আমি রোগা' ইত্যাদি ভেবে নিজেদের দূর্বল করে ফেলে। তাঁরা নিজেরাই, নিজেদের মানুষ বলে ভাবতেই পারে না । তাই সমাজও তাঁদের মানুষ বলে ভাবেনা। ঐরকম বিভিন্ন বিশেষণ মেয়েদের সঙ্গে জুড়ে দেয় সমাজ । আজকের মেয়েদের এইসব বাহ্য বিশেষণ থেকে মনকে মুক্ত করে নিজেকে মানুষ বলে ভাবতে শিখতে হবে। একটি মেয়ে যেদিন নিজেকে মানুষ বলে সম্মান করতে পারবে সেদিন সমাজও তাঁকে মানুষ বলে প্রতিষ্ঠা দেবে।

নয়নের শোকে তার স্বামী পাগলের মতো হয়ে গিয়েছিল। না খাওয়া দাওয়া, না শরীরের যত্ন। একমাত্র নাতিকে নয়নের শাশুড়িই দেখাশোনা করতো। নিজের শরীরের অযত্ন করে করে গত দুদিন আগে নয়নের স্বামীও হার্টফেল করে মারা গেল। খবর পেয়ে বিনীতা দৌড়ে ছিলো সেখানে। তার একমাত্র মেয়ের চিহ্ন তার একমাত্র নাতি আছে সেখানে । নয়নের শাশুড়ি শোকাতুরা, সন্তানহারা, তাঁকেই কে সামলায়। বিনীতা তাঁর অনুমতি নিয়ে নাতিকে সঙ্গে করে নিয়ে এসেছে। এমন শোকে সবাই স্তব্ধ, সান্ত্বনা বাক্য কারো কাছেই নেই। বনানী বললো,

- ভয় কি বিনী আমরা সবাই আছি। কিছু চিন্তা কোরোনা। শান্ত হও। তোমাকে এখন এই ছোড় বাচ্চাটার জন্য ভালো থাকতে হবে। তুমি আজ কোথাও যাবে না। থাকো এখানে।

এষা চকলেট, বিস্কুট এনে বাচ্চাটিকে দিলো। কি সুন্দর ফুটফুটে বাচ্চাটা। নির্ঝরী চা বসালো। এষা প্রদীপ জ্বালিয়ে তুলসী তলায় দিয়ে শাঁখ বাজালো। বনানীও গোপালকে সেবা দিতে গেল। সবাই মিলে একসাথে বিনীতার পাশে চা মুড়ি নিয়ে বসলো। যাতে বিনীতা একটু হালকা হয়।

রাতে কিংশুক নির্ঝরীর কাছে সব শুনলো। নির্ঝরী বললো,

- জানো তো বাচ্চাটাকে দেখে আমার খুব কষ্ট হচ্ছে। চোখে জল আসছে। ও জানলোই না মা বাবা কেমন হয়। এইটুকু বয়সে অনাথ হয়ে গেল।

- ঝরী, তোমার পছন্দ হয়েছে বাচ্চাটাকে?

- ওমা এ আবার কেমন কথা? বাচ্চাকে আবার পছন্দ অপছন্দের কি আছে ? বাচ্চারা তো ফুলের মতোই সুন্দর। আর নয়নের ছেলে এমনিতেও সুন্দর।

- হুঁ, বুঝলাম। ঘুমিয়ে পড়ো। শুভ রাত্রি।

এই বলে ক্লান্ত কিংশুক পাশ ফিরে ঘুমিয়ে পড়লো।

"মা মা তুমি কি বোনি কে বকবে না? তুমি শুধু আমাকেই বকবে? বোনি কতো দুস্টু করছে তার বেলা? কই তুমি তো বোনি কে একটুও বকছো না? আমি জানি তো তুমি শুধু বোনিকেই ভালোবাসো। ঠিক আছে তুমি শুধু বোনিরই মা হও আমি চললাম "।

- এই এই কোথায় যাচ্ছিস? দাঁড়া, দাঁড়া বলছি। শিগগির দাঁড়াবি, কোথাও যাবিনা বলছি।

- ঝরী, ঝরী। এ..ই ঝরী। কে দাঁড়াবে, কাকে দাঁড়াতে বলছো? এই ওঠো, নির্ঘাৎ স্বপ্ন দেখেছো? ওঠো। এই নাও জল। জল খাও বলছি।

ঘুমের ঘোরে নির্ঝরী। কিংশুক পরম মমতায় তাকে জল খাইয়ে দেয়। ধীরে ধীরে জল খেয়ে নির্ঝরীর ঘুমের ঘোর একটু কাটে।

- জানো ঐ বাচ্চাদুটো আবার এসেছিলো।

- কোন্ বাচ্চাদুটো? ঘুমের মধ্যে বাচ্চা পেলে কোথেকে? কোথেকে এতো সব স্বপ্ন পাও কে জানে? দিবারাত্র উদ্ভট কল্পনা করবে আর রাতে সেসব স্বপ্নের মধ্যে ঘুরপাক খাবে। নাও এখন ঘুমাও তুমি। ঘুমাও ঘুমাও।

কিংশুক আরো একটু কাছে নিয়ে ঝরীকে ধরে শুলো। ধরে থাকলে হয়তো এসব স্বপ্নের রাজ্যে আর ভাসবে না এই বিশ্বাসে। নির্ঝরী চুপ থাকতে পারলো না। আজকে বলবেই সে তার স্বপ্নকে। কিংশুককে জানাতেই হবে। ও হয়তো জানতেও পারে এ স্বপ্নের মানে কি হতে পারে।

- জানো তো ওরা না দুই ভাই বোন।

- আবার ঝরী। কোনো কথা না ঘুমাও।

- শোনোনা। প্লীজ, শোনো।

- আচ্ছা বলো। শুনছি।

- দাদাটা মানে ঐ বাচ্চা ছেলেটা। আমার উপর রাগ করে দৌড়ে চলে যাচ্ছিলো। তাই তো ওর পিছনে দৌড়োচ্ছিলাম। যদি জলে পড়ে যায়? যদি রাস্তায় কুকুরে কামড়ে দেয়, তখন কি হবে? তাই জন্যই তো... ।

- নাও এবার ঘুমাও।

কিংশুক বুঝতে পারলো ঝরী এখনো ঐ স্বপ্নের মধ্যেই ডুবে আছে। ওখান থেকে বেরোতে পারেনি এখনো। । তাই ঝরী যা বলছে তাতে 'হুঁ, হুঁ' করে যাচ্ছে। এভাবে কখন যেন দুজনেই আবার ঘুমিয়ে পড়লো।

সকালে কিংশুক নয়নের ছেলেটাকে দেখতে পেলো। ফুটফুটে সুন্দর একটি বাচ্চা। বিনীতা নাতিকে নিয়ে দালানে বসে চা খাচ্ছিলো। কিংশুককে এষা চা দিয়ে গেল। বিনীতাকে দেখেই কিংশুক বললো,

- কেমন আছো পিসিমা?

- কেমন আবার থাকবো বাবা?

বলেই আবার ডুকরে কেঁদে উঠলো বিনীতা।

- হ্যাঁ আমি শুনেছি পিসিমা। কেঁদো না। মানুষের হাতে তো কিছু থাকে না। সবই পরমেশ্বরের ইচ্ছা। সব তাঁর ইচ্ছাতেই ভাঙে তাঁর ইচ্ছাতেই গড়ে। তুমি কিছু ভেবোনা। আমরা সবাই তোমার সঙ্গে আছি। আমি আছি পিসিমা এই তোমার কাছে। তুমি চাও না পিসিমা আমার কাছে থাকতে? চাও তো বলো? আমিও তো তোমার ছেলে, তাই না, বলো? আমি এখন বেরোবো। বিকেলে ফিরে

এসে তোমার সঙ্গে কথা বলবো, কেমন? মা, ওমা, মা, পিসিমাকে যেতে দিও না। পিসিমা এখানেই থাকবেন, এখানেই থাকবেন আজকে। আমি বিকেলে ফিরে কথা বলবো।

জোরে জোরেই কথাগুলো বলতে বলতে কিংশুক হাতের শেষ হয়ে যাওয়া চায়ের কাপ প্লেটটা নামিয়ে রেখেই স্নানে চলে গেলো।

রাতে বিনীতার সঙ্গে কিংশুক একান্তে কিছু আলোচনা করলো। বিনীতার গলার অসহায় আওয়াজটা বদলে গিয়ে স্বাভাবিক হয়ে গেল। নির্ঝরী এষা রান্নাঘর থেকে কেবল শুনতে পেলো ,

- না না বাবা, আমার অসুবিধা থাকবে কেন? এতো আমার পরম সৌভাগ্য। ভগবান তোমার মঙ্গল করুন, বাবা আমার। পূর্ব জন্মে আমার অনেক পুণ্যি ছিলো বাবা। তাই আমি এমন একজন বাবা পেলুম।

বলেই ঝরঝর করে কেঁদে ফেললো। কিংশুক বুঝলো, এ চোখের জল দুঃখের জল না। পরম নির্ভরতার আশ্রয় খুঁজে পাওয়ার আনন্দের জল। দুজনেই পরম তৃপ্তি পেল, এই পরম সুখের ভাব বিনিময়ের মাধ্যমে।সোমবার বাসে ট্রেনে প্রচও ভিড় থাকে। হয়তো সেজন্যই সোমবার কিংশুক অবসরের দিন (off day) রেখেছে। সকালে যখন সকলের সঙ্গে বসে চা খাচ্ছিলো তখনই সকলকে বলে দিলো,

- সকলে তৈরি হয়ে নাও চটপট। আর দেরি নয়। গাড়ি এসে যাবে এখুনি। সকলকেই বেরোতে হবে।

এষা আর নির্ঝরী খুব তাড়াতাড়ি করে জলখাবার করে, সকলকে খাবার ব্যবস্থা করে দিয়েই জামাকাপড় পরে নিয়ে তৈরি হয়ে নিলো। বনানী, ধীমানও প্রস্তত হলো। বিনীতাও নাতিকে নিয়ে প্রস্তুত হয়ে সবাইকে নিয়ে গাড়িতে উঠলো। কোথায় নিয়ে যাচ্ছে কিংশুক, কেউ জানে না। ধীমান জিজ্ঞেস করলো,

- হ্যাঁ রা বাবা, আমরা কোথায় যাচ্ছি সবাই?

- উঁ হঁ। বলা যাবে না। চলো না দেখি কতদূর যেতে পারি। এমনিতে তো আমরা কখনো একসাথে কোথাও বেরোতেই পারি না। যাই চলো দেখি, কোথায় যাওয়া যায়। সার—প্রাইজ।

গাড়িটা এসে আদালত চত্বরে থামলো। সবাই অবাক। সবার চোখেই প্রশ্ন। ধীমান কৌতুহল চেপে রাখতে না পেরে বললো,

- এ কেমন সারপ্রাইজ বাবা? এখানে কি আছে? কি সুখ পেতে এখানে এলি?

- কেন বাবা পছন্দ হয়নি তোমার এই জায়গাটা?

- এটা কি পছন্দের জায়গা বাবা? নাও কি কাজ আছে তাড়াতাড়ি সেরে এসো। আমরা গাড়িতে অপেক্ষা করছি সবাই।

বেশ বিরক্ত হয়েই ধীমান বললো কথাগুলো। কোথায় সে ভেবেছিল সবাই মিলে একসাথে একটু ঘুরতে যাচ্ছে। বেশ পিকনিক পিকনিক মেজাজে ছিল সে এতক্ষণ ধরে। ইস মেজাজটাই মাটি হয়ে গেল তার। কিংশুক খুব আগ্রহ নিয়ে বললো,

- কেন পছন্দ হয়নি বাবা? প্রায়ই দেখি মায়ের সঙ্গে ঝগড়াঝাঁটি করছো। মাকে তোমার আর এখন ভালো লাগছে না। বিরক্ত হচ্ছো মায়ের প্রতি। তাই অনেক দিন থেকেই ভাবছিলাম একদিন সময় পেলে তোমাদের ডিভোর্স টা ফাইল করিয়ে দেব। তোমারও শান্তি, মায়েরও শান্তি। আর তোমাদের ঝগড়া করতে হবে না। পাড়ার কাক চিল গুলোরও শান্তি। তোমাদের চেঁচামেচিতে তাদেরও পাড়ায় থাকতে অসুবিধা হচ্ছে।

ধীমানের বিরক্তি এখন রাগের রূপ নিলো। রাগে তোতলাতে আরম্ভ করলো সে।

- কই কই কোথায় আমি ঝগড়া করলাম তোর মায়ের সঙ্গে ? একবার বলুক দেখি তোর মা। আমি যাবো না কোথাও। দেবো না ডিভোর্স। দেখি কি করতে পারিস। এই বিদ্যে বুদ্ধি হয়েছে তোর ? মা বাবার ডিভোর্স করাতে নিয়ে এসেছিস? অ্যাঁ অ্যাঁ অ্যাঁ?

বাবার অসম্ভব রাগ দেখে কিংশুক আরো উৎসাহী হয়ে বললো,

- ভালো করে ভেবে দ্যাখো, ডিভোর্স দেবে না ? দেবে না তো? তাহলে আর ঝগড়াও করবে না মায়ের সঙ্গে তাই তো? তাহলে চলো সবাই। দেখি কি করা যায়। বাবা ডিভোর্স করবে না বলছে।

এই বলে কিংশুক এগিয়ে যায় সামনের দিকে। সবাই তাকে অনুসরণ করলেও ধীমান গাড়িতে উঠে বসে থাকে। সে যাবে না কোথাও। মেজাজটা তার খিঁচড়ে গেছে। বনানী ধীমানের হাত ধরে নামানোর চেষ্টা করে।

- আরে চলো চলো। কিংশুক এগিয়ে গেছে। তুমি ইয়ার্কিও বোঝোনা? ছেলেটা আমাদের সদা ব্যস্ত থাকে। কতো কাজের চাপ ওর। নিজেকে হালকা করার জন্য না হয় বাবার সঙ্গেই একটু মস্করা করলো? আর এখন ওরা বাবা মা, আমরা ওদের সন্তান। এসো, দ্যাখো, ছেলে নিশ্চয়ই কিছু ভালো উদ্দেশ্য নিয়ে আমাদের এখানে এনেছে। চলো ।

আদালতে সকলে চুপচাপ বসে দেখলো আজ কিংশুক আর নির্ঝরী সমস্ত নিয়ম মেনে শ্রীমান স্বপ্নদূত (৮নয়নতারার ছেলে) এর পিতা মাতা হলো। স্বপ্নদূতকে ওরা দত্তক শিশুপুত্র রূপে গ্রহণ করলো। এরপর ধীমান নীরব হয়েই রইলো। কোনো কথাই বললো না। বাকিটা সময় সে সকলে যা করছে তাই করলো চুপচাপ। কেন তাকে কেউ আগে থেকে কিছু জানালো না। বাবা বলে তাকে আজকাল কেউ মান্য করে না। কি এমন মহাভারত অশুদ্ধ হতো যদি তাকে আগে জানানো হতো? সে তো খুশিই হতো, যেমন আজকে হয়েছে সে। যাক সকলের ভালো হোক। কল্যাণ হোক।

- বাবা এখনও মুখ ভার করে আছো, কেন গো? কেমন টপ করে দাদু হয়ে গেল আনন্দ হচ্ছে না বুঝি? ঠিক আছে বাড়িতে চলো তোমার নাতিকে বলবো তোমাকে কাতুকুতু দিয়ে হাসাতে। আর শোন বাবা, এই কথাটা শুধু পিসিমা কিছুটা জেনেছিল, মতামত নিয়েছিলাম বলে। আর কেউ জানতো না। তোমার বৌমাও জানতো না। জিজ্ঞেস করো একবার।

- হ্যাঁ বাবা সত্যি কথা। আপনার ছেলে আমাকে কিছু বলেনি। বললে মাকে বলতামই। জানতামই না কোথায় যাচ্ছি সবাই।

এতক্ষণ পর ধীমানের মনটা একটু খোলোসা হলো। তাহলে এটা সারপ্রাইজ ছিল। সবাই কাছাকাছি মন্দিরে পূজা দিয়ে, অনেক মিষ্টি নিয়ে বাড়ি ফিরলো। বিনীতার জীবন আজ সার্থক হয়েছে । তার বাপ মা হারা নাতি, আজকে বাবা মা পেয়েছে। আবার সেই নাতিকে সে সবসময় নিজের চোখে দেখতে পাবে। কিংশুক বলেই দিয়েছে পিসিমা এ বাড়িতে থাকবে এখন থেকে। তার সব কষ্ট যেন এক মুহূর্তে দূর হয়ে গেল। সব চিন্তা যেন এক নিমিষে উধাও হয়ে গেল। আজ বিনীতা বুঝতেই পারছে না কোনটা দুঃখ, কোনটা কষ্ট, কোনটা সুখ। সব পরমেশ্বরের লীলা। এছাড়া আর কিছুই ভাবতে পারছে না সে। তার মেয়ে থাকলে তার জীবনটা পূর্ণ থাকতো। যদিও তার শেষ দিনগুলো কিংশুকই দেখতো। তবে তার নাতি তার জন্ম দেওয়া বাপ মায়ের কাছে থাকলে যেরকম মানুষ হতো কিংশুক আর বৌমার কাছে থাকলে তার থেকে অনেক বেশি ভালো মানুষ হতে পারবে। মনে মনে ঈশ্বরের চরণে প্রণিপাত হয় সে।

সারাদিন নির্ঝরী ছেলের সঙ্গে সঙ্গে থাকলেও রাতে এখনও পর্যন্ত বিনীতা নিজের কাছেই রাখে। বিনীতা বলে,

- বৌমা, রাতের বেলায় একা একা প্রাণটা বড়ো হু হু করে। বড্ড মনে পড়ে মেয়েটাকে। তাই নাতিটা কাছে থাকলে খানিক ভালো থাকি।

কিংশুক খুব খুশি। যাক ঝরীর মাথা থেকে নতুন অতিথি আনার ভুতটা আপাতত নামানো গেছে। স্বপ্নদূতকে পেয়ে ভুলেছে সে সব। সারাদিন তাকে নিয়ে 'বাবুসোনা, বাবুসোনা' করতে ব্যস্ত থাকে। বাচ্চার আধো আধো বুলিতে 'বাবা, বাবা' ডাক তাকেও বেশ আবিষ্ট করে রাখে। ভরে থাকে তার মন প্রাণ।

এ জায়গাটা বেশ শান্ত, মনোরম লাগছে। বাতাসে অদ্ভুত মিষ্টি গন্ধ। ঘন্টার শব্দ শোনা যাচ্ছে। নিশ্চয়ই কোথাও পূজা হচ্ছে। ঐ তো মন্দির। বাহ্ সুগন্ধের তীব্রতা অনেক বেশি এখানে। ঘন্টার শব্দটা ক্রমশঃ জোরে শোনা যাচ্ছে। ধীরে ধীরে সিঁড়ি বেয়ে মন্দিরে ওঠে। আহঃ কি অপূর্ব সুবাস। সদ্য পূজা হওয়া, ফুলের, চন্দনের, ধূপের সুবাস। ঘন্টা বাজালো কিংশুক। আবেশে ধ্যানস্ত হলো সে। শরীর হালকা হয়ে যেন ভেসে যাচ্ছে। চারিদিকে সাদা বরফ, গুহার সামনে দাঁড়াতেই ওঙ্কার শোনা যাচ্ছে। এক চুম্বকীয় আকর্ষণ তাকে গুহার ভিতরে টেনে নিয়ে যাচ্ছে। ভিতরে শিবলিঙ্গ, সামনে নিমীলিত নয়নে মাথায় জটাজুট প্রশান্ত স্নিগ্ধ ধ্যানময় সন্ন্যাসী। কিংশুকের ধ্যানও ক্রমে গভীরতর হয়। নিদ্রা যোগনিদ্রায় পরিণত হয়।

সকালে ঘুম ভাঙার পরেই সোজা ছাদে পৌঁছায়। শিশু সূর্য কে এক দৃষ্টিতে দেখে। তারপর দুই ভ্রুর মাঝে স্থাপন করে, দুচোখ বন্ধ করে সেই সূর্যকে দেখে। এক অপূর্ব স্বর্গীয় অনুভূতিতে পৌঁছে যায় সে।

"জপাকুসুম সঙ্কাশং কাশ্যপেয়ং মহাদ্যুতিম্।
ধ্বান্তারিং সর্বপাপঘ্নং প্রণতোস্মি দিবাকরম্"।।

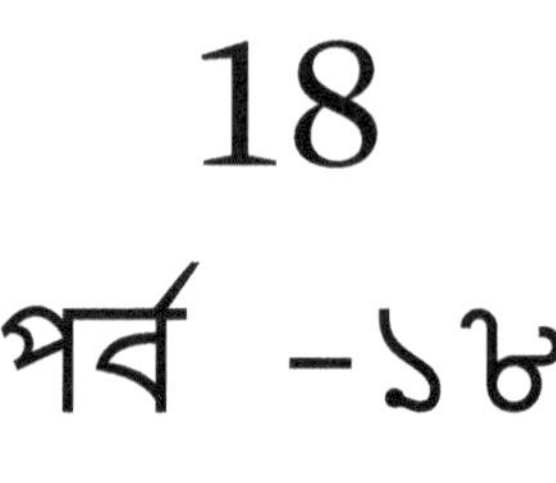

18
পর্ব - ১৮

শুভস্য শীঘ্রম্ মনে করে কিংশুক নির্মাণ কুশলী স্থপতিদের সঙ্গে পরামর্শ করে একটা শিব মন্দিরের নকশা আঁকিয়ে নেয়। তারপর রাজমিস্ত্রিদের সঙ্গেও একটা পরামর্শ করে নিজের সুবিধা অনুসারে একটা পরিকল্পনা করে রাখলো। সপ্তাহ শেষে বাড়ি ফেরে। রাতে বিশ্রামের সময় বলে,

- ঝরী তোমার মহাদেবকে একটু জানাও। তিনি যেন এই অধম ভক্তকে কৃপা করেন।

নির্ঝরী মনে মনে কৌতূহলী হয়। জানতে চায়, উৎসুক দৃষ্টিতে কিংশুকের দিকে তাকায় সে। খুব সংক্ষেপে বলে নিয়ে, নকশাটা দেখালো। বুঝিয়ে দিলো নকশা। নির্ঝরী কল্পনার চোখে সেই মন্দির যেন চোখের সামনে দেখে নিলো। অত্যন্ত আবেগপ্রবণ হয়ে গেল আনন্দে। গভীর রাতে দুজনেই প্রাণপণে প্রার্থনা জানায় মহাদেবকে। ক্ষীণ ঘন্টাধ্বনিতে যে নিদ্রা আরম্ভ হয়, বরফের শীতলতায় সে নিদ্রা গভীরতর হয়ে পূর্ণ হয়।

সকালে এককাপ লিকার চা খেয়েই কিংশুক বাবাকে খোঁজে। যদিও মনে মনে কিংশুক একটা জায়গা ঠিক করে রেখেছে মন্দির প্রতিষ্ঠার জন্য, তবুও বাবার মতামত নিতেই হবে।

- বাবা, ও বাবা। মা বাবা কোথায় গো ?

ধীমান ক্ষেতে যাবার প্রস্তুতি নিচ্ছিলো। কিংশুকের ডাকে সামনে এলো। বাবাকে দেখেই কিংশুক বাচ্চার মতো বললো

- ও বাবা, বাবা, আমাকে একটু জায়গা দেবে গো?

কৌশিক ধীমান দুজনেই কিংশুকের দিকে তাকায়। রান্নাঘর থেকে বনানীও শোনে। নির্ঝরী, এষা রান্নাঘরে বনানীর সামনে আছে। সকলেই চুপ করে শোনে। ধীমান একটু দমে যায় মনে মনে। এই সব বিষয় আশ্রয়ের আলোচনায় পরিস্থিতি বেশ গম্ভীর হয়ে যায়। কিংশুক তা জানে। কেমন করে হালকা করতে হয় তাও জানে। তাই ধীমান যখন জানতে চাইলো,

- জায়গা? জায়গা নিয়ে কি করবি? গাছপালা বসাবি না কি?

- না বাবা গাছপালা বসাবো না। এমনিতেই তোমার বৌমা তো জঙ্গল বানিয়ে রেখেছে। আমি আর জঙ্গল বাড়াতে চাই না। একটা ঘর বানাবো বাবা।

- কি ? ঘর বানাবি তুই? কেন এতবড়ো বাড়িতে কুলোচ্ছে না তোর

- না গো বাবা তা নয়, এই সারা সপ্তাহ খেটে খুটে আসি বাড়িতে একটু শান্তি করে ঘুমাবো বলে। তা সে হবার জো আছে? তোমার বৌমা কি সব আজগুবি ভাবনা চিন্তা করে শোয় কে জানে?

রাতের বেলায় তার চিৎকারে ঘুমানো দায়। কি যে স্বপ্ন দেখে রোজ কে জানে বাবা? তারপর চিৎকার শুনে ঘুম ভেঙে ওর মুখে জল দেওয়া, মানে চোখে মুখে জলের ছিটা দিয়ে, মুখে জলের গ্লাস ধরে জল খাইয়ে আবার ওকে চাবড়ে ঘুম পাড়াতে গিয়ে আমার ঘুমের কাঁথা কাচা হয়ে যায়। তাই ঠিক করলাম একটা আলাদা ঘর বানিয়ে রাতটুকু সেখানে কাটানোর ব্যবস্থা করে নেব। দাওনা গো বাবা একটু জায়গা।

কিংশুকের বর্ণনা আর বাবার কাছে এভাবে ভিখারির মতো জায়গা চাওয়া দেখে সকলেই একযোগে হেসে উঠলো। ধীমানও কম যায় না।

- ও এই কথা? বৌমার চেঁচামেচিতে তোর ঘুম হয় না? আয় আমি তোকে জায়গা দেবো।

এই বলে ধীমান এগিয়ে যায়। কৌশিক কিংশুক দুজনেই বাবাকে অনুসরণ করে। বাড়ির পিছনদিকে একটা অব্যবহত জায়গায় ভয়ঙ্কর কাঁটাওলা তিনশিরা যুক্ত ক্যাকটাসের ছোটো জঙ্গল। এখানে ওগুলো তেশিরে মনসা নামে পরিচিত। ধীমান সেদিকে তর্জনী দেখিয়ে বললো,

- আজ থেকে তুই বরং এগুলোর উপরে শুবি ভালো ঘুম হবে। তোকে বৌমার চেঁচামেচি আর সহ্য করতে হবে না। এটাই তোর ঘুমানোর উপযুক্ত জায়গা।

দুই ভাই মিলে হো হো করে হেসে উঠলো। হাসতে হাসতে কিংশুক বাবার হাত ধরে এগিয়ে নিয়ে যায় মন্দিরের জন্য ভেবে রাখা পূর্বপরিকল্পিত জায়গায়। তিনজনে একটা গাছের ছায়ায় বসলো। সামনে কিংশুকদেরই একটা অগভীর পুকুর। ভরা বর্ষায় কিছু জল জমে। গ্রীষ্মে জল শুকিয়ে যায়। সবুজ ঘাসের ঢালু জমি হয়ে যায়। বাচ্চারা তখন খেলাধুলা করে। বড়োরাও এসে বসে। নির্ঝরীর যত্নে বাড়ির বেশিরভাগ খালি জায়গায় ফুল ফলের বাগান গড়ে উঠেছে। তবে পুকুরের উত্তর পাড় জুড়ে কিছু জঙলি গাছ আছে। যেগুলো কেটে পরিষ্কার করলে অনেক বড়ো জায়গা বেরোবে। পুকুরের পশ্চিম পাড় জুড়ে কিংশুকদের বাড়ি থেকে বেরিয়ে যাতায়াতের রাস্তা। উত্তর পাড় থেকে বাস্তু ভিটা শুরু। এই উত্তর পাড়েই মন্দির তৈরির পরিকল্পনা করেছে কিংশুক। যাতে বাইরের মানুষজনও মন্দিরে সবসময় আসতে পারে। কিংশুক নকশাটা বের করে। ধীমান ও কৌশিকের সামনে মেলে ধরে। দুজনেই বেশ জিজ্ঞাসু দৃষ্টি নিয়ে তাকিয়ে আছে কিংশুকের দিকে।

- বাবা এটা একটা মন্দিরের নকশা। মহাদেবের মন্দির। কেন, কি বৃত্তান্ত, এ পরিকল্পনার কারণ কি সব তোমাদের আমি সময়মতো জানাবো বাবা। এখানে এই মন্দিরে মহাদেব প্রতিষ্ঠিত হবেন। ব্যাপারটা এখনই কাউকে জানানোর দরকার নেই। চুপচাপ করতে হবে। শুভ কাজ নীরবেই করতে হয়। তৈরি হয়ে গেলে সকলে এমনিতেই দেখতে পাবে। তুমি আর ভাই নকশাটা বুঝে নাও। আমি তো রোজ থাকতে পারবোনা। তোমাকে তদারকি করতে হবে। ছুটির দিনে আমি আর ভাই তো থাকবই।

তিনজনের মনেই ফল্গুধারার মতো এক আনন্দ স্রোত বয়ে যায় গোপনে। ধীমান সেই আনন্দে খানিকক্ষণ আত্মহারা হয়ে যায়। মাঝে মন্দির তার ভিতরে গর্ভগৃহ। সেখানে প্রতিষ্ঠিত থাকবেন মহাদেব। শিবলিঙ্গ। মন্দিরের চারপাশ জুড়ে থাকবে চাতাল। যখন বিশেষ দিনে মানুষ পূজা করতে আসবে মহাদেবকে, তখন বসবে, বিশ্রাম করবে। আরেকটু সামনে মন্দিরের পূর্বদিকে লম্বা দালান হবে। বিশেষ উৎসবের দিনে মানুষ এখানে বসে প্রসাদ গ্রহণ করবে। সামনের পুকুরটা পঞ্চায়েত কে বলে গভীরভাবে কাটানো হবে। এটাই হবে মহাদেবের পুকুর। প্রতিষ্ঠা করা হবে মহাদেবের নামে। উত্তর পাড় বাঁধানো হবে। ঘাটে নামার সিঁড়ি হবে। মন্দিরের ঘাট। পূজার ঘাট।

বাবা মহাদেব প্রতিষ্ঠিত হবেন, মন্দির হবে তার বাড়িতে। এ যেন স্বপ্ন দেখছে ধীমান। এ যে তার কল্পনারও অতীত। নিজের কিছু খেত থামার, ছোট সংসার একেবারে মধ্যবিও ভাবনায় চালিয়েছে। নিজের পড়াশোনা অকালে বন্ধ হয়েছিল। তাই সেই অপূর্ণ ইচ্ছে ছেলেদের লেখাপড়া শিখিয়ে পূর্ণ করতে চেয়েছে। ছেলেরা তার মেধাবী, তাই তার প্রত্যাশার থেকে অনেক বেশি পড়াশোনা তারা করেছে। ভেবেছিল ছেলেরা পড়াশোনা শিখুক, চাকরি বাকরি হোক বা না হোক চাষাবাদ করে ঠিক ওদের জীবন ওরা চালিয়ে নিতে পারবে। খুব বেশি আকাঙ্ক্ষা করে জীবন জটিল করা, তার জন্য জীবনের শান্তি টুকু বিনষ্ট করার পক্ষপাতি সে কোনোদিনই ছিল না। এ সব কিছু মহাদেবেরই কৃপা। অনুষ্ঠানের আগে যেমন মঞ্চ সাজানো হয় তাই মহাদেব এখানে নিজেকে প্রতিষ্ঠা করবেন বলেই সব ব্যবস্থা করেছেন। তার ভাবনার থেকে অনেক বেশি তার ছেলেরা প্রতিষ্ঠিত হয়েছে। বাড়িতে লক্ষ্মী প্রতিমার মতো বৌমা, তার নির্ঝরী মা। এমন বৌমা না এলে কিংশুক এভাবে নিজেকে গুছিয়ে তুলতে, এমন ঐশ্বরিক ভাবনায় নিজেকে ডুবিয়ে দিতে পারতো না। প্রভু তোমার অশেষ কৃপা।

ধীমান নিজের ভিতরে যেন ডুবে গিয়েছিল। আনন্দে হারিয়ে গিয়েছিল যেন। কিংশুক বাকি কথা কৌশিকের সঙ্গে শেষ করেই বললো,

- বাবা চলো। মজুর লাগিয়ে এসব জঙ্গলি গাছপালা গুলো এসপ্তাহের মধ্যে কেটে পরিষ্কার করো। সামনের রবিবার জায়গা মেপে সোমবার ভিতপূজা করে নেওয়া হবে। ব্যস কাজ আরম্ভ হয়ে যাবে। তিনজনের কথাবার্তা শেষ হলেই ধীমান বাচ্চার মতো দৌড়ে বাড়ির দিকে আসে। স্কুলে ভালো রেজাল্ট করলে বাচ্চারা যেভাবে মা মা করতে করতে বাড়ির দিকে ছুটে আসে, তেমন ধীমান এলো

- বনানী, বনানী শুনছো....। দেখো কিংশুক কি করেছে। দেখো দেখো...

- বাআবাআ, তোমাকে যে বললাম চুপচাপ থাকতে। এখনই কাউকে না বলতে। শুনছো না কথা? জোরে জোরে কথা বলছো। সময়মতো সবাই সব জানবে। জোরে জোরে বলতে হবে না। মাকে পিসিমাকে আমি বলে দেবো ঠিক।

ধীমান চুপ করে মুখে আঙুল দেয়। বনানী বেরিয়ে এসে জিজ্ঞেস করে,

- কি হলো ডাকছিলে কেন?

ধীমানের মুখে আঙুল। কি বলবে ঠিক করতে পারে না সে। বনানী জিজ্ঞেস করে,

- মুখে আঙুল কেন? মানুষটার কি হলো রে বাপু?

- একটা ব্যাগ চাইছিলাম। বাজারের বড়ো ব্যাগ দাও।

- ব্যাগ কি করবে?

- পূজোর জিনিস কিনতে হবে।

- কিসের পূজো?

- অত জিজ্ঞেস কোরো না গো। মাথাটা কেমন করছে।

- মাথার আর কি দোষ ? দুনিয়ার লোকের সঙ্গে মিশবে, তাদের সমস্যার সমাধান করবে। উদ্ভট পরামর্শ দেবে, মাথা তো কেমন করবেই। নাও ব্যাগ নাও।

মুখ বেজার হোলো ধীমানের। বনানী সারাজীবন ধরে কোনোকিছুই সোজা ভাবে ভাবতে শিখলো না। আনন্দে আমার মাথাটা কেমন করছে। বনানী চলে গেল উল্টো রাস্তায়। কজন চাষী বাসী মানুষ, তাকে মান্যি করে, সমস্যা হলে বড়ো দাদার মতো পরামর্শ চায়। তা তার বুদ্ধিমতো

দুটো ভালো কথা বললে কি এমন মাথা গোলমাল হয়ে যাবে শুনি ? না না এসব বাইরের কথা একদম ভাবব না । শুধু মহাদেবের কথা ভাবতে হবে। মহাদেব আসছেন তার ঘরে।

বনানী এখনও কিছু জানে না। অবাক হয় সে। কি বলতে এলো মানুষটা, কিসেরই বা পূজো কিছু বুঝতে পারে না। ধীমান বাজারে গিয়ে কেনাকাটা করে। ব্রাহ্মণকে বলে আসে ভিতপূজার কথা। মহাদেবের মন্দির হবে, তাই সোমবারই প্রশস্ত।

কলেজের প্রিন্সিপ্যাল নিজে প্রচেষ্টা করে নির্ঝরীকে পুনরায় কলেজে অধ্যাপনার কাজে নিয়োগ করেছেন। তাই সংসারে সে আর আগের মতো সময় দিতে পারছে না। কৌশিকের বৌ এষা , তার একমাত্র জা। সে সংসারের সমস্ত দায়িত্ব নিয়েছে। ঘরের খুঁটিনাটি কাজকর্মের লোক আছে। কেবল ঠিকমতো তদারকি করা। বাজার হাট ধীমান করে আনে। ছুটির দিনে কৌশিকও যায় বাজারে। বাকি কাজ সকলে মিলে সামলায়। কিংশুক বা নির্ঝরী সাংসারিক কাজে কর্মে সময় দিতে পারে না বললেই চলে। রান্নার কাজে সাহায্য করার জন্য একটি মেয়ে এসেছে। নির্ঝরী এনেছে। তাই বিনীতা এই মন্দিরের চাতালেই বেশিরভাগ সময় কাটায়। অদ্ভুত শান্তির পরিবেশ এখানে। পাড়া থেকেও অনেক মানুষ তাদের জপের মালাখানি নিয়ে এখানে এসে রোজই বসেন। মালা জপেন। পুরো চারপাশ গাছগাছালির ছায়াঘন হবার জন্য গরমের দুপুরও বেশ আরামদায়ক এখানে। সন্ধ্যায় আরতি হয়ে যাবার পর মন্দিরের চাতাল খালি হয়ে যায়। তখন বিনীতা অনুভব করে একটা কেমন মায়াময় বাতাস যেন ওর চারপাশ জুড়ে আছে। হয়তো তার মেয়ে নয়নতারা হবে। এরকমই ধারণা তার। তাই সুবিধামতো (বর্তমান পিতা মাতা নির্ঝরী কিংশুকের) নয়নের ছেলে স্বপ্নদূতকে নিয়ে নির্জন সন্ধ্যায় এসে বসে মন্দিরের চাতালে। এক মৃদু বাতাস যেন ওকে ঘিরে থাকে। বিনীতা অনুভব করে যেন এক চেনা প্রিয়জনের আবেশ। মনে মনে বলে বিনীতা,

- নয়ন, এই দ্যাখ, তোর বাবুসোনা। কি সুন্দর হয়েছে দ্যাখ তোর বাবুসোনা, আমার বৌমা আর কিংশুকের ছোঁয়ায়। দেখিস ও একদিন অনেক বড়ো আর ভালো মানুষ হবে। আমার এখানে খুব আনন্দ জানিস? এটা কোনো মানুষের বাড়ি না রে, এটা স্বর্গ। এখানে সবাই দেবতার মতো। শুধু তোকে দুচোখ ভরে যদি দেখতে পেতাম। পাই না তোকে দেখতে আমার পোড়া চক্ষু দিয়ে, এটাই আমার কষ্ট। যেখানেই থাকিস ভালো থাকিস মা।

ধীরে ধীরে মৃদু বাতাস বয়ে যায়। চেনা আবেশও মিলিয়ে যায়।

- জানো ঝরী একটা গার্লস স্কুলের প্রয়োজন এখানে। একটা গার্লস স্কুল তৈরি করতেই হবে এখানে। আমাদের গ্রামের স্কুলটায় ছেলে মেয়ে একসাথে পড়াশোনা করে। স্কুলের পঠনপাঠন ভালো। তাই দূরদূরান্ত থেকে অনেক ছেলে মেয়ে তাদের বাড়ির পাশের স্কুল ছেড়ে এখানে পড়তে আসে। ছাত্র ছাত্রীর সংখ্যা সেজন্য অনেক বেশি। মেয়েদের অনেক অসুবিধা করেই এখানে পড়াশোনা করতে হয়। তুমি একজন মেয়ে হয়ে নিশ্চয়ই অসুবিধাগুলো অনুভব করতে পারছো? কাছাকাছি কোনো গার্লস স্কুল নেই। তাই এরকম ভাবনা মাথায় এসেছে। আমি সামান্য মানুষ। চাই টাকা, ব্যবস্থাপনা করার জন্য সঠিক মানুষজন, আর জায়গা। বাকিটা ঠিক হয়ে যাবে। নির্মাণের কাজ হয়ে গেলে আমাকেও আর কিছু করতে হবে না। আমার তখন ছুটি। স্কুল চলবে তার নিজের নিয়মে। কারণ তখন আমার অন্য কাজ একটা মহিলা কলেজ নির্মাণ। কারণ মেয়েদের কলেজও অনেক দূরদূরান্ত পর্যন্ত নেই। কতো কষ্ট করে মেয়েরা অনেক দূরে কোএডুকেশন কলেজে পড়তে যায়। দেখি মহাদেবের কৃপা। আমার মনে তিনি তাঁর ইচ্ছার বীজ বপন করেছেন। এসব ভাবনার জন্যই আমি বিদেশে থেকে যাইনি।

- আচ্ছা, তুমি তাহলে বলেই ফেললে তোমার স্বপ্নগুলো?

- হাঁ ঝরী, আমাদের দেশের মেয়েদের উন্নতির প্রয়োজন। বিদেশ এতো উন্নত শুধুমাত্র সেখানে মেয়েরা স্বাধীন বলে। নারী পুরুষ সেখানে সমান অধিকার পায়। আমাদের এখানে কতো বাধা একটি মেয়ের এগিয়ে চলার পথে। বাধাগুলো সরে গেলে মেয়েরা নিজেরাই সক্ষম তাদের উন্নত করতে। জানো ঝরী আমি দেখেছি মেয়েদের মধ্যে একটা অদ্ভুত ক্ষমতা আছে। তারা রান্না করতে করতেই বুঝে যায় তরকারীর স্বাদ কেমন হবে? স্বাদের ঘাটতির কারণ কি? শিশুকে দেখে বা তার কান্না শুনে বুঝে যায় তার অসুবিধার কারণ কি হতে পারে। সংসারে কে কিসে খুশী, কিসে অখুশী, তা না বললেও তারা বুঝে নিতে পারে। এই জগৎ সংসার তাঁরাই নিঃশব্দে চালনা করেন। তাই মেয়েরা যতই উন্নত হবে সমাজ ও দেশ ততই উন্নত হবে। আর আমার এসব উপলব্ধি হয়েছে তোমাকে পেয়ে ঝরী।

- এই, এই আরম্ভ হলো গাঁজাখুরি গপ্পো। এতোক্ষণ সব ঠিকঠাক ভাষণ চলছিল। আমি চুপচাপ শুনছিলাম। এবার আর নেওয়া যাচ্ছে না। ধ্যেএএৎ। সরো।

এই বলে নির্ঝরী কপট রাগ দেখিয়ে উঠে যেতে চায়। কিংশুক হাতটা ধরে টেনে নির্ঝরীকে আবার বিছানায় বসিয়ে দিয়ে পিছন থেকে জড়িয়ে ধরে। নির্ঝরীর বাম কাঁধে থুতনি রেখে খুব ধীরে ধীরে বললো,

- শোনো ঝরী, শান্ত হয়ে শোনো। যা বলছি সেগুলো মিথ্যা কথা না। আমরা বইয়ে অনেক কিছুই পড়ি কিন্তু যখন সেই কথাগুলোরই বাস্তবে প্রতিফলন দেখতে পাই তখনই আমাদের আসল শিক্ষা, বাস্তবিক শিক্ষা হয়। যেটা তোমার জন্য দেখতে পেয়েছি। তুমি দেখিয়েছ আমাকে সেই বাস্তব। তুমি আমাদের মধ্যবিত্ত চাষী পরিবারকে অভিজাত্য দিয়েছো , সৌন্দর্য দিয়েছো। এ শুধু তোমার জন্যই সম্ভব হয়েছে। তুমি তোমার নিঃশব্দ প্রচেষ্টায় এ সব কিছু সম্ভব করেছো। আমার এই গ্রাম্য পরিবেশকে এক অনন্য মাত্রা এনে দিয়েছো। বোধহয় মেয়েরাই পারে অস্ত্র, দলীয় ঝাণ্ডা, শ্লোগান ছাড়া এমন নিঃশব্দ বিপ্লব করে সমাজ বদলাতে। আমি ধন্য ঝরী। সমগ্র নারী জাতিকে আমার অনন্ত প্রণাম।

- না গো, এসব আমার দ্বারাও সম্ভব হোতো না। বর্তমান বিশৃঙ্খল স্রোতে আমিও ভেসে যেতাম। যদি বাবা শক্ত হয়ে শাসন না করতেন। যদি ঠাকুমা ঋষির মতো করে জীবনবোধ না বোঝাতেন, তাহলে বোধহয় পারতাম না। বাবার চাপে তো বটেই বিশেষতঃ ঠাকুমার জন্যই আমি এতটা ধৈর্য ধরতে পেরেছি। এখানে শান্ত হয়ে থাকতে পেরেছি। কম বয়সে সবাই নিজের মতো করে স্বাধীন হতে চাই। নিজের ইচ্ছেমত চলতে চাই। পৃথিবীকে নিজের মতো করে সহজ ভাবি। সারাজীবন আনন্দে কাটাতে চাই। তার জন্য যে প্রথমে, জীবনকে জানতে হয়, শিখতে হয় সেটা আমরা জানি না। সময়ের সঙ্গে সামান্য আঘাতেই বিপর্যস্ত হয়ে পড়ি। তা থেকে পালিয়ে বাঁচবার চেষ্টা করি। কিন্তু আঘাতও আমাদের পিছু ছাড়ে না। আমিও চেষ্টা করেছিলাম পালিয়ে বাঁচবার জন্য। ঠাকুমা আমাকে শিখিয়েছেন কিভাবে ধৈর্য ধরে নীরবে কাজ করে যেতে হয়। কিভাবে অবসরে শুভ ইচ্ছার, শুভ চিন্তার বীজ বপন করতে হয়। কিভাবে শান্ত থেকে প্রতিকূল অবস্থাকে নিজের অনুকূলে আনতে হয়। বুদ্ধি দিয়ে নয়, কিভাবে হৃদয় দিয়ে সমস্যাকে সমাধান করতে হয়। ভালোবাসা দিয়ে সব কিছু জয় করতে শিখিয়েছিলেন ঠাকুমা। গাছেদের দেখিয়ে বলেছিলেন – "দ্যাখো নিরু গাছেরা কেমন নিঃশব্দে বড়ো হয়, তারপর এভাবে নিঃশব্দেই ফুলে ফলে ভরে ওঠে। কিভাবে সে বড়ো হোলো, কিভাবে সে ফুলে ফলে ভরে উঠলো কেউ জানতে পারে না। জগৎ

সংসার তার ফুল ফল পেয়েই খুশি থাকে"। আরো বলেছিলেন – "ফুলেফলে ভরে গেলে গাছ মাটির প্রতি নত হয়, সাফল্যে ভরা মানুষও বিনীত হন ঐ গাছের মতো"।আর জানো মহাদেবও অনেক অলৌকিক সংকেত দিয়েছেন বিভিন্ন সময়ে। সেই সংকেতের দ্বারায় তিনি আমাকে অনেক কিছু নির্দেশ দিয়েছেন। তাই আমার মতো চঞ্চল মানুষের পক্ষে জীবনে শান্ত ও সহজ থাকা সম্ভব হয়েছে। অনেক রাত হয়েছে এবার ছাড়ো । ঘুমাতে হবে। সকালে উঠতে দেরি হয়ে যাবে।

- হ্যাঁ চলো ঘুমিয়ে পড়ি। শুভ রাত্রি।

বিনীতা খুব ভোরে উঠে মন্দিরের গর্ভগৃহ পরিষ্কার করে, গঙ্গাজল ছড়িয়ে রাখে । চাতাল ও মন্দিরের অন্যান্য জায়গা বাড়ির পরিষ্কার পরিচ্ছন্ন করার লোকজনেরা করে দেয় । সকালে এষা স্নান সেরে বাগান থেকে ফুল বেলপাতা তুলে মন্দিরে রেখে আসে। এরপর এষা সোজা রান্নাঘরে চলে যায়। সকলের চা জলখাবারের ব্যবস্থা, রান্নার ব্যবস্থা করতে। রান্না করে যে মেয়েটি তাকে নির্দেশ দিয়ে সমস্তকিছু ব্যবস্থা করে সে। এসব সে খুব খুশি হয়ে করে। নির্ঝরী কলেজে যাবার আগে সংসারের কোনো কিছুই চোখ কান দিতে পারে না। ঐ এষাই সব সামলায়। খুব খুশি হয় সে ভগিনীসমা বড় জা কে এইটুকু সাহায্য করতে পারে বলে। এষার বাপের বাড়ি সামান্য দূরে। এষার বাবা নেই। কিংশুক আর নির্ঝরীর জন্য তার একমাত্র ভাইকে এঞ্জিনিয়ারিং পড়াতে পারছে সে। এছাড়া এষার মায়ের সম্পূর্ণ যত্ন নিতে পারে নির্ঝরীর জন্য। এর জন্য কখনো স্বামী কৌশিকের কাছে চাইতে হয় না। নির্ঝরী নিজের থেকেই শ্বশুর শাশুড়ি এবং এষার মায়ের ওষুধ ও প্রয়োজনীয় জিনিসপত্র কিনে নেয়। আর কারো হাতে সেসব পাঠিয়ে দেয়। নির্ঝরীর নিজের বাপের বাড়ির জন্য কোনো চিন্তা করতে হয় না। মফস্বলে সব কিছু বাড়ির কাছেই থাকে। প্রয়োজনীয় জিনিসপত্র সামনেই পাওয়া যায়। গ্রামে সব কিছুই দূরে গিয়ে কিনতে হয়, আগে থেকে অর্ডার দিয়ে রাখতে হয়, যোগাযোগ ব্যবস্থার অসুবিধা। কৌশিক এষার প্রতি অত্যন্ত যত্নবান হলেও নির্ঝরী যেভাবে এষাকে নিজের বোন ভেবে হৃদয়ে আশ্রয় দিয়েছে, যেভাবে তার সমস্ত সমস্যা, দুঃখ দূর করে না চাইতেই সব ব্যবস্থা ব্যবস্থা পাকা করে দিয়েছে, সবসময় নিশ্চিন্তে ও আনন্দে রেখেছে, সেটা সবাই দিতে পারে না। এ বাড়িতে সকলেই সকলের জন্য। প্রত্যেকেই নিজ কর্তব্যের প্রতি সচেতন। এটা বোধহয় নির্ঝরীর কাছ থেকেই সবাই চুপিসারে শিখে নিয়েছে। ঠাকুমার পরামর্শে নির্ঝরী কর্তব্য পরায়ণ হয়েছে, তিনি করেছে নিজেকে। ধীরে ধীরে সমস্ত বাড়ি এরকম হয়ে গেছে। নির্ঝরী যেন একটা রূপকথার সোনার কাঠি। যার ছোঁয়ায় সব প্রাণ ফিরে পেয়েছে।

এষা এই সংসারের কর্তব্যগুলো তাই পরম যত্নে ভালোবেসেই করে। পরিশ্রম বলতে সবকিছু খেয়াল রাখা । শ্রমের কাজ সাহায্যকারী মানুষেরা করেন। তাঁরাও এ পরিবারের সদস্য হয়ে গেছেন। এঁরা সকলে একসময় অসহায় ছিলেন। এখানে তাঁরা এখন নিশ্চিন্তে নিরাপদে থাকেন। আজ বেলার দিকে খুব ব্যস্ততার সময়ে একজন পাড়াতুতো কাকিমা ওদের বাড়ি এলো। মাঝে মাঝে এসে মন্দিরের চাতালেই বসে। ওখানে নিন্দা মন্দ করার সুবিধা হয় না। যেহেতু ভক্ত মানুষেরাই ওখানে এসে বসেন, জপ করেন, ধ্যান করেন, তাঁরা কেউই কথাবার্তা পছন্দ করেন না । তাছাড়া বাড়ির খবর নিতে গেলে বাড়িতেই ঢুকতে হবে। অনেক ব্যস্ততার মধ্যেও এষা বসতে দিল। এবার তিনি ইনিয়ে বিনিয়ে আরম্ভ করলেন,

- তোমার বড় জা কোথায়? সে কি কাজ কম্ম কিছু করে, না কি সারাদিন পুঁথি পত্র খুলে বসে থাকে? পুরো হেঁসেল বুঝি তোমাকেই ঠেলতে হয়?

- বলছি কাকিমা একটু বসুন। নয়তো মন্দির থেকে ঘুরে আসুন।

- না মা, পারবো না যেতে। পায়ে ব্যাথা। এইখানেই বসি একটু।

এষা থালায় ভাত বেড়ে বাটিতে ঝোল রেখে জুড়োতে দিলো। এখুনি নির্ঝরী খেয়ে কলেজে যাবে। গরম খেতে গিয়ে বড্ড দেরি হয়ে যায়, তাই এষা রোজ ভাত আগে থালায় বেড়ে জুড়োতে দেয়। উপর থেকে পাংশু মুখে নামতে নামতে নির্ঝরী বললো,

- এষা , আজ খাবনা রে। আমার পেটটা ভীষণ মোচড় দিয়ে ব্যাথা করছে। শরীরটা একদম ভালো লাগছে না। তুই বাবুসোনাকে দেখিস। উপরে লিখছে সে। তুই ওকে নামিয়ে এনে মুখে মুখে নামতা শিখিয়ে দিবি। আর আমার ঘরের জানালা গুলো, বারান্দার দিকের দরজা বন্ধ করে দিবি। গাছে গাছে ছোটো হনুমান গুলো লাফাচ্ছে। ঘরে ঢুকে পড়লে তছনছ করে দেবে একেবারে। চললাম।

এষা দৌড়ে গিয়ে ঘিরে ধরে নির্ঝরীকে । হাত ধরে টেবিলে বসিয়ে দেয়।

- দিদিভাই খালি পেটে থেকে থেকে পেটে আমাশা জমেছে। তাই মোচড় দিচ্ছে। না খেলে আরো বাড়বে কষ্ট। নিন খেয়ে নিন। মাছটা আমি ছাড়িয়ে দিচ্ছি।

- তুই এমন করিস..., দেরি হবে তো?

- কিচ্ছু দেরি হবে না। পাঁচ মিনিট লাগে খেতে। নিন শুরু করুন।

নির্ঝরী খাওয়া আরম্ভ করে। এষা ঘরে গিয়ে ড্রয়ার খুলে দুটো মেট্রোজিল ট্যাবলেট এনে নির্ঝরীকে দিল। একটা এখুনি খেয়ে নিন, একটা কলেজে খাবেন। রাতে ফিরে আর একটা খাবেন। ঠিক হয়ে যাবে। ছোট্ট বালিকার মতো এষার আদর ভরা ধমক নির্ঝরী মাথা পেতে শুনলো।

- সাবধানে যাবেন। শরীর বেশি খারাপ লাগলে চলে আসবেন তাড়াতাড়ি।

- সে তো বটেই। তুই বাবুসোনাকে নামিয়ে জানলা দরজা বন্ধ করে আয়। টা টা ।

এতক্ষণ ধরে পাড়াতুতো কাকিমা বেশ সব কিছু দেখলো। বুঝলো, সম্পর্কের ভীত বেশ পাকাপোক্ত। টলানো বেশ মুশকিল। তবুও পোড় খাওয়া নিন্দুক। হার মানেনা সহজে। এবার কিছু বলার জন্য ভেতরটা তার কেমন যেন করলো।

- তোমার ঘাড়ে সংসারের সব বোঝা চাপিয়ে দিয়ে,জা বেশ রাণীর মতোই আছে। নাও সেবা করো যদি কিছু পাও। আসি এখন।

- উঁহঃ যাবেন না কাকিমা। আমি আপনার জন্য চা বসিয়েছি। খেয়ে যান।

এষা রান্নাঘরে গিয়ে চা ছেঁকে, কাপ প্লেটে চা কাকিমাকে দিয়েই সোজা দোতলায় যায়। বাবুসোনা কে নিয়ে জানলা দরজা বন্ধ করে নেমে আসে। কাকিমার চা তখনও শেষ হয়নি।

- কি যেন বলছিলেন কাকিমা? রাণীর মতো? আপনি ঠিক বলেছেন কাকিমা। দিদিভাই এ বাড়িতে রাণীর মতোই। আর আমি এই বাড়িতে রাজার মতো। আমি এ বাড়িতে সব কিছু দেখাশোনা করি, মানে এ বাড়ির রাজ্যটা পরিচালনা করি। আর আমাদের সকলের সুখ সুবিধার চিন্তা দিদিভাই করেন। শুধুমাত্র বাড়ির মানুষেরাই না, যেসব পাখীরা বাগানে গাছে বসে ফলপাকুড় খায়, তারাও কেউ এবাড়ি ছেড়ে যাবে না। সবাই এখানে নিশ্চিন্ত জীবন যাপন করে। দাদাভাই, দিদিভাই সবার সব কিছু খেয়াল রাখেন। দিদিভাইয়ের টাকা পয়সা, গয়নাগাঁটি শাড়ি এসবের খেয়াল আমি রাখি। কারণ তিনি কলেজের পড়াশোনা, পরীক্ষা, খাতাদেখা, প্রশ্নপত্র বানানো, কলেজের অফিস সংক্রান্ত কাজ এসব নিয়ে ব্যস্ত। তারপর দাদাভাই স্কুল বানাচ্ছেন। তার সম্পূর্ণ ঝক্কি দিদিভাই সামলান। কারণ দাদাভাই খড়গপুর থেকে ফোনের মাধ্যমে সবটুকু সামলাতে পারেন না। এছাড়া দিদিভাই অন্যান্য সমাজসেবা করেন। লেখালেখি করেন। আমার ছোট ভাইয়ের

পড়াশোনার যাবতীয় দায়িত্ব দাদাভাই সামলান। আমার মা এবং আমি আজ নিশ্চিন্ত আছি শুধু তাঁদেরই জন্য। তাঁরা না থাকলে আমার ভাইকে আজ পড়াশোনা ছেড়ে কোনো ছোটখাটো চাকরী করতে হতো। দিদিভাই সামান্য বিশ্রামটুকুও পান না। এটুকু সময়ে তাঁদের অবদানের কথা সব কিছু বলে শেষ করা যাবে না কাকিমা। তবে আমি যেন তাঁর প্রকৃত সেবায় লাগতে পারি।

কাজের মেয়েটি খাবার টেবিল পরিষ্কার করে নেয়। বাবুসোনাকে মুখে মুখে নামতা শেখাতে শেখাতে এষা বাড়ির সকলকে জলখাবার দেবার প্রস্তুতি নেয়।

-এক এ ?

-চন্দ্র।

-দুই এ?

- পক্ষ ।

-তিন এ?

-নেত্র।

কাকিমার কানে নামতার আওয়াজ ক্রমে ক্ষীণ হতে থাকে। এষা নিজেও খেয়ে নেয়। বাবুসোনাকে এক থেকে পাঁচ এর ঘরের নামতা শিখিয়ে স্নান করিয়ে দেয়। কদিন যাবৎ তার নিজের শরীরটাও যেন কেমন লাগছে। কি জানি কি হলো। একবার ডাক্তারের কাছে যেতে হবে।

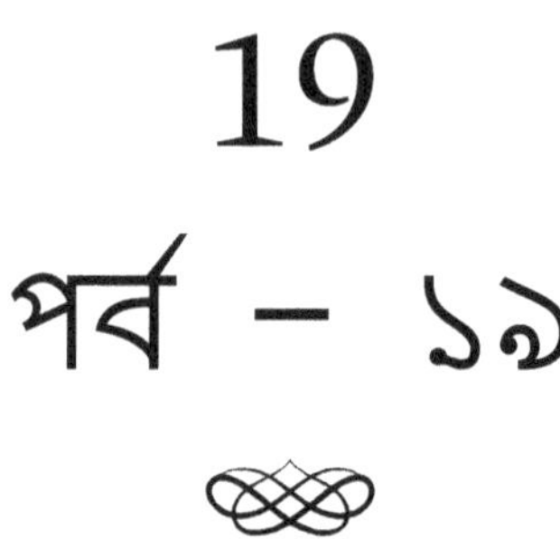

মৃন্ময়ীর দেখাশোনা করতো সেই মেয়েটি, যাকে সে নিধি , নিধিরাম বলে ডাকতো সে এখন একজন সরকারি ভ্রাম্যমাণ সেবিকা (নার্স)। নার্সিং ট্রেনিং শেষ হবার সঙ্গে সঙ্গে মৃন্ময়ী তাকে জোর করে এম.এ পড়তে ভর্তি করে দিয়েছিল। চাকরি পেতে পেতে দুবছর সময় পেরিয়ে গেল। তাই এম.এ পড়াটাও পূর্ণ হয়ে গেল। বাংলায় এম.এ পাশ করে গেলো সে। মৃন্ময়ী তাকে বুঝিয়েছিল, "প্রত্যেকেরই উচিত সুবিধামতো এম.এ পাশ করে নেওয়া। তাতে পরীক্ষা পাশের সর্বোচ্চ ডিগ্রি পাওয়া হলো। চাকরি পেলে অফিসার পদে উন্নতি হবে। বেতনও বেশি হবে। আর যদি পড়াশোনার ইচ্ছে হয় তাহলে গবেষণায় যুক্ত হওয়া যাবে"। স্নাতক হবার পর, ট্রেনিং নেবার আগে মৃন্ময়ী যখন নিধিকে জিজ্ঞেস করেছিলো,

-কি করবে এবার?

-নার্সিং ট্রেনিং নিতে চাই। ঘুরে ঘুরে গ্রাম বাংলার সামাজিক ছবিটা স্বচক্ষে দেখতে চাই, অনুভব করতে চাই। গ্রামের মেয়েদের কাছাকাছিও আসতে পারবো। তোমার কাছে থেকে যে শিক্ষা, যে অনুভব আমি পেয়েছি তা যদি একটা মেয়েকেও সে অনুভব দিতে পারি তাহলে জানবো, তোমার আর আমার দেশের সামান্য সেবা করলাম।

বর্তমানে মৃন্ময়ীর লেখার পড়াশোনা করার সাহায্যকারী একমাত্র নিধি। মৃন্ময়ীর আরো একজন নাতনি মম, অতোটা তাঁর কোলঘেঁষা নয়। তবে নিধির প্রায় সমবয়সী হবার জন্য নিধির সঙ্গে তার কাছে এসে বসে, গল্প করে, এক বিছানায় ঘুমায়। অবশ্য তার সময়ও কম। বিজ্ঞান বিভাগে পড়াশোনা করে সে জ্যোতির্বিজ্ঞান নিয়ে এম.এসসি করছে। কাউকে মুখে না বললেও তার ইচ্ছা আমেরিকার নাসায় মহাকাশ নিয়ে গবেষণা করার। ভিতরে ভিতরে আদাজল খেয়ে সে পড়াশোনা করছে। বাড়ির প্রতি তার কোনো দৃষ্টি নেই এখন। লক্ষ্য তার নাসাপথে। নির্ঝরীর ভাই কল্যাণ স্কুল শিক্ষক। বাকি সময় বাবার ব্যবসা সামলায়। বাইরে চাকরি করার সুবিধা নেই তার। বাড়ির একমাত্র ছেলে, বাবার ব্যবসা তাকেই দেখতে হবে। বাড়িটা এখন তাই ফাঁকা সারাদিন। ছোটোরা সকলে যে যার মতো বড়ো হয়ে নিজের নিজের কাজে ব্যস্ত। তাই বাড়ি ফাঁকা। বড়োরাও ক্রমে বার্ধক্য থেকে বৃদ্ধ হচ্ছেন, বাড়িও তাই সেই তালে নীরব ও গম্ভীর হচ্ছে।

নীরবতার মাঝে ছন্দপতন হলো খানিক। কিংশুক অনেক পরিশ্রম করে গার্লস স্কুল আরম্ভ করতে পেরেছে। সেখানে এখন পুরোদমে ক্লাস হচ্ছে। মেয়েরা এখন খুশি মনে পড়াশোনা করছে।

কিংশুক স্কুল কমিটিতে নিজের নাম রাখেনি। এতে কর্তা ভাব আসবে। তার পিছু পিছু অহংকার আসবে। ব্যস তারপর আসবে পতন। তবে স্কুল কমিটিও ছাড়েনি। স্কুলের প্রধান উপদেষ্টা হিসাবে কিংশুকের নাম রাখা হয়েছে কমিটিতে। এখন একটি মহিলা কলেজের প্রতিষ্ঠার লক্ষ্যে ছুটির দিনেও কিংশুকের ফুরসৎ নেই। কলেজ নির্মাণ হয়ে গেলে, কমিটিতে নিজের নাম রাখবে না। প্রধান উপদেষ্টা হিসেবে যদি রাখে রাখবে কমিটি। যখন যখন কোনো পরামর্শের জন্য ডাকে তখন না হয় যাওয়া যাবে। সেদিন হঠাৎ দুপুর বেলায় খড়্গপুর থেকে হন্তদন্ত বাড়ি চলে এলো কিংশুক। ফোন করে নির্ঝরীকেও তড়িঘড়ি কলেজ থেকে ছুটি নিয়ে আসতে বললো।

- ঝরী তাড়াতাড়ি প্রস্তুত হও বেরোতে হবে। এক্ষুনি।

- কোথায়?

- আঃ , প্রশ্ন কোরোনা। চলো।

নির্ঝরী সামলে নেয় নিজেকে। এখন কিংশুককে অনুসরণ করে চলতে হবে। কোনো কারণে কিংশুক অত্যন্ত চিন্তার মধ্যে আছে। মন খুব খারাপ মনে হচ্ছে। কার কি বিপদ হলো কে জানে? ও বাড়ির সবাই ভালো আছেন তো? নিশ্চয়ই ভালো আছেন সবাই। নাহলে সবার আগে তার কাছেই ফোন আসতো নিশ্চয়ই। নিধি তো প্রায়ই ফোন করে তাকে। বাবা, মা ,ভাই ,কাকাই ,কাকিমা ,মম, সকলেই প্রয়োজন হলে ফোন করে তাকে। তাহলে কার কি হলো? হে প্রভু সকলের মঙ্গল করুন। সকলকে ভালো রাখুন । সাত পাঁচ ভাবতে ভাবতে দেখলো হাসপাতালের সামনে ওদের ভাড়া করা গাড়িটা থামলো। কিংশুক তড়িঘড়ি নেমে দৌড়োয়।নির্ঝরীও পিছনে যায়। কিংশুকের বাল্যবন্ধু সঞ্জয়, তার স্ত্রী সংযুক্তা আর তাদের দুবছরের ছোট মেয়ে দূর্ঘটনায়। রাস্তার লোকজন তাদের, হাসপাতালে ভর্তি করে দেয়। সঞ্জয় অজ্ঞান। বাচ্চাটার সামান্য ছিঁড়ে কেটে গেছে। সংযুক্তা.... । ওরা কেউ কারো কথা জানেনা।

অনেক রাত পর্যন্ত সেখানে থেকে কিংশুকরা বাড়ি ফিরে আসে। ওদের অন্যান্য পরিচিতিরাও ফিরে যায়। খুব ভোরে কিংশুক আবার বেরিয়ে যায় ঝরীকে নিয়ে। সঞ্জয় কারো খবর জানে না এখনও। কিংশুক হাসপাতালের সমস্ত কাজ সেরে সঞ্জয়ের কাছে এলো। ঘোরের মধ্যে আছে সঞ্জয় । ডাক্তার ওদের মেয়েকে ছুটি দিয়েছে। অনেক প্রশ্ন আর অনুরোধ মেশানো দৃষ্টিতে কিংশুক ঝরীর দিকে দেখলো। নির্ঝরী নিঃশব্দে হাসপাতালের বেড থেকে মেয়েকে কোলে তুলে নিলো। সেদিকে দেখে কিংশুক বুকভরে শ্বাস নিয়ে স্বস্তি পেলো। বাড়ি ফিরতে আজকেও ওদের অনেক রাত হলো। মহাদেবের মন্দিরে মেয়েকে শুইয়ে দিলো নির্ঝরী। দুজনে প্রণাম করে বাড়ি ঢুকলো। সবাই তাদের দেখলো । এষা ওদের প্রয়োজনীয় সব কিছু হাতের কাছে এগিয়ে দিলো। কিন্তু কেউ কোনো কথা জিজ্ঞেস করে তাদের বিরক্ত করলো না। পরিচ্ছন্ন হয়ে ওরা খাওয়া সারলো। মেয়েকে খাওয়ালো। বাড়ির সবাই খাওয়ার পর্ব শেষ করে ঘুমোতে গেল। বিছানায় শুয়ে কিংশুক ভাবলো আগামীকালই একটা ছোট বেড আনতে হবে মেয়ের জন্য। দুই ছেলেমেয়ে নিয়ে তাদের আর এক খাটে কুলোবে না।

প্রায় পনেরো দিন পর সঞ্জয়ের ছুটি হয়। সে জানে না কিছুই। জানতে চাইলেও অন্যরকম বলা হয়েছে। যদি শোকে তার শরীর আবার খারাপ হয়ে যায়, তাই অনেক রকম ভাবে স্থির রাখার চেষ্টা হলো কিছুদিন। তারপর ধীরে ধীরে সুস্থ হলে একদিন জেনে গেলো সবই। সে আরো বেশি গম্ভীর হয়ে উঠলো ক্রমে। এরপর মনে মনে অন্য কিছু স্থির করে সে। তারপর কিংশুক আর নির্ঝরীর সঙ্গে ভাগ করে নিলো তার মনের ইচ্ছা। তারপর একদিন কোর্টে গিয়ে সঞ্জয়ের ছোট

মেয়েটির মা বাবা বদলে যায়। বদলে যায় তার নামও। কিংশুক আর নির্ঝরীর মেয়ে 'স্বপ্নালী'। বেশ কিছুদিন ধরে প্রচেষ্টার পর সঞ্জয় এখানকার সমস্ত পাঠ চুকিয়ে পাকাপাকিভাবে বিদেশে চলে গেল। এখানে সে ভীষণ ভাবে বিপর্যস্ত হচ্ছিল সংযুক্তার স্মৃতিতে। একসাথে এই তো বেরোলো, তারপর আর নেই। সঞ্জয় জানতে পারলো না তার স্ত্রীর শেষ সময়টা, দেখতে পেলো না শেষ দেখাটুকুও।

দু চারদিন স্বপ্নদূত ওরফে বাবুসোনা বুঝতে পারেনি। বেশ অবাক হয়ে দেখছিল তাদের বাড়িতে হঠাৎ করে উদয় হওয়া এই ছোট্ট মেয়েটিকে। যখন কোর্ট থেকে বাবা মা মেয়েটিকে কোলে করে আবার তাদের বাড়িতে নিয়ে এলো তখন বাবুসোনা চুপচাপ দেখলো। মা শান্ত হয়ে বসলে, মায়ের পাশে গিয়ে সেও বসলো। তারপর জিজ্ঞাসা করলো,

- ও কে মা? কোথেকে নিয়ে এলে ওকে? ও কি এখানেই থাকবে?

- হ্যাঁ বাবা ও এখানেই থাকবে। এটা তো ওর বাড়ি। ও তোমার বোনি হয়। তুমি ওর দাদা। যখন কথা বলতে শিখবে তখন তোমাকে 'দাদা' বলে ডাকবে। সবসময় তোমাকেই তো খেয়াল রাখতে হবে ওর। আমি তো কলেজে চলে যাব। বাবাও কলেজে যাবে। ও তো ছোটো, তাই তোমাকে সবসময় চোখে চোখে রাখতে হবে। আর তুমি তো থুউব ভালো দাদা তাই না? ও তোমাকে রাখী পরিয়ে দেবে, কপালে ভাইফোঁটা দেবে, যেমন ঠাম্মা দেয়, দিদুন (বিনীতা) দেয়,সেরকম। বুঝলে বাবুসোনা?

খানিক চুপ করে মন দিয়ে ভেবে নিলো বাবুসোনা। মনের কোণে বেশ একটা একটা অভিভাবকের ভাব জন্মায় তার। একটা দায়িত্ব বোধ তৈরি হলো মনে মনে। তাকে মান্য করবে, তার কথা মতো চলবে এমন একটা তার থেকেও ছোট্ট মানুষ পাওয়া গেছে। এটা ভেবে ভিতরে ভিতরে বেশ একটা চাপা গর্ব অনুভব হলো তার। তবে হঠাৎ একটা জরুরী কথা মনে পড়লো। মাকে জানানো বিশেষ দরকার বলে মনে করলো সে।

- মা, আমি তো ওর দাদা ,আমি তো খুব ভালো। কিন্তু বোনিরা একদম ভালো হয় না মা। জানো তুমি? আমি সত্যি বলছি।

- ও মা সেকি? কেন? তুমি কটা বোনি দেখেছো বলো? কিভাবে জানলে বাবু বোনিরা ভালো হয় না?

- আমি জানি মা। দেখেছি। আমার বন্ধু চিন্টু আছে, ওর একটা এইটুকু বোনি আছে।
বাবু তার ছোট্ট দুটি হাত সমান্তরাল করে চিন্টুর বোনির আকৃতিটা দেখালো।

- হ্যাঁ জানি তো চিন্টুর বোনি আছে।

- ঐ বোনিটা একদিন ওর ছোট্ট বিছানায় শুয়ে মুখে আঙুল দিচ্ছিল আর দুই পা ছুড়ছিল। চিন্টু বারণ করলো ওর বোনিকে 'মুখে আঙুল দিবি না বোনি, মুখে আঙুল দিতে নেই, শরীর খারাপ হবে' কতবার বললো শুনলো না কিছুতেই।

- ও তাই বুঝি? তারপর? তারপর কি হলো?

- চিন্টু পাদুটো ধরে আদর করতে গেলো আর ওর বোনি দুমাদুম লাথি মারলো, আর চিন্টুর নাক ঠোঁট বড়ো বড়ো করে ফুলে গেলো।। চিন্টু খুব কাঁদছিলো মা জানো? আর ওর বোনি মুখে আঙুল দিয়ে পা ছুঁড়ে ছুঁড়ে হাসছিলো আর লাফাচ্ছিল। চিন্টু কতো কাঁদলো। ওর বোনি শুধুই হাসছিলো। এই বোনি তো চিন্টুর বোনির থেকে বড়ো। ওতো চিন্টুর বোনির থেকেও জোরে জোরে মারবে আমাকে, বলো?

হেসে ফেললো নির্ঝরী ছেলের বর্ণনা শুনে।

- দূর বোকা। চিন্টুর বোনি ছোউ বলেই এরকম করেছে। ওতো জানেনা। তোমার বোনি খুব সোনা। একেবারে লক্ষ্মীসোনা বোনি তোমার। দেখবে তোমার বোনি তোমাকে খুব ভালোবাসবে।

- তাই মা? সত্যি কথা? বোনি আমাকে খুব ভালবাসবে, বলো?

বাবু একদৌড়ে বোনির কাছে গিয়ে বসলো। বোনি এখন বিছানায় বিশ্রাম নিচ্ছে। নীরব সে। সবে বাইরে থেকে ঘুরে এলো। শান্ত হয়ে সবকিছু দেখছে সে। এই বাড়ি, এই পরিবেশ তার কাছে অচেনা। সে তো বাবা মার সঙ্গে বেড়াতে বেরোলো। তারপর হঠাৎ সব অন্ধকার। মা বাবাকে আর দেখা গেল না। তারপর থেকে এখানে। বাবাকে কদিনের জন্য দেখা গেল। কিন্তু বাবা কথা বলেনি তার সঙ্গে। শুধু দেখলো তার দিকে তাকিয়ে। একবার আদরও করলো না। ঐ অন্ধকারে গিয়ে বাবা কেমন বদলে গেল। মা তো অন্ধকার থেকে ফিরলোই না। তারপর এই তো কদিন আগে বাবা তাকে জড়িয়ে ধরে কত্তো কাঁদলো। তারপর থেকে বাবাকেও আর দেখা যাচ্ছে না। এখানে শুধু ঘুম পায়। ঘুম থেকে উঠলে মায়ের মতো দেখতে একজন তাকে খাইয়ে দেয়। তারপর নিজের মনে খেলতে খেলতে কখন আবার ঘুম পেয়ে যায়।

শিশু মনের খবর কে আর রাখে? ধীরে ধীরে একদিন সব কিছু স্বাভাবিক হয়ে এলো। স্বপ্নালী এ বাড়িতে মিশে গেছে। সবাই কে সে চিনে নিয়েছে। সে বাবা মাকে পেয়ে গেছে। পূর্ব কথা তার স্মৃতিতে আবছা হয়ে গেছে। কিংশুক নির্ঝরী এখন দুই ছেলেমেয়ের বাবা মা। বাবাকে ওরা রোজ রোজ কাছে পায় না। বাবার অনেক কাজ। বাড়িতে এলেও বাবাকে বিরক্ত করতে বারণ করেছে ওদের মা। বাবাকে ধারাপাত, নামতা, প্রথম ভাগ, দ্বিতীয় ভাগের থেকেও অনেক কঠিন কঠিন বই পড়তে হয়, অনেক কাজ করতে হয়। তাই বাবার বিশ্রাম হয় না। বাড়িতে বাবাকে বিশ্রাম করতে দিতে হয়। বাবা ডাকলে তবেই বাবার কাছে যাওয়া যাবে। বাবুসোনা এ সবকিছু অক্ষরে অক্ষরে পালন করতে চেষ্টা করে। স্বপ্নালী বাবাকে দেখলেই দৌড়ে যায়। হাত দুটি ওপরে তুলে গৌরাঙ্গ হয়ে দাঁড়ায়। অর্থাৎ কোলে নাও। ওর দাদা তখন দৌড়ে গিয়ে বোনিকে ধরে নিয়ে আসে। বোনিকে চোখে চোখে রাখার দায়িত্ব তো তারই। কোনো ভুল কাজ যেন তার বোনি না করে এ দায়িত্বও তারই। মা এসব আগেই বলে দিয়েছে তাকে।

- বোনি, এখন না। বাবা বিশ্রাম করবে। বিশ্রাম হয়ে গেলে তারপর কোলে উঠবে। এখন চলো।

বোনি চিৎকার করে কাঁদলেও, ধরে বেঁধে সরিয়ে নিয়ে যায় তাকে। কিংশুক হাঁ হাঁ করে ওঠে।

- ছাড় না বাবু। একটু আসুক না আমার কাছে। কত্তো আনন্দ করে আসছে আমার কাছে। দে ছেড়ে দে না ওকে।

- না বাবা ওর অভ্যাস খারাপ হয়ে যাবে। ওকে সব কিছু শেখানোর দায়িত্ব মা আমাকেই দিয়েছে। তোমার বিশ্রাম হলে তবেই ও তোমার কাছে যেতে পারে।

কিংশুক বোঝে ছেলে তার বড়ই দায়িত্বশীল হয়ে উঠেছে আজকাল। মনে মনে হাসে। আনন্দও পায়।

তবে এ বাড়িতে আরও এক নতুন অতিথি আসছে। এষা তাই কদিন হলো তার নিজের মায়ের কাছে গেছে, বিশ্রামের জন্য। যেতে যেতে সে চাইছিলো না মোটেই। নির্ঝরী তাকে জোর করে পাঠিয়েছে। প্রথম সন্তান আসছে, তাই বিশেষ সাবধানতা প্রয়োজন। এখানে দৌড়োদৌড়ি করে সকলের সব কিছু খেয়াল রাখে সে। এ অবস্থায় অন্যমনস্ক হয়ে দৌড়োদৌড়ি করে ফেললে বিপত্তি

হয়ে যাবে। তাই কপট ধমক দিয়ে নির্ঝরী জোর করে মায়ের কাছে পাঠিয়ে দিলো। প্রয়োজনীয় সামগ্রী ফল মিষ্টি ওষুধ সব সময়ে সময়ে ধীমান, কৌশিক, বিনীতা দিয়ে আসে। ছুটির দিনে নির্ঝরী সামান্য সময়ের জন্য যায়। এখান থেকে খুব বেশী দূরে তো না এষাদের বাড়ী।

এক একদিন গভীর রাতে বাচ্চারা, কিংশুক ঘুমালে নির্ঝরী বারান্দায় আসে। বিয়ের প্রথম দিকের দিনগুলোয় মনে কষ্টের মেঘ জমলে, অথবা না বলতে পারা কথারা জমলে যেমন বারান্দায় দাঁড়িয়ে, বাইরে অন্ধকারের আলো আঁধারী দেখতো, তেমন। সে কি অসম্পূর্ণ থেকে গেলো? তার নিজের গর্ভে কেউ তো আসেনি এখনো। বলা ভালো, কিংশুক আনেনি এখনো। এতগুলো বছর এতো ব্যস্ততায় কেটেছে যে সেই সময় বা সুযোগ হয়নি কিংশুকের। তারপর একে একে তাদের জীবনে স্বপ্নদূত/বাবুসোনা আর স্বপ্নালী এসেছে পরমেশ্বরের প্রসাদ রূপে। কোথাও কি ফাঁকি থেকে গেলো তার জীবনে? অন্ধকারে তাকিয়ে থাকতে থাকতে গাছগাছালির অস্পষ্ট অবয়বটাই দেখতে পায়। তবুও এই আঁধার বেশ লাগে, নিজের সঙ্গে একান্ত হওয়া যায়। হঠাৎ অনুভব করে, সে একা নয় তার পাশে কেউ দাঁড়িয়ে।

- ঘুমোবে না ঝরী? কি হয়েছে? মন খারাপ? আমি জানি ঝরী, তোমাকে আমি একেবারেই সময় দিতে পারি না। আরো পাঁচটা স্বামী স্ত্রী যেমন একসাথে বেড়াতে যায়, নিজেদের মতো করে সময় কাটায়, সেসব আমি কিছুই করতে পারি না। বিয়ের পর থেকেই তোমার ঘাড়ে সংসারের জোয়াল চাপিয়ে দিয়েছি। কখনো জিজ্ঞেস করার মতো ফুরসৎ হয়নি যে, ঝরী এ জোয়াল বইতে তোমার কষ্ট হচ্ছে কিনা। সংসার, নিজের পড়াশোনা , আমার বাবা মায়ের দায়িত্ব সব তুমি চুপচাপ সামলেছো। কখনোই আমাকে কোনো অভিযোগ করনি তুমি। আমি যা বলেছি তুমি তার সবটুকু পালন করার যত্ন করেছো। এটাই আমার আস্থা, আমার আত্মবিশ্বাস বাড়িয়ে দিয়েছে, আমাকে প্রতিষ্ঠা দিয়েছে। এটাই আমার এই পৃথিবীতে পাওয়া সবচেয়ে বড় সম্মান। আমার সবচেয়ে বড়ো আত্মপ্রতিষ্ঠা, "ঝরী শুধু আমার"। আমার সমস্ত জগৎ জুড়ে যেন শুধুই ঝরী , আমার সম্পূর্ণ মহামায়া, আমার আধারশক্তি।

কখন যেন ঝরী কিংশুকের দিকে সরে আসে , আরও কাছাকাছি হয়, শৈশবের খেলার সাথীর মতো। খুব অস্ফুটে বলে,

- আমরা কেউই কারো ওপর কোনো জোয়াল চাপিয়ে দিতে পারি না। সবই আমাদের নিজেদের কর্মের ভার, আমাদের পূর্ব কর্মফলের ভার। আমার কর্ম বা কর্মফলের ভার তো আমাকেই বহন করতে হবে তাই না? গাছে যে ফল আসে সে ফল গাছই বহন করে। আবার আমি যদি কোনো গাছ বসাই সে গাছের ফল আমিই ভোগ করব যতদিন বেঁচে থাকব, যতদিন গাছে ফল আসবে ততদিন। গাছ রোপণ করা আমার কর্ম হলে, গাছের ফল, আমার কর্মের ফল। আর যদি আমার কর্ম বা আমার কর্মফল, বলে অস্বীকার করি তাহলে তো সব কর্মই পরমেশ্বরের। তাহলে তো সেই কর্ম করা পরম কর্তব্য। কর্তব্য মেনেই আমি সব কিছু করেছি। সমস্ত জগৎ তাঁর নির্দেশেই চলছে। তুমি কেন 'আমি' , 'আমার' করে নিজের বোঝা বাড়াচ্ছো ?

বলেই হেসে উঠলো ঝরী। কিংশুকও হাসলো যেন ।

- তবে....
- তবে কি ঝরী? বলো আমায়। প্লীজ বলো।
- একটা প্রশ্ন জাগে মনে।

- কি সেই প্রশ্ন? বলোনা আমায়। যদি সাধ্যে কুলায়, তাহলে সে প্রশ্নের জবাব তুমি নিশ্চয়ই পাবে।

- দ্যাখো, দুই ছেলেমেয়ে আমাদের কাছে পাঠিয়েছেন পরমেশ্বর একথা সত্য। তবুও আমাদের নিজেদের রক্তমাংস দিয়ে তৈরি কেউ থাকবেনা? আমার গর্ভে কেউ আসবে না? মানুষ সামনে কিছু বলছে না ঠিকই, কিন্তু মনে মনে তো সবাই আমাকে অপূর্ণ, বন্ধ্যা ভাবছে তাই না?

ঝরীর মুখের কথাগুলো শুনে ফিক্ ফিক্ করে হেসে ফেললো কিংশুক।

- একথাগুলো তুমি বললে ঝরী? এই তো মাত্র কত অপূর্ব কথা বলছিলে, কর্ম আর কর্মফলের বিস্তারিত ব্যাখ্যা দিলে। আর এরই মধ্যে এসব কথা বলছো? তুমি তো দেখছি ইংলিশ চ্যানেল পেরিয়ে এসে বাড়ির পাশের ছোট্ট ডোবার জলে ডুবে মরলে। কি অদ্ভুত ক্ষমতা তোমার ঝরী।

- কেন এমন বলছো?

- আসলে ঝরী আমরা বাঁধা গতে জীবনকে ভাবতে অভ্যস্ত হয়ে গেছি। তার থেকে আমরা বেরোতে পারিনা, অন্যকিছু ভাবতেও পারিনা। আসলে আমরা ভাবতে চেষ্টাও করিনা কখনো।

- কেন ভাবিনা, ভাবিতো। তাই তো বিয়ের পর পড়াশোনা করলাম চাকরিও করছি। বিয়ের পরে সন্তানের জন্ম হবে, এর মধ্যে বাঁধা গতের কি আছে? এতো স্বাভাবিক।

- হ্যাঁ স্বাভাবিক তো বটেই। বিয়ে করতে হবে, তার পর বাচ্চার জন্ম দিতেই হবে, না দিলে লোকে বন্ধ্যা বলবে। এভাবেই মেয়েরা সমাজে নিজেদের উৎপাদনশীল যন্ত্র ভেবে বসে আছে। যন্ত্র যেমন উৎপাদন করতে না পারলে তাকে অকেজো বলা হয়, মেয়েরাও তেমনি বিয়ের পর সন্তানের জন্ম দিতে না পারলে সমাজ সংসার তাকে বন্ধ্যা ভাবে। আর মেয়েরা এই সমাজ সংসারের কথা মেনেই নিজেদের অকেজো, ব্যর্থ ভাবে। সমাজে যাঁরা প্রকৃত শিক্ষিত মানুষ, তাঁদের সময় নেই এসব চর্চা করবার, কে বন্ধ্যা, কে পুত্রবতী। এসব কথা তারাই চর্চা করে যাদের মধ্যে শিক্ষার আলো নেই, যাদের কাজ নেই, যাদের কাছে অবসর আর অবসর আছে। তারাই এসব চর্চা করে দিনযাপন করে। তুমিই বলো এসব কথায় কি মন দেওয়া উচিত? তাহলে আর এতো পড়াশোনা করে কি হলো, যদি সমাজের এই সামান্য কথাকে উপেক্ষা করতে না পারলে? পরমেশ্বর তো আমাদের দুটি সুন্দর সন্তান দিয়েছেন। সৌভাগ্য মেনে প্রসন্ন মনে তা গ্রহণ করো। পরমেশ্বর যদি এঁদের না পাঠাতেন তাহলে অবশ্য অন্য কথা হতো। মা সারদাও তো শ্রীরামকৃষ্ণকে বলেছিলেন সন্তানের জন্ম দিয়ে তাঁর মাতৃত্বকে সার্থক করে দেওয়ার জন্য। তিনি বললেন "একদিন তোমার এতো ছেলেপুলে হবে যে মা ডাক শুনতে শুনতে অস্থির হবে"। মাতৃত্বকে সন্তানের জন্ম দিয়ে লাভ করা যায় না ঝরী, মাতৃত্ব একটা বোধ, যেটাকে নিজের অন্তরে জাগ্রত করতে হয়। আর সেই বোধ যখন তোমার অন্তরে জাগ্রত হবে তখন তোমার চারপাশের সকলকেই তোমার সন্তান বলে বোধ হবে। জানো তো ঝরী, বৃদ্ধবয়সে স্বামীও তাঁর স্ত্রীর কাছে সন্তানের মতো।

- ধ্যেৎ, কি যে বলো না তুমি?

- সত্যি বললাম। নারী মাত্রেই মাতা। জগতে শুধু মা – ই আছেন। তিনি বিভিন্ন সময়ে বিভিন্ন রূপে জাগতিক পুরুষের কাছে ধরা দেন। ও হো ঝরী তোমাকে বলাই হয়নি, জানো মহিলা কলেজ তৈরীর সব ব্যবস্থা পাকা হয়ে গেছে। এবার শুধু নির্মাণের কাজ শুরু হবার অপেক্ষায়।

সেদিন কিংশুকের সেমিনার ছিল। খুব তাড়াহুড়ো করে নির্ঝরী কিংশুককে বেরোনোর জন্য প্রস্তুত করে দিচ্ছিলো। বাবুসোনা স্কুলে। স্বপ্নালী আছে কোথাও আশেপাশে। কিংশুক বেরিয়ে গেলেই ছেলেমেয়েদের খোঁজ হবে। স্বপ্নালীর এখন খুব মজা। বাগানে দুপা মেলে মনের আনন্দে মাটী

খুঁড়ে খুঁড়ে খাচ্ছে। এসময় তার দুষ্টু দাদাও নেই। দাদা তার ভালো কিছুই দেখতে পায়না, সব কাছে ব্যাঘাত করে কেবল। মা ও আশেপাশে নেই। বেশ মজা। একটা কেন্নো তার আঙুলে আংটির মতো জড়িয়ে গেছে। কয়েকবার ছাড়াবার চেষ্টা করেও হলো না। মুখে আঙুল ঢোকাতে যাবে এমন সময় বাবু স্কুল থেকে ফিরছিল, দেখতে পেয়েই দৌড়ে আসে বোনির কাছে। বোনির আঙুল থেকে কেন্নো ফেলে দেয় সে।

- থু কর বোনি, থুঃ থুঃ।

বোনি থুঃ করবে না কিছুতেই। সে তো থু করবে বলে মাটি খায় নি। এমন ভালো স্বাদের খাবার মা তাকে কখনোই দেয়নি। নেই হয়তো মায়ের কাছে এমন সুন্দর খাবার। ফেলবে বলে খাচ্ছে নাকি? দাদা যাই বলুক থু করবে না সে। অগত্যা বাবু তাকে হিড়হিড় করে টানতে টানতে মায়ের কাছে নিয়ে আসে।

- মা, ওমা, মা আ আ।

কিংশুক বেরিয়ে গেছে। নির্ঝরী নিজের ঘরটা একটু গুছিয়ে রাখছে। এখুনি বাবু স্কুল থেকে ফিরলে দুই ভাইবোনকে স্নান করানো, খাওয়ানো। এরপরে আর সময় হবে না ঘরটা গুছিয়ে নেবার। হঠাৎ বাবুর বারবার ডাক কানে এলো। কি হলো, এতবার ডাকছে কেন ছেলে? তাড়াতাড়ি বেরিয়ে আসে ঘর থেকে। উঠানে তাকিয়ে দেখে বাবুর হাতে ধরা তার বোনি। তরতরিয়ে নেমে এলো নির্ঝরী,

- কি হলো বাবু? কি হয়েছে?

- মা দ্যাখো বোনি কতো দুষ্টু হয়েছে। এই দ্যাখো হাতে কতো মাটি। মুখের ভিতরে মাটি। হাঁ কর বোনি হাঁ কর, হাঁ – আ। দেখেছো? আঙুলে আবার কেন্নো জড়িয়ে মুখে পুরতে যাচ্ছিলো। ভাগ্যি আমি এসে গিয়েছিলাম, না হলে তো বোনির মুখটা পুড়ে যেতো। দিদুন বলেছে আমায় কেন্নো যেখানে লাগবে সেখানটা পুড়ে যায়। তুমি বোনিকে বকবেনা মা? জানি তো তুমি ওকে বকবেনা। তুমি ওর কোনো দোষই দেখতে পাওনা। জানি তো তুমি ওকে বেশি ভালোবাসো। ....

বলেই চলে বাবুসোনা। নির্ঝরী অবাক হয়ে সেই স্বপ্নের জগতে চলে যায়। বহুদিন আগে তার স্বপ্নের মধ্যে দুটি ছোট ছোট ছেলেমেয়ে হাত ধরাধরি করে এসে এভাবেই বলছিলো। তারাই কি এরা দুইজন? বাবুসোনা এমন সময় বললো,

- তুমি বকবে না বোনিকে? বকবেনা না? ও আমার কথা শোনেনি, মুখ থেকে মাটি ফ্যালেনি। ঠিক আছে তুমি শুধু ওকেই ভালোবাসো। আমি চললাম।

বোনির হাত ছেড়ে দিয়ে বাবু হনহন করে চলে গেল। নির্ঝরী স্বপ্নের জগৎ থেকে সম্বিৎ ফিরে পেয়ে দৌড়োলো ছেলের পিছনে। ছেলেকে জড়িয়ে ধরে বললো,

- কে বলেছে বাবু আমি শুধু বোনিকেই ভালোবাসি? তুমি তো বড়ো, তাই তোমাকেই বেশি ভালোবাসি। এই একটু কম বোনিকে।

- তাহলে তুমি ওকে বকলেনা কেন? ও যে আমার কথা শুনলো না তার বেলায়?

- এ্যাই বোনি তুমি তোমার দাদার কথা শোনোনি কেন? চলো মুখ ধোবে চলো।

পরম সুখে নির্ঝরী তার দুই ছেলেমেয়ের হাত ধরে কলঘরের দিকে এগোলো।

20
পর্ব – ২০

❧

নির্ঝরীদের বাড়িটা এখন নীরবতা নিয়ে থাকে। মম বাড়িতে এলে, অন্যান্য আত্মীয় কেউ এলে, নির্ঝরী বাপের বাড়ি এলে, অথবা বাড়িতে কোনো পূজা অর্চনাউপলক্ষে প্রতিবেশীরা এলে, অনেক মানুষের কথায় আলাপে বাড়িটা মুখর হয়ে ওঠে। না হলে মৃন্ময়ীর নিধিরাম কাজ সেরে বাড়ি ফিরলে, সন্ধ্যায় প্রদীপ জ্বেলে, গোপালকে সেবা দিয়ে জেঠিমা কাকিমা আর ঠাকুমাকে নিয়ে একসাথে চা মুড়ি অথবা অন্য কিছু মুখরোচক খাবার খেতে খেতে কিছু গল্প আলাপ আলোচনা করে নিধি। নিধি এখন সরকারি গ্রাম সেবিকা। গ্রামের মানুষের স্বাস্থ্যের খেয়াল রাখে সে। সরকারি চাকরি, নিজের ঘরে থাকার সুবিধা, আবার গ্রামের মানুষের সেবার সুযোগ। তাই মনে মনে খুব তৃপ্ত এখন নিধি। নিধির সাহায্যেই মৃন্ময়ী এখনো কিছু লেখালিখি করতে পারে। 'কলম এনে দে , ডায়েরি টা দে, কি লিখলাম পড়ে দে' , এসব নিধি না থাকলে পারতো না মৃন্ময়ী। কখনো কখনো ছুটির দিনে মৃন্ময়ী বলে চলে আর নিধি লিখে যায়। সে এক অপূর্ব দিন নিধির। সেদিন অপূর্ব এক অনুভূতির জগতে বাস করে নিধি । এই জন্যই সব ছুটির দিনে সে বাড়ি চলে যায় না। এই অপূর্ব অনুভূতি লাভ করবে বলে। তবে সব ছুটির দিনে মৃন্ময়ী লিখতেও দেয় না তাকে। তাহলে পাগলী মেয়েটা তাকে ছেড়ে নিজের মায়ের কাছে যাবে না। সেদিন তাই বলে মৃন্ময়ী, 'তুই বাড়ি যা, আজ আর আমার কিছু লিখতে মন চাইছে না রে নিধি, কিছুই মনে আসছে না লেখার মতো'। নিধি নিজেকে খুব সৌভাগ্যবতী ভাবে। নাহলে এমন একটা অপূর্ব পরিবেশে সে পৌঁছাতে পারতো না। এখানে এসে না পৌঁছালে সে কি নিজেই জানতে পারতো, যে এমন শান্ত পরিবারের আড়ালে এমন এক অপূর্ব অনুভূতি লাভের জায়গা আছে? সকলের স্নেহে, মমতায় এ বাড়িতে থাকে সে। এখানে না এলে তার পড়াশোনা, তার ভাইয়ের পড়াশোনা, তার নার্সিং ট্রেনিং হতো না। তার ভাই ও আজ চাকরি পেয়ে সংসার সুন্দর ভাবে চালায়। নিধির আজ নিজের সংসার নিয়ে কোনো চিন্তা নেই। নিশ্চিন্ত সে। এই পরিবারে না এলে এমন একটা নিশ্চিন্ত আনন্দময় জীবন সে কখনো পেতে পারতো না। অন্য কোনো পরিবারে গিয়ে পড়লে তার বা তার পরিবারের অবস্থা কেমন হতো, এরকম ভয়ঙ্কর কথা সে ভাবনার মধ্যেই আনতে চায় না। এমন ঠাকুমার সান্নিধ্যে সে বুঁদ হয়ে থাকতে চায়। সে যেভাবে মৃন্ময়ীকে পেয়েছে তাঁর নিজের নাতনিরাও এভাবে তাঁর সান্নিধ্য পায়নি। এজন্যও সে নিজেকে সৌভাগ্যবতী ভাবে। নিধিও প্রতিদিন ডায়েরি লেখে। আগামী দিনের কাজগুলো লিখে রাখে সে। তাহলে মাথায় চাপ থাকে না। কিছুই কষ্ট করে স্মরণে রাখতে হয় না।

শুধু ডায়েরি খুলে একবার চোখ বুলিয়ে নেওয়া, ব্যস সব মনে পড়ে যাবে। কোনো কাজই আর ভুলে যায় না সে। এছাড়া সারাদিন কাজের মাঝে যা কিছু সে অনুভব করে সবই লিখে রাখে। ইচ্ছে আছে ভবিষ্যতে কিছু লেখার। এখনও তার মাথা এতটা পরিপক্ক হয়নি, একটা লেখাকে সম্পূর্ণ রূপ দেবার মতো। তাই একটু একটু করে পাওয়া অভিজ্ঞতাগুলো লিখে লিখে সঞ্চয় করে সে। মম এখন গবেষণার প্রস্তুতি নিচ্ছে। কিংশুক ওকে আগলে রেখেছে যাতে কোনোভাবেই ওর পড়াশোনার কোনো ব্যাঘাত না হয়। ইদানিং বাড়ির সঙ্গে তার যোগাযোগ খুব কমেছে।

মৃন্ময়ীর শরীর আজকাল খারাপ না থাকলেও বিশেষ ভালো যায় না। খাওয়ার পরিমাণ কমেছে, কমেছে ঘুমও। লেখালেখি নিধির সাহায্যে যতটুকু হয়। কথাবার্তাও বিশেষ বলতে ইচ্ছে হয় না। হয়তো এমনই নিয়ম। এভাবেই পরমেশ্বর জগৎ থেকে সরিয়ে একটু একটু করে নিজের কাছে টেনে নেন। কিছুদিন ধরেই তাঁর আদরের নিরুকে তার কাছে আসতে বলছেন। নিরু সময় করে উঠতে পারে না কিছুতেই। মৃন্ময়ী বলেছে “তাড়াতাড়ি এসো নিরু। তোমার সঙ্গে অনেক জরুরী কথা আছে। কবে আছি কবে নেই তা তো বলতে পারি না। সময় নিয়ে গুছিয়ে এসো। একা এসো। দিন কতক থাকবে আমার কাছে। জানি তোমার অনেক কাজ, তবুও এসো”।

পরপর এতগুলো দিন তো কলেজে ছুটি থাকে না। তাছাড়া ছুটির দিনে গেলে কিংশুকের অসুবিধা হবে। ছুটির দিনে সে ও বাড়িতে থাকবে। প্রয়োজনীয় জিনিস, দরকারি কাগজের ফাইল নির্ঝরী ছাড়া কে ই বা তাকে সামনে এগিয়ে দেবে। অতএব সপ্তাহে কাজের দিনে ছুটির জন্য আবেদন করবে কলেজে, এরকম মনস্থির করলো নির্ঝরী। অনেক কাজ হয়েছে, এবার ঠাকুমার জন্য কয়েকদিন ছুটি হোক তার। এষা এখন এ বাড়িতে এসে গেছে। ছোট্ট ফুটফুটে একটা মেয়ে হয়েছে তার। বাবু আর স্বপ্নালী তার আশপাশেই সবসময় ঘুরঘুর করছে। বাবুসোনাকে তো এখন দুটো বোনি সামলাতে হচ্ছে, পাহারায় থাকতে হচ্ছে। এছাড়া স্বপ্নালী যাতে ছোট্ট বোনিকে আদর করতে গিয়ে কোনোভাবে আঘাত না করে সেদিকেও নজর রাখতে হচ্ছে। পড়ার চাপও বাড়ছে। এছাড়া একবার মা, একবার ঠাম্মা, একবার দিদুন একবার ছোটো মা কেউ না কেউ ডেকেই চলেছে তাকে। সবার শুধু তাকেই দরকার। আজকাল তাই স্কুল থেকে ফেরার পথে বন্ধুদের সঙ্গে গল্পটাও সে ঠিক মতো করে উঠতে পারে না। তাড়াহুড়ো করে বাড়ি চলে আসে। তার যে অনেক দায়িত্ব। সব তো তাকেই সামলাতে হবে। স্কুল যাওয়ার সময় স্বপ্নালীর কানে বিঁধিয়ে বলে যায়,” দুষ্টুমি করবি না বোনি, লক্ষী মেয়ে হয়ে থাকবি, তবেই সবাই তোকে ভালোবাসবে , দুষ্টুদের কেউ ভালোবাসে না। ছোট্ট বোনিকে জোর করে আদর করে কাঁদাবি না”। এরকম আরও কত কিছু তাকে বলে যেতে হয়। স্বপ্নালী মেঝেতে থেবড়ি হয়ে বসে ঝাঁকড়া চুলের ফাঁক দিয়ে কালো কালো পুঁতির মতো গোল গোল চোখে একদৃষ্টিতে দাদার দিকে তাকিয়ে দাদার সব কথা মন দিয়ে শুনে ভালো করে বুঝে নেয়। দাদা বেরিয়ে গেলেই ছোট্ট বোনি তার একার। এই সুযোগে ভালো করে আদর করা যায়। সে আদরের মহিমা বোনি খুব ভালোই টের পায়। সহ্য করতে না পারলে ডুকরে কেঁদে ওঠে। এষা ছুটে আসে, উদ্ধার করে। মজাও পায় বটে। ভয়ও পায়, কোথায় কি আঘাত করেবসে। কদিনআগে নির্ঝরী তাই একটা উঁচু স্ট্যান্ড দেওয়া দোলনা এনে দিয়েছে, স্বপ্নালী দিদির হাত থেকে ছোট্ট বোনিকে সুরক্ষিত রাখার জন্য।

এরপর একদিন ছেলেমেয়েদের রেখে কদিনের জন্য বাপের বাড়ি গেলো নির্ঝরী। দুটো দিন তো বারোয়ারী দুর্গা মণ্ডপে বসে পাড়ার মানুষের সঙ্গে কুশল বিনিময় আর গল্প গুজব করেই কেটে গেলো। যারা একসময় বলেছিলো ‘কি রে সত্য, মেয়েকে বেকার ছেলের সঙ্গে বিয়ে দিলি ? এটা

কি ঠিক করলি? এই তো চাকরি বাকরির বাজারের অবস্থা। যদি চাকরি না পায় তাহলে?' তারা এখন কেউ কোনো কথাই বলছে না এ নিয়ে। কিছু কথা তো তাদের কানে আসে নিশ্চিত। নির্ঝরীর শ্বশুরবাড়ি বর্তমানে অত্যন্ত সচ্ছল, শিক্ষায়, আভিজাত্যে, সম্পদে, সেসব কানাঘুষোয় তারা শুনতে পায়। তাই তারা সকলে চুপ। কুশল বিনিময়ের সময় তারা বললো "ভালো হোক, ভালো হোক" এইরকম দায়সারা খেজুরে আলাপ সেরে সকলে সরে যায় নিরুর কাছ থেকে। তৃতীয় দিনে মৃন্ময়ী বললো,

- কি গো দিদিভাই সকলের সঙ্গে গল্পগাছা শেষ হোলো?

- শেষ কি আর হয় ঠাকুমা? ঐ হোলো একপ্রকার। কতদিন পরে এলাম। এখন তো এসে থাকতে পারিনা। একের পর এক কাজের চাপ লেগেই আছে। আমার ছেলেমেয়ে দুজনেই খুব শান্ত। সকলের কথা শোনে। আমার ছেলে তো তার বোনিকে চোখের আড়াল করে না। একবার বলেছিলাম চোখে চোখে রাখবে বোনিকে সেই থেকে সে বোনির অভিভাবক। তাছাড়া এষা বিনীতা পিসিমা, শাশুড়ি মা আছেন চিন্তা নেই। আমাকে খুঁজবে বাচ্চারা, তবে যখন শুনবে মা কাজে গেছে তখন আবার শান্ত হয়ে যাবে। তাছাড়া ছুটির আবেদন মঞ্জুর হলো কলেজে তাই পারলাম আসতে।

মৃন্ময়ী তার সমস্ত দরকারি জিনিসপত্র, ডায়েরি, নিধির সাহায্যে বাইরে বের করে রেখেছেন। নিধি কদিনের জন্য তার মায়ের কাছে গেছে। মৃন্ময়ীকে একা রেখে যেতে চায়না নিধি। ছুটির দিনগুলোতে বাড়ি গিয়ে সেদিনই ফিরে আসে। রাতটা সে মৃন্ময়ীকে একা রাখে না। যেদিন রাতে মৃন্ময়ী নিধির সঙ্গে গল্প করে, কথা বলে সেদিন তো উপরি পাওনা হয়। সে সব অপূর্ব কথা বইয়ের পাতায় অথবা অন্য কোনো মানুষের মুখে পাবে না সে। বাড়ি যাওয়ার আগে নিধি বললো,

- ঠাম্মা, আমি কদিন থাকব মায়ের কাছে। মা বলে থাকতে কিন্তু তোমাকে রাতে ছেড়ে থাকতে ভালো লাগে না। দিভাই এসেছে, তাই আমি কদিন নিশ্চিন্ত মনে থাকতে পারবো। তবে দিভাই শ্বশুরবাড়ি চলে যাওয়ার আগে চলে আসব আমি। তোমার জন্য সারপ্রাইজ আছে ঠাম্মা। দিভাই, ঠাম্মা, টা টা, বাই, আসি এখন।

- এই, এই মেয়ে , শুনে যা। তা তোদের এই সারপ্রাইজ কি সারগাদায় মানে আস্তাকুঁড়ে পাওয়া যায় না কি রে? যে মানুষকে কথায় কথায় সারপ্রাইজ দিস? প্রাইজ মানে পুরষ্কার , সে তো মানুষ কোনো ভালো কাজ করলে তবেই পায়। কথায় কথায় সারপ্রাইজ, ভাবলাম সারগাদায় ঢেলে পাওয়া যায় তাই যখন তখন দিতে পারিস। তাই বোধহয় এর নামও সারপ্রাইজ।

- ঠাম্মা তুমি এরকম বলছো? এমন ভাবে বলছো যেন জানোনা সারপ্রাইজ বলতে কি বোঝায়?

ছোট্ট বালিকার মতো মৃন্ময়ীর সঙ্গে খুনসুটি করে মুখ ফুলিয়ে বেরিয়ে গেল নিধি। মৃন্ময়ী ভাবলো ভালোই হলো, রাতগুলো নিরুকে একান্তে কাছে পাওয়া যাবে। তার জরুরী কথাগুলো একান্তে ছাড়া বলা যাবে না। নিধি সেকথা বুঝেই হয়তো বাড়ি চলে গেলো, এই একান্ত হবার সুযোগ দেওয়ার জন্য। মেয়েটির সংস্কার বড়ো ভালো। উপস্থিত বুদ্ধিও খুব বেশি। আর ভীষণ শান্ত মনে মনে। আর সততা তো পূর্ণভাবে আছে ওর মধ্যে। তাই নিশ্চিন্তে ভরসা করতে পারে মৃন্ময়ী। পরমেশ্বরের পরম কৃপা ছাড়া ভালো মানুষের সাহচর্য পাওয়া যায় না। মেয়েটা তাকে বড্ড যত্নও করে। রাতে কলঘরে যাবার সময় ঠিক টের পেয়ে উঠে পড়ে। কলঘরের সামনে দাঁড়িয়ে থাকে। মৃন্ময়ী ফিরে এসে শুয়ে পড়লে সে ও শুয়ে পড়ে। তাই রাতে একা রেখে মৃন্ময়ীকে, নিজের বাড়িতে থাকে না সে। পৃথিবী বড়ই বিচিত্র। জন্মান্তরের কিছু বাঁধন হয়তো থেকে যায়। না হলে এ জন্মের রক্তের সম্পর্কের মানুষগুলোই সবসময় আপনার হয় না। আর অন্য মানুষ কিভাবে এতো আপনার

হয়ে যায়?

ত্রীশা। নির্ঝরীর ভাই কল্যাণের বৌ, ত্রীশা। বিয়ের কিছুদিন পরেই সে চাকরি পেয়ে গিয়েছিল, কলকাতায় তার বাপের বাড়ির কাছে। বিয়ের পর চাকরি পেলে, চাকরিটা তাকে করতে দিতে হবে এটাই ছিল কন্যা পক্ষের একমাত্র দাবি। বাড়ির একমাত্র ছেলের বৌ যদি চাকরি করতে চলে যায় তাহলে সেটা কেমন হবে? সত্য, সন্তোষ, পরমা, মিতা, এঁরা মনে মনে আপত্তি করলেও, মৃন্ময়ী এসব কান না দিয়ে এই বিয়েতে মত দিয়েছিলেন। ফলে বাড়ির সকলকেই নিমরাজি হতে হয়েছিল। সেইজন্য প্রথম থেকেই ত্রীশার, মৃন্ময়ীর প্রতি একটা আলাদা শ্রদ্ধার জায়গা তৈরি হয়েছিল। ত্রীশা বুঝতে পেরেছিল, এ বাড়ির সবচেয়ে বয়োজ্যেষ্ঠ মানুষ হলেও, সবচেয়ে উদার ও আধুনিক মন একমাত্র মৃন্ময়ীরই। কেবল তিনিই যুগের সঙ্গে তাল মেলাতে পারেন। মৃন্ময়ীর ব্যক্তিত্ব ত্রীশাকে মুগ্ধ করেছিল। প্রথম থেকেই ঠাকুমাশাশুড়ির সঙ্গে ত্রীশার মিষ্টি সম্পর্ক। সে আদর করে ঠাকুমাকে 'ডার্লিং' বলেডাকে। বিয়ের বছর ঘুরতে না ঘুরতেই ত্রীশা কলকাতার একটা স্কুলে শিক্ষকতায় যোগদান করে। তারপর থেকে সত্য মৃন্ময়ীকে বলে,

- মা, শুধু তোমার জন্য এ বিয়ে হলো। কি আছে এই বিয়েতে? এরকম বিয়ের কি কোনো দরকার ছিল? বাড়ির বউ বাড়িতে থাকবে না। বাপের বাড়িতে থাকবে। চাকরি করবে। ছেলে একজায়গায় থাকবে, আর বৌমা আরেক জায়গায়। কি মূল্য আছে এমন বিয়ের? বলো দেখি মা, শুনি একটু।

- তোর ছেলে আর বৌমাকে আলাদা আলাদা থাকতে কে বলেছে শুনি? মেয়েটা কত কষ্ট করে পড়াশোনা করে একটা চাকরি পেলো। শ্বশুর হয়ে কোথায় গর্ববোধ করবি, আনন্দ পাবি, তা না। কেবল রাগ দেখাচ্ছিস। সবসময় মেয়েরাই শ্বশুরবাড়ি, স্বামীর কর্মস্থলে, গিয়ে থাকবে কেন? যদি একসঙ্গে থাকার ইচ্ছে থাকে তাহলে ছেলেরাও শ্বশুরবাড়ি বা স্ত্রীর কর্মস্থলে গিয়ে থাকুক। পৌরুষে আঘাত লাগবে তাই তো? মাঝে মধ্যেও তো যেতে পারে তাই না? তাহলেও তো সামঞ্জস্য হয়। এতদিন তো মেয়েরাই বাপ মা স্বজনদের ছেড়ে শ্বশুরবাড়িতে স্বামীর মর্জি মতো চলেছে। এবার সময় এসেছে বদলের। মেয়েদের একটু স্বস্তি নিয়ে বাঁচতে দে তাদের নিজেদের মতো করে।

- বুঝি না বাপু তোমার মতিগতি।

এই বলে সত্য গটমটিয়ে সেখান থেকে চলে যায়।

ত্রীশা চাকরি পেয়ে খুব খুশি হয়েছিল। একে তো কলকাতায় তাও আবার বাপের বাড়ির কাছাকাছি স্কুল। বাপের বাড়িতে থেকে সে স্কুলে যাতায়াত করতে পারবে। একেবারে সোনায় সোহাগা। আলাদা বাড়ি ভাড়া নিয়ে থাকতে হবে না তাকে। তাই আলাদা কোনো কাজকর্মও থাকবে না। রোজ মায়ের রান্না খেয়ে সে স্কুলে যেতে পারবে। শ্বশুরবাড়িতে অনেক মানুষের মধ্যে শাড়ি পরে থাকতে হবেনা। আবার আগের মতো, আধুনিক পোশাকেই সে থাকতে পারবে। নিজের মতো জীবনযাপন করতে পারবে, একবারে স্বাধীন ভাবে থাকতে পারবে সে। সপ্তাহ শেষে বান্ধবীদের সাথে কাটানো, সিনেমা হলে, শপিং মলে। কেউ তাকে কিচ্ছু বলার নেই। এরকম বেশ মজায় কাটছিল ত্রীশার দিনগুলো।

তবে বছর খানেক পর সে অন্য রকম অনুভব করলো। সে নিজেকে আবিষ্কার করলো, সে একা। সে বাপের বাড়ি আছে ঠিকই, কিন্তু বিয়ের আগে বাবা মা যেমন তাকে আদর অনুশাসন করতেন এখন সবটুকু তার উপরেই ছেড়ে দিয়েছেন তাঁরা। শ্বশুরবাড়ি থেকে সে তো বিচ্ছিন্ন হয়েই আছে। কল্যাণ কখনো তাকেকোনো ব্যাপারে বাধা দেয় নি, নিজের ইচ্ছে তার উপরে চাপিয়েও দেয়নি।

যেন বলতে চেয়েছে 'দ্যাখো এরকম স্বাধীনভাবে তুমি কদিন ভালো থাকতে পারো'। কেবল মাঝে মধ্যে ফোন করে কুশল জিজ্ঞাসা করে কল্যাণ। ত্রীশার কুশল জানা তার দায়িত্বের মধ্যে পড়ে বলে সে মনে করে। এতো স্বাধীনতা সত্ত্বেও ত্রীশার আজকাল কিছুই ভালো লাগছে না। যেন শূন্যতায় ভরা জীবন। মনে হচ্ছে এটা কোনো স্বাধীনতাই না। কেবল নিজের মনের খেয়ালে কিছু সময় ভালো লাগার জন্য উপভোগ করা। এই আনন্দ, নিজের সময় আর টাকার বিনিময়ে কেনা। এর মধ্যে কোনো সৃজনশীলতা নেই, কারো কোনো মঙ্গলও নেই। মনে হচ্ছে এটা কোনো জীবনই না। যতক্ষণ টাকা ততক্ষণ বিনোদন। মনে হচ্ছে বিবাহিত হয়েও সে অবিবাহিত, বয়সে পরিণত হয়েও তার বুদ্ধি ও আচরণ অপরিণত, সমাজে থেকেও সে অসামাজিক। এরকম জীবন যাপনে সে নিজেই স্বার্থপরতা আর শূন্যতায় পূর্ণ হচ্ছে কেবল । প্রকৃতি বিরুদ্ধ আচরণে কেউ-ই ভালো থাকে না হয়তো। নাহ্ তাকে ঠিকঠাক হতে হবে। আর এরকম একঘেয়েমি জীবন ভালো লাগছে না। অনেক স্বাধীনতা পাওয়া হয়ে গেছে তার। এই ভাবনা মাথায় আসার পর থেকেই সে আপ্রাণ চেষ্টা করতে থাকে চাকরিতে বদলি নেবার, শ্বশুরবাড়ির কাছাকাছি চলে আসার। যদি একান্তই না বদলি হতে পারে, তাহলে চাকরি ছেড়ে দেবে এমন সিদ্ধান্তও নিয়ে ফেলে সে। হায়রে বিধি। একদিন এই চাকরি পেয়ে স্বাধীন থাকার কতো প্রযত্ন করেছিলো সে। আজ সেই স্বাধীনতা তার আর সহ্য হচ্ছে না।

মানুষ মন থেকে কিছু চাইলে পরমেশ্বর বোধহয় সেটা পাওয়ার ব্যবস্থা করে দেন। ত্রীশার বাবাও এবিষয়ে বিশেষ প্রচেষ্টায় ছিলেন। মেয়ের ভবঘুরে জীবন মা বাবা কারোরই পছন্দ হচ্ছিল না। একমাত্র মেয়ে মনে আঘাত পেতে পারে তাই তাঁরাও কিছু বলতেও পারছিলেন না ত্রীশাকে। এতদিনে মেয়ের শুভ বুদ্ধির উদয় হয়েছে দেখে তাঁরা খুশি । তাই ত্রীশার বাবা খোঁজ নিলেন। কল্যাণদের বাড়ি থেকে কিছু দূরে এক শিক্ষক ঐ একই পাঠ্য বিষয়ের, যিনি বদলি হয়ে কলকাতার কোনো স্কুলে ফিরতে চান। ব্যস্ সেই শিক্ষকের সঙ্গে যোগাযোগের মাধ্যমে, ত্রীশার বদলির ব্যবস্থা পাকা হয়ে গেল।

এসব কথা বৌমণি (ত্রীশা), নিধি আর মমকে ফোন করে সবকিছুই বলেছিল। তবে এ সব কথা বাড়ির বড়দের আর কল্যাণকে জানাতে নিষেধ করেছিল। তাই সবকিছুই গোপন করা হচ্ছে। সারপ্রাইজ।

কয়েকটি রাত জুড়ে নির্ঝরীর সঙ্গে মৃন্ময়ীর অনেক জরুরী কথা হলো। মৃন্ময়ী তার ডায়েরি গুলো নির্ঝরীকে সমর্পণ করে দিলো। নির্ঝরী স্থির দৃষ্টিতে ঠাকুমার দিকে তাকালো।

- দিদিভাই ভাবছিস তো, কিভাবে নিয়ে যাবি, এতগুলো ডায়েরি? চিন্তা নেই তোর বাবা দিয়ে আসবে তোকে।

এরপর মৃন্ময়ী একটা পিতলের ছোট্ট ডিবে খুললো। দুটো ঝকঝকে নীল পাথর দেওয়া সোনার দুল। দুল দুটো নির্ঝরীর হাতে দিলো মৃন্ময়ী।

- নাও নিরু। এ দুটি তোমার জন্য।

- কি হবে ঠাকুমা এগুলো দিয়ে? আমি তো গয়না পরার সময়ই পাইনা।

- এই দুল দুটি ছোটো বেলায় তোমার খুব পছন্দের ছিল। আলমারি খুললেই ছুটে চলে আসতে আমার কাছে। খুব বায়না করতে 'দাওনা, দাওনা' করে। ছোট্ট মানুষ কোথায় হারিয়ে ফেলবে বলে দিতে পারিনি। এখন নাও নিরু। তখন তোমার বায়না সত্ত্বেও দিতে পারতাম না বলে খুব মনখারাপ হতো। আজ দিচ্ছি নাও। আমার আনন্দের জন্য নাও।

- ঠাকুমা তুমি মনে রেখেছো আমার ছোটবেলার দুষ্টুমিগুলো?

- তোমাদের তিন ভাইবোনের দুষ্টুমিগুলোই আমার একপ্রকার সঞ্চয়। এখন চাইলেও তোমরা আর ঐ দুষ্টুমিগুলো আমায় ফেরত দিতে পারবে না। তাই মনের মধ্যে সঞ্চয় করে রেখেছি। মাঝে মাঝে স্মৃতির পাতা উল্টে বেরিয়ে পড়ে চোখের সামনে। আনন্দ হয় তখন খুব। তোমাদের আধো আধো বুলি, নিত্যনতুন দুষ্টুবুদ্ধি, এইসব আমার সঞ্চয়।

- ঠাকুমা, একটা কথা জিজ্ঞাসা করবো?

- বলো বলো।

- তুমি নিধির জন্য কিছু রাখনি? তুমি নিধিকেও কিছু দাও ঠাকুমা। আমাদের সব দিয়ে দিও না। ও তোমাকে কতো ভালোবাসে, কতো যত্ন করে, কতো ভাবনা ওর তোমার জন্য। আমি বা মম তোমার জন্য তো কিছুই করিনা। চাইলেও পারবো না কিছু করতে। থাকিনা তো তোমার কাছে কেউই।

- পারবে পারবে। আমার জন্য তোমরা অনেক কিছুই করতে পারবে। মন খারাপ কোরো না। সময় হলেই আমার জন্য অনেক কিছু করতে পারবে। তবে তুমি ঠিকই বলেছো। তোমার অভাব আমাকে বুঝতে দেয়না নিধি। তুমি ভেবোনা আমি অকৃতজ্ঞ। নিধির গয়নাগাঁটির লোভ নেই একেবারেই। ও সম্পূর্ণ অন্যরকম। আগে আমি ওর বাড়িতে টাকাপয়সা পাঠাতাম। ওর মা বাবা ভাইয়ের জন্য। এখন নিধি চাকরি করে। তাই টাকা পয়সা দিতে দেয় না আমাকে। ওর ভাইও গতবছর থেকে পোষ্ট আপিসে চাকরি পেয়েছে। তাই ওদের বাড়ির চিন্তা আর নেই। কিন্তু ও নেয়না বলে আমিও তো ছেড়ে দিতে পারিনা? ওর প্রাপ্য টাকা থেকে অল্প কিছু গয়না গড়িয়ে রাখছি। সময় মতো দেবো। এছাড়া একটা টাকা জমা করে রেখে দেবো। তোমার বাবাও বলেছে সেকথা। নিধির তা প্রয়োজন হোক বা না হোক ওটাওকে দেওয়া আমার আশীর্বাদ স্বরূপ, ওর জন্য সঞ্চয়। আর মম তো কোনো কিছুরই ধার ধারে না। তবুও আমার সামান্য যা কিছু আছে পুরাতন, তা তোমার মা কাকিমার হাতেই দিয়ে যাবো। আর তুমি তো আছোই আমার হাতী। সবাইকে পরিচালনা করবে। আমার সব কিছু রক্ষা করবে।

- আমি তোমার হাতী? কেন হাতী কেন ঠাকুমা? আমি তো হাতীর মতো অতটা মোটাসোটা নই।

- শুধু মোটাসোটা হলেই কি আর হাতী/গজ হওয়া যায়? হাতী অনেক বড়ো মাপের প্রাণী। কিন্তু তার চোখ দুটি খুব ছোট। কারণ তার নিজের লক্ষ্যে পৌঁছানোর জন্য, নিজের চলার পথটুকু ছাড়া তার আর কিছুই দেখার প্রয়োজন নেই। অথচ যখন রাস্তা দিয়ে যায় সকলে তাকে দেখে। কেউ তার সামনে গিয়ে বিরক্ত করারও সাহস করে না। এই তো কিছুদিন আগে, দলমা পাহাড় থেকে একদল হাতি নেমে এসেছিল সমতলে। তাদের মধ্যে একটি হাতির পিঠ চুলকে নেবার জন্য একটি মাটির দোতলা বাড়িতে নিজের গা টা একটু ঘষেছিল। ব্যস্ ঐ মাটির বাড়িটির একদিকের অংশ হড়মুড়িয়ে ধসে পড়েছিলো। বুঝতে পারছো তার সামান্য ক্ষমতা প্রয়োগের ফলাফল? কে তাকে প্রশংসা করলো কে তাকে নিন্দা করলো এসব দিকে তার কোনো ক্ষেপই নেই। সে তার নিজের লক্ষ্যে, নিজের গতিতে, নিজের ছন্দে এগিয়ে চলে। এরকম ভাবে যে মানুষ নিন্দা প্রশংসা উপেক্ষা করে নিজের লক্ষ্যের দিকে এগিয়ে চলে তাকে গজ বলে, গজগামী বলে। গজগামী হওয়া কি অতো সহজ কথা?

নির্ঝরী একেবারে নীরব হয়ে গেল। ঠাকুমার দৃষ্টিতে সে যেন নিজেকে দেখতে পেলো। ঠাকুমার দৃষ্টিতে নিজেকে সে এভাবে দেখতে পাবে এ যেন তার কল্পনারও অতীত ছিল। নিজের সমস্ত হৃদয়

জুড়ে এক পরিপূর্ণতার জোয়ার অনুভব করলো সে।

আর মাত্র দুটি দিন বাপের বাড়িতে থাকবে নির্ঝরী। সকালে নিধি ফিরেছে এ বাড়িতে। বিকেলে মম এলো বাড়িতে। সন্ধ্যায় সকলে চায়ের আসরে বসেছে। আজ অনেক দিন পর একসাথে চা মুড়ি, সিঙারা নিয়ে বসেছে। নিধির আদুরে বায়নায় নির্ঝরী ভেজেছে সিঙারা। হঠাৎ কেউ একজন পিছন থেকে মৃন্ময়ীকে জড়িয়ে ধরলো,

- ডার্লিং আমি এসে গেছি।

সকলে একসঙ্গে তাকিয়ে দেখলো ত্রীশাকে। নিধি আর মম একসঙ্গে বলে উঠলো,

- এই হলো আমাদের সারগাদায় পাওয়া সা-র-প্রা-ই-জ।

মৃন্ময়ী হাত বাড়িয়ে ত্রীশাকে ধরে নিজের পাশে চেয়ার দিয়ে বসালো।

- রাস্তায় কোনো কষ্ট হয়নি তো? নিধি জল দে ওকে। তা হঠাৎ এরকম ধুমকেতুর মতো উদয় হতে হোলো যে?

- সব বলবো ডার্লিং সবুর করো। শুধু জলে হবে নারে নিধি। সেই কোন সকালে খেয়ে স্কুলে গেছি। খুব ক্ষিদে পেয়েছে। এই নাও ডার্লিং আমাদের পাড়ার দোকানের তৈরি তোমার পছন্দের ক্ষীরের গজা, আর লেখার কলম। নাও।

- আমার একার জন্য আনলি কেবল? আর সকলের জন্য কিছু আনলি না?

- সবুর করো ডার্লিং। সকলের জন্যই আছে। সব আমার ঐ ট্রলি ব্যাগে আছে। আমি চা খেয়ে খুলব ব্যাগ। তুমি কি করে ভাবলে আমি এতদিন পরে এলাম কারো জন্য কিছু আনবো না?

নিধি ত্রীশাকে জল, মিষ্টি মুড়ি, সিঙারা, ক্লাসে রাখা চা একসাথে এগিয়ে দেয়। মৃন্ময়ী বললো,

- যা আগে হাত মুখ ধুয়ে আয়। রাস্তার ধূলো মেখে এলি।

ত্রীশা তক্ষুণি ব্যাগপত্র রেখে কলঘরে গিয়ে পরিচ্ছন্ন হয়ে পোশাক বদলে চায়ের আসরে যোগ দিলো।

শনিবার সন্ধ্যায় কিংশুক বাড়ি ফিরবে। ঐ দিনেই বিকেলে নির্ঝরীও ফিরে যাবে শ্বশুরবাড়ি। বাবা সঙ্গে যাবার কথা ছিল। নির্ঝরীর বাবা সত্যপদ বললো,

- এতো সব চাঁদের হাট বসেছে বাড়িতে যখন আমি আর সেকেলে মানুষ নিক্রুর শ্বশুরবাড়ি যাই কেন? চাঁদেরাই বরং আলো ছড়াতে ছড়াতে যাক।

সত্য একটা গাড়ি বলে দিয়েছে। নির্ঝরী, ত্রীশা, মম, নিধি আর ঠাকুমার দেওয়া অমূল্য সম্পদগুলো নিয়ে রওনা দিলো।

হঠাৎ মাকে দেখতে পেয়ে বাবুসোনা দৌড়ে এলো। পিছনে স্বপ্নালী। ওরা মাকে ছাড়তেই চাইছে না। পিছনে পিছনে ঘুরছে। বাবুসোনা তো এক কথা বলে চলেছে,

- মা তোমার কিন্তু আমাদের ছেড়ে এতদিন মামাবাড়িতে থাকা উচিৎ হয়নি। কেন মা আমাদের এখানে রেখে গেলে? কেন সঙ্গে নিয়ে গেলে না বলো? তোমার মন খারাপ করেনি মা আমাদের জন্য? তুমি কি আর আমাদের ভালোবাসোনা মা? আর কক্ষনো এভাবে যেওনা মা।

স্বপ্নালীও দাদার সঙ্গে গলা মেলায়,

- আর কক্ষনো যাবেনা।

দুইজন মাসী আর মামীর অতি আদরে দুই ভাইবোন নাজেহাল হলো কিছুক্ষণ। এবার সবাই ফিরে যাবে। গাড়ি অপেক্ষায় আছে। এমন সময় কিংশুকের ফোন,

- ঝরী পৌঁছে গেছো? আমি বাড়ি না পৌঁছালে কেউ যেন এক পাও না বাড়ায় বাড়ি থেকে। আজ ওদের ফিরে যাওয়া হবে না।

অগত্যা ভাড়া করা শূন্য গাড়িটাই ফিরে গেল। সে দিনটা সকলে মিলে খুব আনন্দ আর গল্পের মধ্যে কাটলো। সকালে লোক ডেকে নির্ঝরীর বাগানের বিভিন্ন ফল তার সঙ্গে আধপাকা কলার কাঁদি পেড়ে জড়ো করে রাখলো। দুপুরে খাওয়া দাওয়া সেরে নিধি মম ত্রীশা তৈরী হোলো বাড়ি ফেরার জন্য। কিংশুক একটা গাড়ি ডেকে বাগানের ফলগুলো গাড়িতে তুলে দিলো। সকলে ওদের বিদায় জানালো। তিনজনে হৈচে করতে করতে বাড়ি ফিরলো। সঙ্গে এতো ফলের বোঝা দেখে সকলে খুব আনন্দ পেল। মৃন্ময়ী বললো,

- এতো সব বয়ে বয়ে আনলি, খাবে কে রে?

ত্রীশা বললো,

- বয়ে আনলাম কোথায়? গাড়িতে আনলাম তো। দিভাইয়ের নিজের হাতে তৈরি বাগানের ফল । খাও খাও।

সত্য বললো,

- একা একা খাবে কেন? সকলকে দিয়ে থুয়ে খাবে।

কদিন যাবৎ সময় পেলেই নির্ঝরী ঠাকুমার ডায়েরিগুলো পড়ছে। এর জন্য শুতেও রাত হয়ে যাচ্ছে রোজই। রাতটুকুই তো সময়। বেশ কিছুদিন যাবৎ মৃন্ময়ীর ডায়েরি গুলো পড়তে সময় দিতে হোলো। এ যে অন্যরকম লেখা। যেন ভাবনার বীজ। একেকটা বীজ যেন ক্রমশঃ ডালপালা মেলে বৃক্ষে পরিণত হতে চাইছে। ডায়েরি গুলো পড়া শেষ হবার পরেও ধাতস্থ হতে নির্ঝরীর কদিন সময় লাগলো। একটা যেন অন্য পরিবেশে বিরাজ করছিল সে। এখন প্রায়ই প্রতি রাতে ছেলেমেয়ে ঘুমোলে অন্ধকার বারান্দায় দাঁড়িয়ে থাকে সে । এই সাজানো জগতের গভীরে যে পরম সত্য তাঁকে খোঁজে সে, তার সমস্ত সত্তা দিয়ে।

"মৃন্ময়ীর ডায়েরি" এই নামে ঠাকুমার ডায়েরি গুলো খুব তাড়াতাড়ি প্রকাশ করবে ঠিক করলো নির্ঝরী। যদিও ঠাকুমা তাকে বলেছে 'নিরু তোমার নামেই এগুলো প্রকাশ করো'। না না তা হয় না। ঠাকুমার লেখা, ঠাকুমার নামেই প্রকাশ হবে। ঠাকুমা সুস্থ সবল থাকাকালীন যদি বইগুলো প্রকাশিত হয় তাহলে তিনি খুব আনন্দ পাবেন। নির্ঝরীরও খুব ভালো লাগবে। তিনি বলেছেন,

- নিরু মেয়েরা জাগছে। নিজেদের মানুষ ভাবতে শিখছে তারা। পিতৃতান্ত্রিক সমাজের সামাজিক অসামঞ্জস্য থেকে মুক্তি পেতে চাইছে। আমি চাই তুমি এই নবজাগরণের অংশ হও। পিতৃতান্ত্রিক নয়, মাতৃতান্ত্রিক নয়, চাই সমতান্ত্রিক সমাজ। যেখানে নারী ,পুরুষ , উভয়েই স্বাধীন। উভয়েই পাবে মুক্তির আশ্বাস। আগে স্বাধীনতার প্রকৃত অর্থ বুঝতে হবে সকলকে। বর্তমান মেয়েরা স্বাধীন হতে চায়। অথচ বেশীরভাগ মেয়েই স্বাধীনতার মানে বোঝে না। কেউ ভাবছে নিজের ইচ্ছে মতো পোশাক পরা, স্বাধীনতা। কেউ ভাবছে সামনের মানুষকে যেমন খুশি বলতে পারা, স্বাধীনতা। কেউ ভাবছে ইচ্ছে মতো খরচ করা, ইচ্ছেমত পছন্দের কেনাকাটা করতে পারা, স্বাধীনতা। কেউ ভাবছে ইচ্ছেমত ঘুরে বেড়ানো, স্বাধীনতা। আবার কেউ ভাবছে পুরুষদের সমপর্যায়ের কাজকর্ম এবং উঁচু পদে চাকরি করতে পারা স্বাধীনতা। এগুলো সবই ক্ষুদ্র ক্ষুদ্র স্বাধীনতা। পূর্ণ স্বাধীনতা নয়। সচেতন ভাবে নিজের স্বমহিমায় প্রতিষ্ঠিত হওয়াই , হোলো প্রকৃত স্বাধীনতা লাভ করা। তার জন্য প্রথমে স্বমহিমা কি, সেটা জানতে হবে। তারপর সেই স্বমহিমায় প্রতিষ্ঠিত হওয়া। স্বাধীন হওয়া কি অতই সহজ? মেয়েরা তো

একপ্রকার স্বাধীন। চেতনা আর সাহসের অভাবে তারা নিজেদের দুর্বল ওপরাধীন ভাবে। মেয়েরা পারে আর্থসামাজিক পরিকাঠামো সম্পূর্ণ বদলে দিতে। যদিও সরকারি ভাবে আইন করে এই আর্থসামাজিক পরিকাঠামো কিছুটা বদল হয়েছে। তবুও মেয়েদের মধ্যে জাগরণের প্রয়োজন। নাহলে কিছুই হবার নয়। নানারকম বিধিনিষেধের গণ্ডিতে বেঁধে রাখা হয়েছে সমাজকে। বর্তমানে যেগুলো বিশেষ সংশোধন ও পরিবর্তন দরকার। মেয়েদের ভীষণ ভাবে শাস্ত্রীয় শিক্ষার প্রয়োজন। যার ফলে মেয়েরা ভেদাভেদহীন প্রকৃত শিক্ষায় শিক্ষিত হতে পারবে। তবেই সমাজ কে কুসংস্কার থেকে মুক্ত হতে পারবে। তাঁরা নিজেদের সন্তানদের ভেদাভেদ বর্জিত শিক্ষা দিতে পারবে। এটা মেয়েদের কাজ এটা ছেলেদের কাজ এমন ভেদ করবে না। সকলকে সমান ভাবে সকল কাজে পারদর্শী করে তুলবে তাহলে ছেলে, মেয়ে ,কেউ কাউকে হীন ভাববে না। যখন ছেলে মেয়েদের মধ্যে সমতার ভাব আসে তখন নারীর প্রতি পুরুষের ও পুরুষের প্রতি নারীর নিপীড়নের ভাব কমে যায়। নারী ও পুরুষের মধ্যে বিবাহ তখন স্বর্গীয় সুখে পরিণত হয়। নাহলে বিবাহ তো চিতার সমান। যেখানে নারী পুরুষ উভয়েরই সমস্ত প্রতিভা পুড়ে ছাই হয়ে যায়। সংসার হলো সকলের আশ্রয়। প্রকৃত শিক্ষার অভাবে মানুষ দিশাহীন হয়ে সংসারকে বোঝা ভেবে বয়ে বেড়ায়। নারী, পুরুষ , উভয়েই পরস্পরকে অন্তর থেকে সম্মান করলে, সমাজে নৈতিকতার প্রতিষ্ঠা হয়। ফলে শৃঙ্খলার প্রতিষ্ঠা হয়। এইভাবেনিজের সন্তানদের দ্বেষহীন, ভেদহীন সুশিক্ষার মাধ্যমে সমাজকে স্বর্গীয় করে তুলতে পারে নারী । প্রতিবাদ, প্রতিহিংসার কোনো প্রয়োজনই হবে না। ভাবো নিরু, জাগ্রত হও । কিভাবে তুমি নবজাগরণের অংশ হবে মনন করো।

পর্ব –উপসংহার

দিনমণি সূর্য নিজে স্থির থেকেও মানুষের চোখে পূর্ব থেকে পশ্চিমে ঘুরে বেড়ান তিনি । জীবজগতের সেবা কার্যে নিযুক্ত তিনি । পরমাত্মা নিজে স্থির থেকেও প্রত্যেক জীবদেহে ভ্রমণ করেন। এই জীব, এই সমস্ত জগৎ, তাঁর সৃষ্টি। সমস্ত সৃষ্টিজাল রচনা করে, সেই সৃষ্টিজালেতেই তিনি ওতপ্রোতভাবে জড়িয়ে আছেন। এ তাঁর লীলা। এ জগৎ হলো পরমেশ্বরের তৈরি রঙরূপের মেলা। সুখ দুঃখ এগুলো এক একটি রঙ, এক একটি রূপ। যিনি সুখী হন তাঁর সম্মুখে রঙ রূপ একরকম হয়। আবার যিনি দুঃখী হন তাঁর সম্মুখে রঙ রূপ অন্যরকম হয়। এই রঙ, রূপ প্রতি ক্ষণে বদলাচ্ছে। কখনো স্থায়ী নয়। এই রঙরূপের, সুখদুঃখের গভীরে যে আনন্দময় সত্তা তিনিই পরমাত্মা। তবুও আমরা মানুষেরা এই সুখদুঃখরূপী রঙরূপে এতোই মোহিত হয়ে থাকি যে তার গভীরে গিয়ে চির আনন্দময় সেই পরমচেতনাতে পৌঁছাতে পারিনা। সুখদুঃখের মায়াজালে জড়িয়ে সে চেষ্টাও করিনা আমরা।

কিংশুক, কঠোর শ্রম ও উদ্যমে তাঁর মনের কোণে জমিয়ে রাখা স্বপ্নগুলো একে একে সাকার করেছে, বাস্তব রূপ দিয়েছে। তাঁর এই উদ্যম পরমেশ্বরের আশীর্বাদ বলেই সে মনে করে। সেই আশীর্বাদেই সে নির্ঝরীর মতো একজন ধর্মপত্নী পেয়েছে। কিংশুক আজকে যা কিছু করতে পেরেছে সে সব কিছুর পিছনে আছে নির্ঝরীর নিঃশব্দ সাহায্য। একথা কিংশুক সর্বান্তঃকরণ দিয়ে স্বীকার করে। কিংশুক স্বীকার করে নির্ঝরী তার জীবনে না থাকলে সে কখনও আজকের জায়গায় পৌঁছাতো না, কখনোই না। এটাই নির্ঝরীর প্রতিষ্ঠা। শুধু কিংশুক কেন, নির্ঝরীর সঙ্গে জুড়ে থাকা প্রতিটি মানুষ, তার আশেপাশের প্রতিটি মানুষের মনের মণিকোঠায় নির্ঝরী প্রতিষ্ঠিত। মানুষের হৃদয়ই প্রকৃত প্রতিষ্ঠার জায়গা। ধন সম্পদের প্রতিষ্ঠা, প্রকৃত প্রতিষ্ঠা নয়। শৈশবের, কৈশোরের দিনগুলোয় সে নিজের খেয়ালখুশিমতো দিন কাটিয়েছে ঠিকই। বিয়ের পর থেকে সে ঋষিতুল্য ঠাকুমারপরামর্শে জীবনকে জানবার চেষ্টা করেছে, প্রত্যেক মূহুর্তে ধৈর্য্য ও নিষ্ঠার সঙ্গে মান্য করেছে তাঁর উপদেশগুলি। তার সুবিধা মতো সকলকে সাহায্য করেছে সময় দিয়ে, শ্রম দিয়ে, শ্রদ্ধা ও ভালোবাসা দিয়ে। সর্বোপরি সকলের জন্য মঙ্গল কামনা করেছে ঈশ্বরের কাছে। কারো প্রতি শত্রু ভাবনা রাখেনি সে। তাই তো এমন প্রতিষ্ঠা পেয়েছে।

কিংশুক এখন সকল কাজের মাঝে পরমেশ্বরের সংকেতের অপেক্ষায় থাকে। এরপর তিনি কোন কর্ম কিংশুকের জন্য নির্দেশ করবেন। তার আর কোনো ব্যক্তিগত স্বপ্ন, ইচ্ছা , আকাঙ্ক্ষা নেই। এখন মানবের কল্যাণে তার কল্যাণ, তার তৃপ্তি। এখন সে নিদ্রায় প্রায়শই সেই বরফ শীতল গুহায় পৌঁছে যায়, তার শ্রবণে ক্রমশঃ স্পষ্ট হয় ওঁকার নাদ। সে আচ্ছন্ন হয়ে যায় সেই ওঁকার নাদে। তার নিদ্রা তখন পরিণত হয় যোগনিদ্রায়। মাঝে মাঝে তার ঘুম আসে না। পরমেশ্বরের কৃপায় একটি মেয়েদের স্কুল, একটি মেয়েদের কলেজ নির্মাণ করতে পেরেছে, কিছু ছেলেমেয়ের পড়াশোনার ভার নিতে পেরেছে। তার সংসারে জুড়ে থাকা মানুষগুলোর যথাযথ নির্বাহ করার শক্তি প্রভু তাকে দিয়েছেন। তাহলে এরপর কোন কর্ম বরাদ্দ করে রেখেছেন প্রভু তার জন্য? ভাবতে ভাবতে তার বিনিদ্র রাত ক্রমশঃ গভীর হয়। পাশে ঈশ্বরের প্রসাদে পাওয়া দুই সন্তানের আর পরম প্রেয়সী নির্ঝরীর নিশ্চিন্ত ঘুমন্ত মুখগুলির দিকে তাকিয়ে , নিজেকে তার পরিপূর্ণ ও পরম তৃপ্ত বলে মনে হয়। তাঁকে প্রভু পরমেশ্বর পরিপূর্ণ করে দিয়েছেন। এই তো সময় সবকিছু তাঁকেই

নিবেদন করে তাঁর মধ্যে বিলীন হয়ে যাবার। কি যেন এক গভীর আকর্ষণে বিছানা ছেড়ে নামে, নিজের পরনের বস্ত্রখানা বদলে নেয়, ধীরে ধীরে এগিয়ে চলে মহাদেবের মন্দিরের দিকে। দিনের আলোয় এদিকটা মোটামুটি নির্জন থাকে। রাতের আঁধারে একেবারে শুনশান। নির্ঝরীর তৈরি করা আম জাম লিচু কাঁঠাল এবং আরও অন্যান্য বিবিধ ফলের গাছে ভরা বাগানকে নিশুতি রাতে ঘন জঙ্গল বলেই মনে হচ্ছে। অন্ধকারে এই জায়গায় এক অনন্য স্বর্গীয় অনুভূতি মিশে আছে। বাতাসে বিভিন্ন ফুলের , চন্দনের , ধূপের গন্ধ মিলেমিশে এক অপূর্ব সুবাস, যা ভিতরের আধ্যাত্মিক চেতনাকে আরও জাগ্রত করছে। কিংশুক সিঁড়ি বেয়ে ধীরে ধীরে মন্দিরের গর্ভগৃহে প্রবেশ করে। কালো কষ্টিপাথরে মহাদেব যেন তাকে আহ্বান করছেন । হাওয়ায় মন্দিরের ঘন্টা যেন আপনা থেকেই শব্দ করে দুলে উঠলো। সামনের পুকুর থেকে শীতল বাতাস বয়ে আসছে শিরশির করে। কিংশুক আসন বিছিয়ে তার উপর পদ্মাসনে বসে পড়লো মহাদেবের সম্মুখে। হাতে গঙ্গাজল নিয়ে আচমন করলো। দুই হাত পরস্পরের উপর , বুকের মাঝখানে রেখে চোখ বন্ধ করলো সে। শ্বাসের গতি সংযত হতে থাকলো ধীরে ধীরে। ধারণা পরিণত হলো ধ্যানে। অল্পক্ষণের মধ্যেই অনুভব করলো সেই বরফ শীতল অনুভূতি, শ্রবণে ওঁকার নাদ। পৌঁছে গেলো গভীর মগ্নতায়।ঘুমের মধ্যে আচ্ছন্ন অবস্থায় পাশ ফিরলো নির্ঝরী। জায়গাটা খালি। তন্দ্রা ভেঙে গেল তার। একপাশে বাচ্চারা ঘুমালেও এপাশে কিংশুক কোথায় গেল? কোথায়? কলঘরও শান্ত , তবে? ধীরে ধীরে কলঘরে গিয়ে হাতমুখ ধুয়ে নিল সে। পরনের শাড়ি বদলে পাটের লালপেড়ে শাড়িটা পরে নিলো। আপাদমস্তক জড়িয়ে নিলো নিজেকে। ধীরপায়ে পৌঁছে গেল মহাদেবের মন্দিরে। ধ্যানমগ্ন কিংশুকের পাশে বসে নিজের পরিপূর্ণতাকে উপলব্ধি করলো। তার সমস্ত সত্তাকে পরমেশ্বরের চরণে অর্পণ করার ইচ্ছায় চোখ বন্ধ করলো।

    “ ওঁ শিবায় শান্তায় হরয়ে পরমাত্মনে ।

নিবেদয়ামি চাত্মানং ত্বং গতি পরমেশ্বরঃ” ।।

ওঁ

www.ingramcontent.com/pod-product-compliance
Lightning Source LLC
Chambersburg PA
CBHW040804120726
48005CB00012B/1292